Dify AI,
코드 없는 미래

Dify AI, 코드 없는 미래

초판 1쇄 발행 2025년 12월 1일

지은이 김정욱 / **펴낸이** 임백준
펴낸곳 한빛미디어 / **주소** 서울시 서대문구 연희로2길 62 콘텐츠1부
전화 02-325-5544 / **팩스** 02-336-7124
등록 1999년 6월 24일 제2017-000058호 / **ISBN** 979-11-995298-2-3 13000

총괄 배윤미 / **책임편집** 박민아 / **기획 · 편집** 조아리
디자인 표지 박정우 내지 최연희 / **전산편집** 김희정
영업마케팅 송경석, 김형진, 장경환, 조유미, 한종진, 이행은, 고광일, 성화정, 김한솔, 전차은 / **제작** 박성우, 김정우

한빛미디어는 한빛앤(주)의 IT 출판 브랜드입니다.

이 책에 대한 의견이나 오탈자 및 잘못된 내용은 출판사 홈페이지나 아래 이메일로 알려주십시오.
파본은 구매처에서 교환하실 수 있습니다. 책값은 뒤표지에 표시되어 있습니다.
홈페이지 www.hanbit.co.kr / **이메일** ask@hanbit.co.kr

Published by HanbitN, Inc. Printed in Korea
Copyright © 2025 김정욱 & HanbitN, Inc.
이 책의 저작권은 김정욱과 한빛앤(주)에 있습니다.
저작권법에 의해 보호를 받는 저작물이므로 무단 복제 및 무단 전재를 금합니다.

지금 하지 않으면 할 수 없는 일이 있습니다.
책으로 펴내고 싶은 아이디어나 원고를 이메일(writer@hanbit.co.kr)로 보내주세요.
한빛앤(주)는 여러분의 소중한 경험과 지식을 기다리고 있습니다.

클릭만으로 업무 프로세스 리빌드
노코드 AI 자동화 실전 가이드

Dify AI,
코드 없는 미래

김정욱 지음

저자의 말

생성형 인공지능(Generative AI)은 이미 우리의 일과 일상 깊숙이 들어와 있습니다. 하지만 여전히 많은 사람들에게 AI는 '전문가의 영역', '코드를 다루는 사람만의 도구'로 느껴집니다. 저 역시 복잡한 코딩과 기술적 장벽 때문에 자신의 아이디어를 실현하지 못하는 분들을 보며 안타까움을 느끼며 바로 그 벽을 허물기 위해 집필을 시작했습니다.

Dify는 누구나 손쉽게 대화형 AI 애플리케이션과 AI Agent를 만들 수 있도록 설계된 노코드/로우코드 플랫폼입니다. 하지만 진정한 가치는 단순히 "AI 앱을 만드는 법"을 익히는 데 있지 않습니다. AI를 이해하고 문제를 정의하며 스스로 해결하는 과정을 경험하는 것, 그것이 이 책이 전하고자 하는 핵심입니다.

이 책에는 Dify의 기본 개념부터 실전 활용까지 제가 직접 경험하고 검증한 내용들을 담았습니다. 단순히 기능을 나열하는 것이 아니라 실제 업무와 프로젝트에 어떻게 적용할 수 있는지에 초점을 맞췄습니다. 챗봇 구축과 워크플로우 자동화, RAG 시스템 구현 그리고 자율적으로 작동하는 AI Agent 개발까지 실용적인 예제들과 함께 AI 설계 사고(Design Thinking for AI)와 실무에서의 활용 전략을 자연스럽게 녹여냈습니다.

저는 Dify를 통해 'AI를 도구로 사용하는 시대'에서 'AI와 함께 일하는 시대'로 나아가는 길을 보여드리고 싶었습니다. 특히 AI Agent는 단순히 질문에 답하는 것을 넘어 스스로 판단하고 행동하는 지능형 비서로서 우리의 업무 방식을 근본적으로 변화시킬 잠재력을 가지고 있습니다.

AI 기술은 이제 선택이 아닌 필수가 되었지만 모든 사람이 개발자가 될 필요는 없습니다. Dify와 같은 도구를 통해 여러분의 도메인 지식과 창의성을 AI와 결합한다면 그것만으로도 충분히 혁신적인 결과를 만들어낼 수 있습니다. AI는 더 이상 먼 미래의 기술이 아닙니다. 지금 우리가 무엇을 상상하느냐에 따라 AI는 가장 든든한 동료가 될 수도, 새로운 기회를 여는 창이 될 수도 있습니다.

이 책이 여러분에게 첫 AI 여정을 함께할 동반자가 되길 바랍니다. Dify를 통해 여러분의 아이디어가 현실이 되는 즐거움을 꼭 경험하시길 바랍니다.

감사합니다.

2025년 가을
브레인크루에서
김정욱

책의 구성과 활용 가이드

이 책의 대상 독자

이 책은 코딩 경험이 없지만 AI를 업무에 활용하고 싶은 모든 분들을 위해 만들어졌습니다. 마케터, 기획자, 콘텐츠 크리에이터처럼 일상 업무에서 반복 작업을 줄이고 효율을 높이고 싶은 직장인, 개발자 없이도 자신의 아이디어를 AI 서비스로 구현하고 싶은 스타트업 창업자나 1인 기업가 그리고 실제로 작동하는 AI 애플리케이션을 만들어보고 싶은 분들께 적합합니다.

제공되는 학습 자료

독자의 편의를 위해 책에서 사용하는 모든 프롬프트 완성본과 실습 완성 파일을 제공합니다. 자신이 만든 결과물과 비교하며 학습할 수 있으며, 고객 문의 예시나 회사 문서 샘플 같은 연습용 파일도 포함되어 있어 별도로 준비할 필요가 없습니다.

또한 전용 노션 페이지를 통해 모든 프롬프트에 언제든지 접근할 수 있습니다. 간단한 프롬프트는 직접 입력해도 되지만, 길게 작성된 프롬프트의 경우 해당 페이지를 참고해 복사-붙여넣기하는 것이 효율적입니다. 실습 중 어려움이 있다면 전용 커뮤니티에서 질문하고 다른 독자들의 프로젝트 사례를 확인할 수 있습니다.

- 한빛 자료실: https://www.hanbit.co.kr/src/50002
- 노션: https://m.site.naver.com/1VEzr

한빛 자료실

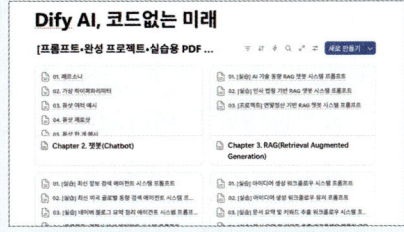
노션

책의 구성

이 책은 노코드 도구의 필요성을 이해하는 것에서 시작해, 점진적으로 난이도를 높여가며 실전 AI 애플리케이션을 만드는 방법을 다룹니다.

초반부에서는 Dify의 개념과 필요성, 회원가입 방법, 인터페이스 구성 요소를 익히며 기초를 다집니다.

중반부에서는 본격적으로 AI 애플리케이션을 만들기 시작합니다. 먼저 AI 애플리케이션 제작의 핵심인 효과적인 프롬프트 작성법을 배웁니다. 프롬프트는 AI에게 주는 명령어로, 작성 방식에 따라 결과물의 질이 크게 달라집니다. 프롬프트 원리를 익힌 후 장난꾸러기 챗봇과 비즈니스 이메일 교정 챗봇을 제작하고, 한 단계 더 나아가 AI 산업 동향과 인사 법령 같은 전문 문서를 학습시켜 필요한 정보를 찾아주는 RAG 챗봇을 구축합니다. RAG(Retrieval-Augmented Generation)는 방대한 문서에서 관련 정보를 검색해 답변을 생성하는 기술로, 대용량 전문 자료에서 필요한 정보만 정확히 찾아내는 AI를 만들 수 있습니다.

책의 구성과 활용 가이드

후반부에서는 더 복잡하고 실용적인 애플리케이션을 다룹니다. 최신 정보 검색과 네이버 블로그 요약을 스스로 수행하는 에이전트와 아이디어 생성, 문서 요약, 쇼핑몰 상담 등 여러 단계의 작업을 순차적으로 자동 처리하는 워크플로우 시스템을 구현합니다. 워크플로우는 반복 처리와 분기 처리, 병렬 처리를 통해 복잡한 업무를 자동으로 연결해 전 과정을 효율화합니다. 마지막으로 Zapier 연동과 카드뉴스 제작, SNS 콘텐츠 자동 생성 등 실무 적용 가능한 심화 애플리케이션까지 다룹니다.

부록에서는 로컬 환경에서 Dify를 직접 구축하고, 유료 OpenAI API 대신 Ollama의 무료 LLM을 활용하여 비용 없이 애플리케이션을 제작하는 방법을 다룹니다.

중반부 – 실전 앱 제작

초급
프롬프트 작성법
- 프롬프트 기본 원리
- 효과적인 명령어 작업
- 결과물 품질 개선 기법

초급
기본 챗봇
- 고객 문의 응답 챗봇
- 변수 활용법
- 대화 흐름 설계

중급
RAG 챗봇
- 지식베이스 구축
- 문서 학습 및 검색
- 사내 메뉴얼 활용

후반부 – 고급 애플리케이션

고급
AI 에이전트
- 업무 자동화 에이전트
- 이메일/회의록 처리
- 고객 응대 자동화
- 스스로 판단하는 AI

고급
워크플로우
- 다단계 작업 자동화
- 데이터 수집→분석→보고
- SNS 콘텐츠 자동 생성
- 복잡한 프로세스 구현

심화
실무 심화
- Zapier 외부 연동
- 카드뉴스 자동 제작
- 뉴스 기반 콘텐츠 생성
- 실전 프로젝트

부록 – 무료로 시작하기

중급
로컬 환경 구축
- PC에 Dify 직접 설치
- Ollama 무료 LLM 활용
- OpenAI API 비용 제로
- 완전 무료 개발 환경

책의 구성과 활용 가이드

책의 구성과 활용 가이드

각 챕터는 개념 설명, 따라하기 실습, 그리고 배운 내용을 응용해 볼 수 있는 프로젝트로 구성됩니다. 이론만 익히는 것이 아니라 직접 손으로 만들어보면서 자연스럽게 학습할 수 있도록 설계되었습니다.

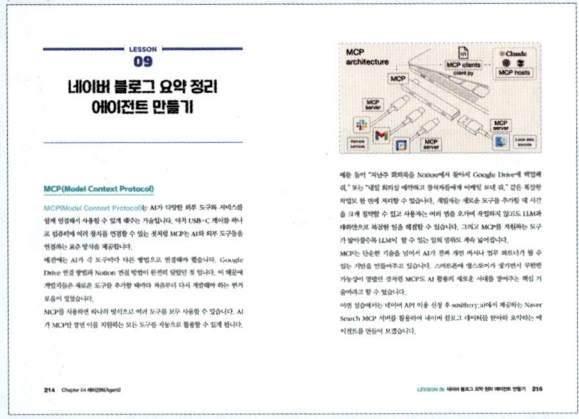

개념 설명

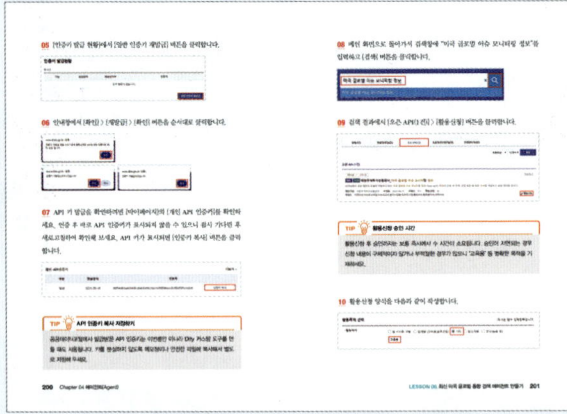

따라하기 실습

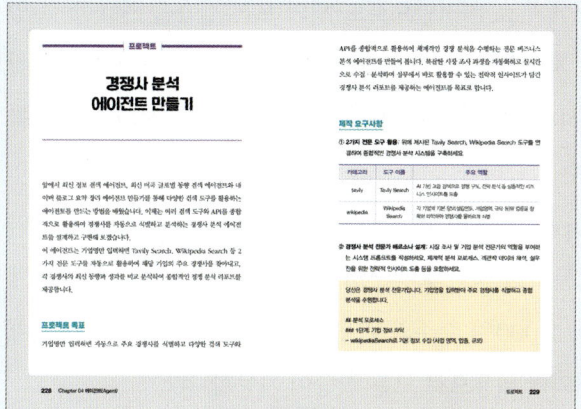

셀프 프로젝트

이 책으로 할 수 있는 것들

이 책을 완독하면 코딩 없이도 고객 상담 챗봇을 제작할 수 있고, 데이터 정리나 보고서 작성 같은 반복적인 업무를 자동화할 수 있습니다. 회사의 방대한 문서에서 필요한 정보를 즉시 찾아주는 AI를 만들 수 있으며 자신의 아이디어를 실제 작동하는 AI 서비스로 구현할 수 있습니다. 또한 개발자와 협업할 때 정확하게 요구 사항을 전달하는 능력도 갖추게 됩니다.

비용 안내

Dify 플랫폼 자체는 클라우드 버전의 경우, 무료 플랜으로 최대 5개의 프로젝트를 동시에 운영할 수 있습니다. 완료한 프로젝트를 삭제하면 새로운 프로

책의 구성과 활용 가이드

젝트를 계속 만들 수 있어 무료 버전만으로도 책의 모든 실습을 완료할 수 있습니다. 프로젝트 개수 제한 없이 사용하고 싶다면 부록에서 안내하는 로컬 버전 설치 방법을 참고하면 됩니다. 이 경우 자신의 컴퓨터에 설치해 Dify를 완전히 무료로 사용할 수 있습니다.

AI 모델 사용을 위한 OpenAI API 비용은 실제 사용량에 따라 과금되며, 약 10달러 정도면 책의 모든 프로젝트를 충분히 완료할 수 있습니다. 연습 단계에서는 하루 500원에서 1,000원 수준의 비용이 발생하므로, 학습 기간 전체를 합쳐도 15,000원 내외의 비용으로 모든 실습이 가능합니다.

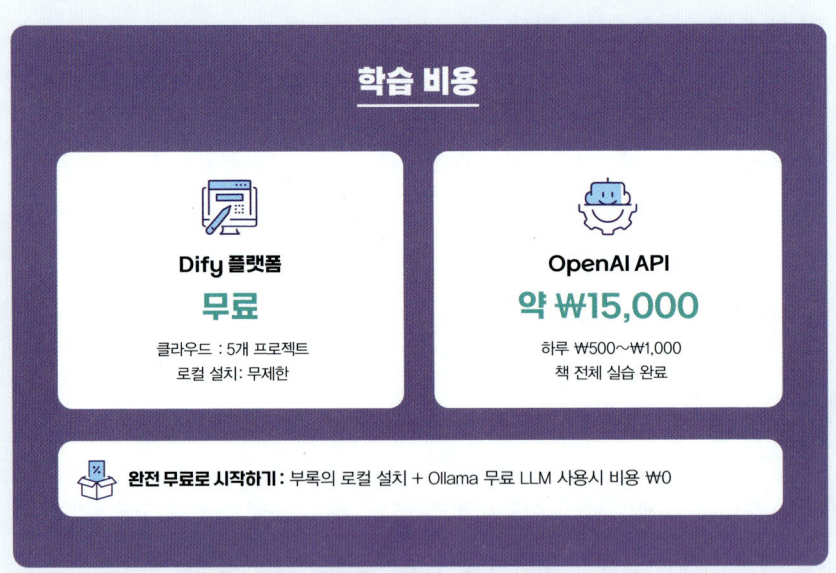

Dify의 차별점

Dify는 ChatGPT나 Claude 같은 대화형 AI와 달리 완전히 커스터마이징된 AI 애플리케이션을 만들 수 있다는 점에서 차별화됩니다. 사용한 만큼만 비용을 지불하면 되고, 민감한 데이터의 경우 자신의 서버에 직접 설치해 사용할 수도 있습니다. 상업적으로 활용할 때도 제약이 없으며, 일반적인 노코드 툴보다 학습 난이도가 낮으면서도 더 강력한 기능을 제공합니다.

효과적인 학습 방법

이 책은 한 번에 다 읽으려 하기보다는 각 챕터를 읽고 반드시 직접 실습해보는 것이 중요합니다. 이론만 읽으면 금방 잊어버리지만, 손으로 직접 만들어보면 자신의 것으로 만들 수 있습니다. 모든 실습을 완료한 후에는 자신의 업무나 관심 분야에 맞는 AI 애플리케이션을 직접 기획하고 만들어보면서 실전 경험을 쌓을 수 있습니다.

목차

CHAPTER 01 | 노코드 AI와 Dify 시작하기

Lesson 01 | 왜 지금, 노코드 AI인가?
- AI 서비스 개발이 어려웠던 이유 ······················· 024
- 생성형 AI와 API가 만든 전환점 ······················· 026
- 노코드 혁명의 시작 ···································· 027

Lesson 02 | 개발자 없이도 성공하는 AI 비즈니스 시대
- 과거와 현재의 극명한 차이 ···························· 028
- 노코드 AI 성공 사례들 ································· 029
- 노코드 AI 시대의 새로운 성공 공식 ···················· 031

Lesson 03 | Dify를 시작하기 전에
- ChatGPT를 넘어선 AI 활용법 ·························· 032
- Dify가 제공하는 해결책 ································ 033
- 이번 장에서 함께 알아볼 내용들 ······················· 034

Lesson 04 | Dify의 주요 기능과 활용
- Dify로 무엇을 만들 수 있을까? ························ 035
- Dify의 4가지 핵심 기능 ································ 035
- Dify로 만들 수 있는 실제 활용 사례들 ················· 037

Lesson 05 | Dify 웹에서 시작하기
- Dify 시작하기 ··· 040
- Dify 가입 및 대시보드 살펴보기 ······················· 041

Lesson 06 | OpenAI API 키 발급

OpenAI API 키가 필요한 이유 ········· 044
OpenAI API 요금 체계 이해하기 ········· 045
API 키 발급 절차 ········· 046
현재의 요금 정보 ········· 051
API 키 발급 시 주의사항 ········· 052

CHAPTER 02 챗봇(Chatbot)

Lesson 01 | 챗봇의 기본 이해

챗봇의 작동 원리 이해하기 ········· 054
이번 장에서 만들어 볼 챗봇 ········· 056

Lesson 02 | LLM 모델 선택하기

모델의 이해와 선택 기준 ········· 058
상용 모델과 오픈 모델의 특징 ········· 058
토큰의 이해와 중요성 ········· 061
주요 모델별 특징과 선택 가이드 ········· 063

Lesson 03 | Dify에서 LLM 모델 설정하기

API 키를 Dify에 연결하는 이유 ········· 067
Dify에 OpenAI 모델 연결하기 ········· 068

| 목차 |

| Lesson 04 | **다양한 프롬프트 살펴보기**
| | 프롬프트란 무엇인가? · 074
| | 페르소나 프롬프트(Persona Prompt) · 075
| | 가상 하이퍼파라미터(Virtual Hyperparameter) · · · · · · · · · · · · · · · · · 076
| | 퓨-샷 프롬프트(Few-shot Prompt) · 077
| | 생각의 사슬(Chain of Thought) · 078
| | 마크다운 프롬프트(Markdown Prompt) · 078
| | Dify에서의 프롬프트 구조 이해 · 081

| Lesson 05 | **장난꾸러기 챗봇**
| | 왜 챗봇에 성격을 부여해야 할까? · 083
| | 챗봇 만들기 · 085
| | 말투를 바꾸는 프롬프트의 힘 · 088
| | 환영 메시지와 시작 질문으로 대화 유도하기 · · · · · · · · · · · · · · · · · · · 090
| | 앱 배포와 공유, 그리고 탐색 기능 · 092

| Lesson 06 | **비즈니스 이메일 교정 챗봇**
| | 반복 작업을 줄이는 변수 이해하기 · 096
| | 챗봇 만들기 · 097

| 프 로 젝 트 | **패션 스타일 추천 챗봇** · 106

CHAPTER 03 | RAG(Retrieval Augmented Generation)

Lesson 01 | **RAG의 기본 이해**
RAG가 필요한 이유 ·· 110
RAG 시스템의 동작 원리 이해하기 ····················· 113
지식베이스 구축 과정 ··· 114
질의응답 처리 과정 ·· 115
이번 장에서 만들어 볼 RAG 시스템 ·················· 117

Lesson 02 | **AI 산업 동향 기반 RAG 챗봇**
지식베이스가 필요한 이유 ····································· 118
파일 다운로드 ··· 118
재랭크 모델을 위한 Cohere API 발급받기 ········ 120
지식베이스 생성하기 ··· 122
챗봇 만들기 ··· 135

Lesson 03 | **인사 법령 기반 RAG 챗봇**
파일 다운로드 ··· 141
지식베이스 생성하기 ··· 143
챗봇 만들기 ··· 149

| 프로젝트 | **연말정산 기반 RAG 챗봇** ··························· 155

목차

CHAPTER 04 | 에이전트(Agent)

Lesson 01 | AI 에이전트란?
AI 에이전트의 개념 및 정의 ·· 160
기존 챗봇 vs AI 에이전트 비교 ·· 161

Lesson 02 | AI 에이전트의 동작 메커니즘
AI 에이전트가 일하는 방식 ·· 163
ReAct (Reasoning and Acting) 패턴 ································ 166

Lesson 03 | 에이전트 프롬프트의 구성
챗봇 프롬프트와 에이전트 프롬프트의 차이점 ···················· 168
에이전트가 이해할 수 있는 지시 구조 ································ 169
효과적인 에이전트 프롬프트 작성법 ··································· 169

Lesson 04 | 왜 AI 에이전트가 주목받을까?
기존 챗봇과 차별화되는 지능형 비서적 특성 ······················ 171
AI 에이전트의 4가지 핵심 장점 ·· 172

Lesson 05 | 주요 기업들의 에이전트 기술 동향
주요 기업별 에이전트 개발 현황 ······································· 175
에이전트 기술의 발전 배경 ··· 177
이번 장에서 만들어 볼 에이전트 ······································· 178

Lesson 06	**도구 살펴보기**
	Dify가 제공하는 다양한 도구들 ········· 179
	도구 살펴보기 ········· 180
	Tavily의 API 키 Dify에 연결하기 ········· 182
	Firecrawl의 API 키 Dify에 연결하기 ········· 186

Lesson 07	**최신 정보 검색 에이전트**
	웹 검색 도구 추가하기 ········· 190
	에이전트 만들기 ········· 193

Lesson 08	**최신 미국 글로벌 동향 검색 에이전트**
	공공데이터포털 인증키 발급받기 ········· 198
	OpenAPI 스키마 작성하기 ········· 205
	커스텀 도구 만들기 ········· 206
	에이전트 업그레이드하기 ········· 209

Lesson 09	**네이버 블로그 요약 정리 에이전트**
	MCP(Model Context Protocol) ········· 214
	네이버 API 신청하기 ········· 216
	네이버 API 키 MCP 연결 설정하기 ········· 218
	Dify에서 MCP 서버 추가하기 ········· 221
	에이전트 업그레이드하기 ········· 223

	프 로 젝 트		**경쟁사 분석 에이전트** ········· 228

목차

CHAPTER 05 | 워크플로우(Workflow)

Lesson 01 | 워크플로우란?
- 워크플로우의 개념 및 정의 ········· 236
- 챗봇, 에이전트와 워크플로우의 차이 ········· 236
- 워크플로우의 특징 ········· 240

Lesson 02 | Dify의 워크플로우
- 4가지의 핵심 기능 ········· 242
- 워크플로우(Workflow)와 채팅 플로우(Chat flow) ········· 244

Lesson 03 | 노드 살펴보기
- 노드(Node)란? ········· 247
- 이번 장에서 만들어 볼 워크플로우와 채팅 플로우 ········· 251

Lesson 04 | 아이디어 생성 워크플로우
- 첫 워크플로우 실습 준비하기 ········· 253
- 워크플로우 만들기 ········· 254

Lesson 05 | 문서 요약 및 키워드 추출 워크플로우
- 반복 처리란? ········· 262
- 반복 워크플로우 실습 준비하기 ········· 263
- 워크플로우 만들기 ········· 264

Lesson 06 | 쇼핑몰 상담 채팅 플로우

	분기 처리란?	272
	분기 처리 방식의 특징	273
	분기 채팅 플로우 실습 준비하기	275
	채팅 플로우 만들기	276

Lesson 07 | 병렬 검색 채팅 플로우

	병렬 처리란?	288
	병렬 채팅 플로우 실습 준비하기	289
	채팅 플로우 만들기	289

| 프로젝트 | 리뷰 분석 워크플로우 … 296

CHAPTER 06 실습 프로젝트 응용

Lesson 01 | Zapier로 업무 자동화 에이전트

	업무 자동화가 필요한 이유	306
	Zapier란?	307
	Zapier 회원가입하기	308
	Zapier에서 Gmail과 Zoom 연동하기	310
	Dify에서 Zapier MCP 연동하기	317
	에이전트 만들기	319

Lesson 02 | 카드뉴스 제작 워크플로우

| | 카드뉴스 워크플로우가 필요한 이유 | 326 |

	OpenAI 도구 설치하기	327
	워크플로우 만들기	328

Lesson 03 | **뉴스 기사 기반 SNS 콘텐츠 생성 채팅 플로우**

	SNS 게시글 채팅 플로우가 필요한 이유	340
	채팅 플로우 만들기	341

APPENDIX 부록

Lesson 01 | **Dify 내 PC에 설치하기**

	설치 전 알아두기	356
	Docker Desktop 설치하기	357
	Git 설치하기	362
	Dify 설치하기	368

Lesson 02 | **로컬 LLM Ollama 설치하기**

	Ollama란?	374
	Ollama 설치하기	375
	LLM 모델 설치하기	378

Lesson 03 | **로컬 Dify에서 Qwen3 모델 기반 챗봇**

	Dify에 Ollama 모델 연결하기	381
	챗봇 만들기	385

마 무 리		**이 책을 마치며**	388

CHAPTER
01

노코드 AI와 Dify 시작하기

- Lesson 01. 왜 지금, 노코드 AI인가?
- Lesson 02. 개발자 없이도 성공하는 AI 비즈니스 시대
- Lesson 03. Dify를 시작하기 전에
- Lesson 04. Dify의 주요 기능과 활용
- Lesson 05. Dify 웹에서 시작하기
- Lesson 06. OpenAI API 키 발급

LESSON 01

왜 지금, 노코드 AI인가?

AI 서비스 개발이 어려웠던 이유

불과 몇 년 전까지만 해도 AI 개발은 거대한 기술 장벽과 높은 비용이라는 장애물에 가로막혀 있었습니다. 개인이나 소규모 사업자가 AI를 활용한다는 것은 현실적으로 불가능에 가까웠고 구글, 마이크로소프트, 아마존 같은 글로벌 테크 기업이나 전문 연구소만이 감당할 수 있는 영역이었습니다. 당시 AI를 개발하려면 복잡한 프로그래밍 언어 숙지부터 수많은 수학 공식 이해, 빅데이터 처리 전문성까지 모든 것을 갖춘 고급 인력과 막대한 자본이 필수였기 때문입니다. AI 기술은 크게 머신러닝(Machine Learning)과 딥러닝(Deep Learning)으로 구분됩니다.

머신러닝은 컴퓨터가 사람처럼 데이터를 통해 스스로 규칙이나 패턴을 학습하는 기술입니다. 개발자가 일일이 규칙을 정해주지 않아도 문제를 해결할 수 있도록 만드는 것입니다.

딥러닝은 인간의 뇌 구조를 모방한 다층 신경망을 사용합니다. 머신러닝이 비교적 단순한 패턴을 찾는다면 딥러닝은 여러 층의 신경망을 통해 훨씬 복잡하고 미묘한 패턴까지 학습할 수 있습니다. 그래서 이미지 인식, 음성 인식, 자연어 처리 등에서 놀라운 성능을 보여줍니다.

예를 들어, 개와 고양이 사진을 수천 장 보여주며 "이것은 개", "이것은 고양이"라고 알려주면 컴퓨터는 각각의 특징을 학습합니다. 그 결과 처음 보는 개와 고양이 사진에서도 무엇이 개인지 고양이인지 구분하여 분류할 수 있게 됩니다.

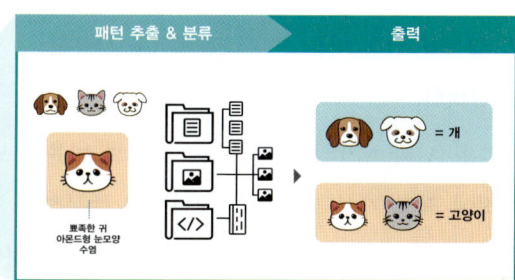

이런 기술이 실생활로 들어와서는 부동산 가격을 평가하는 과정에서도 사용됩니다. 면적, 위치, 교통 접근성, 층수, 건축 연도, 가격 등의 데이터를 분석하면서 "면적이 넓으면 가격이 높다."와 "지하철역과 가까우면 더 비싸다." 같은 패턴을 스스로 찾아냅니다. 이렇게 학습한 모델은 새로운 매물의 조건만 입력하면 과거 데이터를 바탕으로 시세를 예측할 수 있습니다.

하지만 AI 시스템을 설계하고 학습시키는 것은 시작에 불과했습니다. 이를 웹사이트나 모바일 앱에서 실제로 사용할 수 있게 만들고 시스템이 정상 작동하는지 점검하며 서버 확장과 보안 강화까지 챙겨야 했습니다. 이 모든 과정에 전문 인력이 필요했기에 AI는 여전히 소수의 전유물로 남아 있었습니다.

생성형 AI와 API가 만든 전환점

이 판도를 완전히 뒤바꾼 것은 생성형 AI의 등장과 **API(Application Programming Interface)** 의 확산이었습니다. 완성된 AI를 누구나 쉽게 활용할 수 있는 환경이 만들어졌기 때문입니다.

생성형 AI 는 텍스트, 이미지, 오디오 등 새로운 콘텐츠를 스스로 만들어 내는 기술입니다. ChatGPT, Claude, Gemini 같은 대화형 AI가 대표적입니다. 우리가 ChatGPT 웹사이트에 접속해서 "오늘 날씨는 어때?"라고 물어 보면 AI가 답변해 주는 것이 바로 생성형 AI를 직접 사용하는 것입니다. API는 이런 생성형 AI를 다른 프로그램에서도 사용할 수 있게 연결해 주는 다리 역할을 합니다.

생성형 AI와 API의 관계를 음식점으로 비유해 보겠습니다. 생성형 AI는 음식점에 직접 가서 요리사와 대화하며 주문하는 것과 같습니다. 반면 API는 배달 앱과 같습니다. 집에 앉아서 앱으로 주문하면, 음식점의 요리사(생성형 AI)가 요리를 만들고 배달 기사(API)가 가져다 줍니다.

- ChatGPT 웹사이트에서 직접 질문 → 생성형 AI 직접 사용

- 내가 만든 앱에서 ChatGPT 기능 사용 → ChatGPT API 활용

이처럼 API가 배달 기사 역할을 하기 때문에 개발자들은 자신만의 앱이나 웹

사이트에 GPT 모델을 쉽게 넣을 수 있게 되었습니다. 이전에는 각자 AI를 처음부터 만들어야 했지만 이제는 이미 완성된 강력한 AI를 내 프로그램에 손쉽게 연결할 수 있습니다.

더욱이 ChatGPT의 OpenAI API, Claude의 Anthropic API 같은 도구들은 월 사용량에 따른 합리적인 비용으로 다양한 기능을 제공합니다.

노코드 혁명의 시작

API를 활용하면 파이썬(Python) 같은 프로그래밍 언어를 이용해 AI 기능을 활용한 서비스를 개발할 수 있습니다. 실제로 카카오톡 챗봇에 ChatGPT의 대화 능력을 연결하거나 웹사이트에 AI 번역 기능을 바로 적용하거나 업무용 프로그램에 강력한 데이터 분석 AI를 통합하는 것이 가능해졌습니다. 하지만 이 방식 역시 코딩 지식이 없는 사람들에게는 여전히 어려운 일이었습니다.

그런데 최근에는 이런 코딩 장벽마저 해결하는 혁신적인 기술이 등장했습니다. 바로 노코드 AI 개발 플랫폼입니다.

노코드는 말 그대로 '코딩 없이' 프로그램을 만드는 것을 의미합니다. Dify 같은 노코드 AI 플랫폼은 마치 레고 블록을 조립하는 방식으로 AI 기능들을 연결하여 복잡한 AI 서비스를 쉽게 만들 수 있습니다. Zapier나 Bubble 같은 노코드 플랫폼에서도 코딩 없이 업무 자동화나 웹앱에 AI 기능을 추가할 수 있습니다. 물론 더 복잡한 기능을 원한다면, 코딩을 병행할 수도 있지만 기본적인 노코드 기능만으로도 실용적인 AI 서비스를 충분히 만들어낼 수 있습니다.

이제 코딩 지식이 전혀 없는 일반인도 AI 애플리케이션을 직접 만들 수 있는 시대가 온 것입니다.

LESSON 02
개발자 없이도 성공하는 AI 비즈니스 시대

과거와 현재의 극명한 차이

AI는 더 이상 전문가만의 기술이 아닙니다. 필요한 기능은 이미 완성된 형태로 제공되고 아이디어만 있다면 누구나 AI 서비스를 테스트하고 출시할 수 있는 시대가 되었습니다.

과거의 AI 개발 과정을 생각해 보면, 먼저 개발자를 구해야 했고 수개월의 개발 기간과 수천만 원의 비용이 필요했습니다. 그마저도 결과가 기대에 미치지 못하면 처음부터 다시 시작해야 했습니다. 하지만 지금은 다릅니다. 노코드 AI 플랫폼에서는 템플릿을 선택하고 몇 가지 설정만 바꾸면 기본적인 AI 서비스가 완성됩니다. 고객 상담 챗봇이 필요하다면, 미리 만들어진 템플릿에 비즈니스 정보만 입력하면 됩니다. 콘텐츠 생성 도구가 필요하다면 원하는 스타일과 주제를 설정하고 몇 번의 클릭으로 완성할 수 있습니다.

무엇보다 중요한 것은 실패 비용이 획기적으로 줄어들었다는 점입니다. 한 달에 몇 만 원의 비용으로 아이디어를 테스트해 볼 수 있고 잘 안 되면 언제든

방향을 바꿀 수 있습니다. 이는 개인이나 소규모 사업자에게 엄청난 기회가 됩니다.

노코드 AI 성공 사례들

노코드 AI가 정말 효과가 있을까? 의구심이 드는 것은 당연합니다. 하지만 이미 많은 기업과 개인들이 실제로 성과를 내고 있습니다. 복잡한 프로그래밍 없이도 어떤 일들이 가능한지, 구체적인 사례들을 통해 살펴보겠습니다.

AI 챗봇을 통한 고객 지원 혁신

온라인 교육 플랫폼 Learn It Live는 요가, 요리, 언어 등 다양한 클래스를 제공하며 급속히 성장했지만 이와 함께 고객 문의도 폭증했습니다. "수업 참여 방법을 모르겠어요.", "결제가 안 돼요." 같은 문의가 하루 수백 건씩 쏟아지면서 고객센터 직원들은 밤낮없이 대응해야 했고 응답 지연으로 인한 고객 불만이 급증하는 상황에 직면했습니다. 이 문제를 해결하기 위해 Zapier의 노코드 AI 챗봇을 단 1시간 만에 구축해 도입한 결과 고객 문의가 40% 감소했습니다. 이제 "수업 링크가 안 열려요." 같은 반복적인 질문은 AI가 즉시 해결하고 직원들은 복잡한 문제에만 집중할 수 있게 되었습니다. (출처: Zapier 공식 블로그, 2024년 4월)

AI 업무 자동화를 통한 매출 창출

집 수리 고객과 건설업체를 연결하는 중개 서비스 Contractor Appointments는 고객 정보 입력, 업체 매칭, 예약 확인 등 모든 과정을 수작업으로 처리하면서 실수가 많고 처리 속도가 느린 문제를 겪고 있었습니다. Zapier의 자동화와 AI를 도입해 전 과정을 자동화한 결과 클라이언트 업체들이 총 1억 3,400만 달러(약 1,800억 원)의 매출 성과를 거두었습니다. (출처: Zapier 고객 성공 사례, 2025년 5월)

일반 사용자를 통한 바이럴 성공 사례

특히 주목할 만한 것은 IT 배경이 전혀 없던 일반 사용자가 Dify 노코드 AI 플랫폼으로 트위터 MBTI 분석기를 제작한 성과입니다. 사용자의 트위터 프로필을 분석해 MBTI 성격 유형 보고서를 생성하는 이 서비스는 출시 3일 만에 트위터에서 20만 건의 조회수를 기록하며 폭발적인 인기를 얻었습니다. 복잡한 프로그래밍 없이 Dify 워크플로우만으로 트위터 데이터 수집부터 AI 분석과 리포트 생성까지 전 과정을 자동화한 성공 사례입니다. (출처: Dify 공식 블로그, 2024년 12월)

이런 사례들이 보여 주는 핵심은 간단합니다. 이미 성공한 회사들도 수천만 원을 들여 개발자를 고용하고 몇 달간 프로그램을 만드는 대신 노코드 AI를 선택했다는 것입니다. 그렇다면 카페 운영자나 온라인 쇼핑몰 사업자와 프리랜서도 같은 방식으로 문제를 해결할 수 있지 않을까요? 오히려 규모가 작을수록 더 빠르고 간단하게 적용할 수 있습니다.

실제로 어려운 프로그래밍을 배우지 않아도 짧은 시간 안에 AI 서비스를 만들어서 고객 문의를 절반 가까이 줄이고 반복 업무를 자동화해 시간과 비용을 크게 절약하는 것이 가능합니다. 이는 노코드 AI가 이제 단순한 신기술이 아니라 누구나 실제로 사용해서 확실한 성과를 낼 수 있는 검증된 도구임을 의미합니다.

노코드 AI 시대의 새로운 성공 공식

이 변화는 작은 아이디어를 곧바로 비즈니스로 만들 기회를 제공합니다. 과거에는 개발팀과 서버가 필요했다면 지금은 한 명의 개인으로도 충분합니다. 빠르게 시도하고 개선하며 성장할 수 있는 환경이 만들어진 것입니다.

더 나아가 AI 도구들은 계속해서 발전하고 있습니다. 오늘 불가능했던 일이 내일은 가능해지고, 어려웠던 작업이 점점 더 쉬워집니다. 결국 AI 시대의 성공 공식은 간단합니다.

> '좋은 아이디어 + 적절한 도구 + 빠른 실행'

더 이상 몇 년간 개발 공부를 하거나 많은 자본을 마련할 필요 없이 지금 당장 시작할 수 있습니다.

이제 선택의 순간입니다. 계속 기존 방식대로 업무를 처리할 것인지 아니면 이 변화의 물결에 올라탈 것인지 선택할 수 있습니다. 다행히 시작하는 방법은 복잡하지 않습니다. 바로 Dify라는 노코드 AI 플랫폼을 활용하는 것입니다. Dify는 앞서 언급한 '적절한 도구'의 완벽한 예시로 마우스 클릭과 간단한 설정만으로 전문적인 AI 애플리케이션을 구축할 수 있습니다.

Dify를 통해 실제로 AI 서비스를 만들어 보면서 노코드 AI의 놀라운 가능성을 직접 경험해 보시기 바랍니다.

LESSON 03

Dify를 시작하기 전에

ChatGPT를 넘어선 AI 활용법

우리가 매일 접하는 ChatGPT도 사실은 LLM이라는 기술 위에 만들어진 서비스입니다. **LLM(Large Language Model)** 즉, 대규모 언어 모델은 방대한 텍스트 데이터를 학습해 인간처럼 자연스럽게 대화하고 글을 쓸 수 있는 AI입니다. 책과 문서, 웹의 방대한 정보를 학습한 덕분에 질문을 이해하고 답을 하고 글을 요약하거나 또는 새로운 글을 만들어 내는 등 다양한 작업을 수행할 수 있습니다. 2022년 ChatGPT가 등장한 이후 이런 AI 기술이 폭발적으로 확산되기 시작했고 다양한 활용 방법을 알려 주는 교육 자료들이 쏟아져 나왔습니다. 이미 많은 사람들이 일상과 업무에서 AI를 활용하고 있습니다. 하지만 이제 우리는 텍스트, 이미지, 영상을 생성하는 단계를 넘어 AI 에이전트 시대에 들어서고 있습니다.

AI 에이전트란 사람의 지시 없이도 스스로 계획을 세우고 실행하는 AI를 말합니다. 예를 들어 "여행 계획을 세워 줘."라고 하면 계획안을 보여 주는 것을 넘어 실제로 항공편을 검색하고 호텔을 찾고 예약까지 대신해 주는 것입니다. ChatGPT와 같은 LLM도 이런 방향으로 진화하고 있습니다. 질문에 답하는 것을 넘어서 스스로 정보를 찾고, 분석하고, 판단하며, 실행하는 역할을 할 수 있게 되었습니다.

하지만 AI 에이전트 기능을 내 업무 환경에 맞게 활용하려면 범용적인 ChatGPT만으로는 한계가 있습니다. 우리 회사만의 문서를 이해하고 요약하거나 특정 업무 과정에 맞는 복잡한 자동화를 구현하려면 맞춤형 LLM 기반 애플리케이션이 필요합니다. 이런 LLM를 활용하여 일의 흐름 자동화를 만들기 위해 필요한 것이 바로 AI 워크플로우 설계 도구입니다.

> **TIP** 이 책에서 AI와 LLM 용어 구분
>
> 이 책에서는 두 가지 용어를 구분하여 사용합니다.
> - LLM: 기술적 구조나 모델 자체를 설명할 때 사용합니다.
>   (예: "여러 LLM을 연결하여 작업 흐름을 설계한다", "GPT-4와 Claude 같은 LLM")
> - AI: 사용자가 경험하는 기능이나 결과를 설명할 때 사용합니다.
>   (예: "AI가 문서를 요약한다", "AI 챗봇을 만든다")
>
> 간단히 말해, 기반이 되는 모델은 'LLM', 실제 구현되는 기능은 'AI'라고 이해하시면 됩니다.

Dify가 제공하는 해결책

앞에서 언급한 AI 에이전트 기능을 노코드 방식으로 구현할 수 있는 도구가 바로 Dify입니다. 앞서 살펴본 노코드 AI 혁명을 실현하는 플랫폼으로 드래그 앤 드롭 방식으로 여러 LLM을 연결하고 복잡한 AI 작업 흐름을 설계할 수 있습니다. 문서 분석 챗봇, 콘텐츠 생성 도구, 업무 자동화 시스템 등을 쉽게 구현할 수 있습니다.

Dify의 가장 큰 장점은 여러 LLM을 하나의 작업 과정에서 조합할 수 있다는 점입니다. 예를 들어 콘텐츠 제작 자동화를 구현할 수 있습니다. 사용자가 주제를 입력하면 첫 번째 LLM이 타깃 고객을 분석하고, 두 번째 LLM이 그에 맞는 초안을 작성하며, 세 번째 LLM이 SNS용과 블로그용으로 각각 변형하고, 마지막에 해시태그와 최적 발행 시간을 제안하는 전체 과정을 자동화할 수 있습니다. 또한 외부 서비스와 연결하여 실시간 데이터를 가져오거나 상황에 따라 다른 처리를 하도록 설계할 수도 있습니다.

앞으로 이 책에서는 이렇게 Dify로 제작하는 'LLM 기반 애플리케이션'을 줄여 **애플리케이션** 또는 **앱**이라는 용어로 통일하여 설명하겠습니다.

이번 장에서 함께 알아볼 내용들

Dify를 사용하기 위해서는 몇 가지 준비할 것들이 있습니다. 먼저 LLM을 사용하기 위해 API 발급이 필요합니다. 책에서는 OpenAI API를 발급받아 GPT 모델을 사용하겠습니다. OpenAI는 현재 가장 성능이 뛰어나고 안정적인 LLM 서비스를 제공하며 Dify와의 연동도 매우 간단합니다. 이번 장에서는 Dify의 주요 기능과 웹 화면을 자세히 살펴보고 OpenAI API 발급부터 Dify 계정 생성까지 필요한 모든 준비 과정을 단계별로 안내하겠습니다.

LESSON 04

Dify의 주요 기능과 활용

Dify로 무엇을 만들 수 있을까?

Dify가 AI 에이전트와 맞춤형 앱을 만들 수 있다고 했는데, 구체적으로 어떤 기능들이 이를 가능하게 할까요? Dify의 핵심은 4가지 주요 기능에 있습니다. 이 기능들을 이해하면 여러분도 곧바로 업무에 필요한 AI 도구를 직접 만들어낼 수 있습니다. 지금부터 각 기능별로 어떤 일이 가능한지 구체적인 예시와 함께 살펴보겠습니다.

Dify의 4가지 핵심 기능

AI 작업 흐름 설계 기능: 대화 흐름을 디자인한다

평소에 ChatGPT를 사용할 때를 생각해 보세요. 우리는 보통 "이 문서 요약해 줘."라고 질문하고 AI가 답변해 주면 끝입니다. 하지만 실제 업무에서는 "문서를 요약한 다음 그 요약본을 이메일로 보내고 중요한 부분은 따로 정리해서 보고서를 만들어 줘."라는 식의 여러 단계 작업이 필요합니다.

Dify는 이런 여러 단계 작업을 한 번에 설정하여 자동으로 처리되도록 만들 수 있습니다. 화면에서 단계별로 어떤 작업을 할지 순서를 정해주면 이후로는 AI가 알아서 모든 단계를 차례로 실행합니다.

예를 들어 "사용자 문서 업로드 → AI가 요약 → 자동으로 이메일 전송" 같은 자동화 흐름을 만들 수 있습니다.

내 문서 학습 기능: 내 자료에서 답을 찾는다

ChatGPT에게 "우리 회사 연차 규정이 어떻게 됩니까?"라고 물어 보면 "죄송하지만 특정 회사의 내부 규정은 알 수 없습니다."라는 답변을 받게 됩니다. 일반적인 AI는 우리 회사만의 규정이나 제품 매뉴얼 같은 내부 자료를 전혀 모르기 때문입니다.

Dify는 내가 가진 문서를 AI에게 미리 학습시켜 기억하게 하는 기능을 제공합니다. 과정은 간단합니다.

1. 내가 가진 문서(PDF, Word 파일, 웹 페이지 등)를 Dify에 업로드합니다.
2. Dify가 그 문서들을 읽고 내용을 기억합니다.
3. 누군가 질문하면 AI가 그 문서에서 관련 내용을 찾아서 답변합니다.

이렇게 하면 우리 회사 정보를 정확히 제공하는 AI를 만들 수 있습니다.

AI 에이전트 기능: 스스로 판단하고 행동한다

AI 에이전트는 사람의 명령을 이해하고 스스로 판단하여 여러 작업을 차례로 수행합니다. 예를 들어 "노트북 추천해 줘."라고 하면 웹에서 최신 정보를 검색하고 가격과 성능을 비교 분석한 후 사용자에게 맞는 제품을 추천하고 구매

링크까지 제공하는 식입니다.

Dify에서는 이런 AI 에이전트를 복잡한 프로그래밍 없이도 화면에서 "이런 상황이면 이렇게 해라."는 식으로 조건을 설정하여 쉽게 만들 수 있습니다.

API 제공 및 손쉬운 배포: 실제 서비스로 만든다

훌륭한 앱을 만들었다면 이제 실제 업무에서 활용할 수 있도록 다른 시스템들과 연결해야 합니다. Dify는 복잡한 기술적 작업 없이도 만든 AI를 홈페이지, 이메일 시스템, 슬랙이나 팀즈 같은 업무 도구와 연결할 수 있게 도와 줍니다. 이런 연결 기능을 통해 Dify에서 만든 AI가 단순한 실험용 도구가 아니라 실제 업무에서 매일 사용하는 실용적인 서비스가 될 수 있습니다.

Dify로 만들 수 있는 실제 활용 사례들

앞서 소개한 Dify의 4가지 핵심 기능을 조합하면 다양한 업무용 AI 도구를 만들 수 있습니다. 구체적으로 어떤 것들이 가능한지 살펴보겠습니다.

사내 업무 챗봇(지식베이스 Q&A 챗봇)

사내 규정이나 매뉴얼, 제품 문서 등을 미리 업로드해 놓으면 직원들이 궁금한 내용을 바로 찾아볼 수 있는 AI 챗봇을 만들 수 있습니다.

- 연차 사용 방법 또는 출장비 정산 절차 등을 알려 주는 사내 규정 챗봇
- 제품의 매뉴얼을 질문하면 바로 알려 주는 고객 상담 챗봇

자동 요약 및 보고서 작성 도우미

긴 문서나 보고서를 간단히 업로드하면 AI가 핵심 내용을 요약하여 이메일이나 메시지로 자동 전송할 수 있도록 설정할 수 있습니다.

- 매주 발행되는 시장 분석 리포트를 자동으로 요약한 뒤 이메일로 배포
- 미팅 후 AI가 회의록을 정리해서 참여자들에게 즉시 전달

리서치 자동화 에이전트

제품 비교, 경쟁사 분석 등 다양한 정보를 스스로 조사하고 요약하여 전달하는 AI 에이전트를 만들 수 있습니다.

- 경쟁사의 신제품이나 업계 뉴스를 자동으로 검색해서 분석해 주는 자동 경쟁사 분석 에이전트
- 특정 상품을 입력하면 AI가 알아서 시장에서 가격이나 리뷰를 조사하고 정리해 주는 상품 리서치봇

고객 지원 및 응대 자동화

고객들의 질문이나 요청사항을 자동으로 이해하고, 관련된 정보를 제공하거나 필요한 작업을 처리해 줄 수 있는 챗봇을 만들 수 있습니다.

- 자주 묻는 질문을 자동으로 처리하는 홈페이지 내 고객 문의 응대 챗봇
- 특정 요청(교환, 반품 등)을 받으면 담당자에게 내용을 자동 전달하는 업무 시스템

논문 분석 및 연구 지원

학술 논문이나 연구 자료를 업로드하면 AI가 빠르게 내용을 분석하고 중요한 핵심 정보를 요약하거나 관련 질문에 답변해 주는 연구 지원 챗봇을 만들 수

있습니다.
- 최신 논문을 업로드하면 연구자가 빠르게 핵심 내용을 파악할 수 있도록 자동 요약 제공
- 특정 연구 주제에 맞춰 여러 논문에서 정보를 추출하고 비교하여 연구 진행을 돕는 AI 연구 보조 도구

LESSON 05

Dify 웹에서 시작하기

Dify 시작하기

Dify를 사용하기 위해 복잡한 회원가입 절차를 거칠 필요는 없습니다. 구글이나 GitHub 계정만 있으면 클릭 몇 번으로 바로 시작할 수 있어 매우 편리합니다.

특히 구글 계정을 이용한 로그인은 대부분의 사용자가 이미 가지고 있는 계정을 활용하므로 별도의 비밀번호를 기억할 필요가 없습니다. GitHub는 개발자들이 코드를 저장하고 관리하는 플랫폼으로 개발 경험이 있는 분들이라면 GitHub 계정으로 로그인하는 것도 좋은 선택입니다.

로그인 후에는 Dify의 직관적인 대시보드를 통해 다양한 방식으로 AI 앱을 만들 수 있습니다. 처음부터 직접 만들거나 미리 준비된 템플릿을 활용하거나 다른 사용자가 만든 앱을 가져와서 사용할 수도 있어 선택의 폭이 넓습니다.

Dify 가입 및 대시보드 살펴보기

01 본격적으로 Dify를 시작해 보겠습니다. https://dify.ai에 접속해 화면의 오른쪽 상단에 있는 [Get Started] 버튼을 클릭합니다.

02 [Google로 계속] 버튼을 클릭합니다. Dify는 별도의 회원가입 절차 없이 구글 또는 GitHub ID로 로그인할 수 있습니다. GitHub는 개발자들이 주로 사용하는 코드 저장 플랫폼입니다.

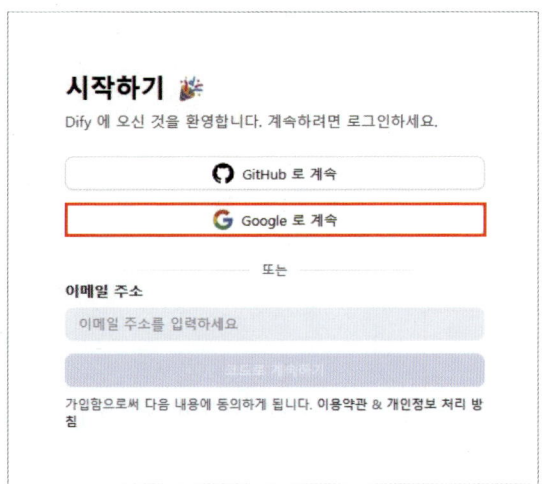

03 구글의 아이디와 비밀번호를 입력하여 Dify에 로그인합니다.

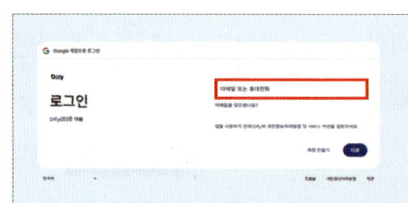 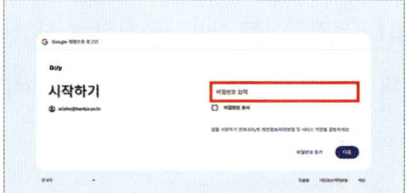

>  **TIP 구글/GitHub 계정 사용 여부 확인**
>
> 일부 기업 환경에서는 구글/GitHub 로그인이 제한될 수 있으니 사전에 확인하세요.

04 로그인하면 다음과 같은 작업 화면(대시보드)을 확인할 수 있습니다. 기본적으로 상단의 [스튜디오] 메뉴가 선택되어 있습니다. 3가지 방식으로 앱을 만들 수 있습니다.

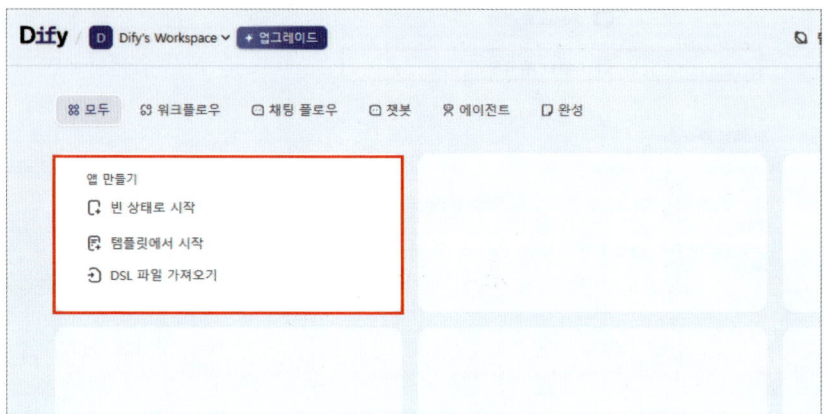

05 앱을 만드는 방식은 다음과 같습니다.

> 🗔 **빈 상태로 시작**

'빈 상태로 시작'은 사용자가 앱을 처음부터 만드는 방법입니다. 이 책에서는 주로 '빈 상태로 시작'을 활용하여 앱을 만듭니다. 챗봇, 에이전트, 워크플로우, 채팅플로우 등 다양한 유형의 앱을 만들 수 있습니다.

> 🗒 **템플릿에서 시작**

'템플릿에서 시작'은 Dify에서 제공하는 다양한 템플릿을 활용하여 만드는 방법입니다. 상단 [탐색] 메뉴를 클릭하면 Dify에서 제공하는 다양한 형식의 템플릿을 확인할 수 있습니다. 처음부터 앱을 만들기 어렵다면 템플릿에서 시작하는 것도 좋은 방법입니다.

> ➡ **DSL 파일 가져오기**

'DSL 파일 가져오기'는 다른 사용자가 만든 Dify 앱을 가져와서 사용하는 방법입니다. DSL(Domain Specific Language) 파일에는 앱의 설정과 구조가 저장되어 있습니다. 이 DSL 파일을 불러오면 원본과 똑같은 앱을 바로 만들 수 있습니다.

> **TIP** 💡 **학습용 DSL 파일 활용**
>
> 이 책에서 소개하는 모든 앱의 DSL 파일을 제공합니다. 파일을 다운받아 'DSL 파일 가져오기'로 불러오면 완성된 앱을 바로 확인하고 학습할 수 있습니다.
> 파일 다운로드: https://www.hanbit.co.kr/src/50002

LESSON 06

OpenAI API 키 발급

OpenAI API 키가 필요한 이유

Dify에서 앱을 만들기 위해서는 AI의 두뇌 역할을 하는 LLM이 필요합니다. 이 책에서는 가장 많이 사용되고 성능이 뛰어난 OpenAI의 GPT 모델을 활용하겠습니다.

Dify에서 앱을 만들 때는 API를 사용해야 하며, 이를 위해서는 'API 키'라는 특별한 인증키가 필요합니다. API 키는 OpenAI의 GPT 모델에 접근할 수 있는 고유한 인증 코드로, 아파트 출입카드와 같은 역할을 합니다.

이 API 키는 절대 다른 사람과 공유해서는 안 됩니다. 키가 유출되면 다른 사람이 여러분의 계정으로 GPT를 사용할 수 있고 그 비용은 모두 여러분이 부담해야 합니다.

OpenAI API 요금 체계 이해하기

토큰 기반 과금 시스템

OpenAI API는 토큰이라는 단위로 사용량을 계산합니다. 토큰을 택시비에 비유하면 거리에 따라 요금이 나오는 택시처럼 사용한 텍스트량에 따라 요금이 결정됩니다.

토큰은 텍스트를 잘게 나눈 단위입니다. 한국어는 영어보다 토큰 수가 많아지는 경향이 있으며 일반적인 질문과 답변 한 세트는 약 100~500 토큰입니다. 비용은 입력 토큰(여러분이 GPT에게 보내는 질문)과 출력 토큰(GPT가 답변하는 내용) 모두에 대해 청구됩니다.

실제 사용 비용

GPT-4.1 nano 기준으로 실제 사용 비용을 살펴보면 생각보다 경제적입니다. 간단한 질문 10개 정도는 약 50원 이내로 해결할 수 있고 회사 보고서나 논문 같은 긴 문서를 요약하는 작업도 한 건당 약 100~250원 정도입니다. 일반적인 대화를 100턴 정도 주고받아도 약 500~1,000원 수준이므로 대부분의 개인 사용자라면 월 5천~1만 원 정도면 충분히 활용할 수 있습니다.

특히 GPT-4.1 nano는 캐싱이라는 똑똑한 기능을 지원합니다. 같은 프롬프트나 문서를 5~10분 이내에 다시 사용하면 입력 비용이 75%나 할인되어 매우 경제적입니다. 예를 들어 같은 템플릿으로 여러 이메일을 작성하거나 비슷한 문서를 반복해서 분석할 때 큰 비용 절약 효과를 볼 수 있습니다.

여기서 중요한 점은 ChatGPT Plus 구독과 OpenAI API는 완전히 별개의 서비스라는 것입니다. 많은 사용자들이 혼동하는 부분인데 ChatGPT Plus에 월 20달러를 지불하고 있어도 API를 사용하려면 별도로 API 키를 발급받고 사용한 만큼 추가 비용을 지불해야 합니다.

API 키 발급 절차

01 일반 ChatGPT 사이트가 아닌 https://platform.openai.com/docs/overview에 접속합니다. 화면 우측 상단 [Sign up] 버튼을 클릭하여 회원가입을 하거나 이미 OpenAI 계정이 있다면 [Log in] 버튼을 클릭합니다. 입력한 이메일로 발송된 인증 메일을 확인하여 인증을 완료합니다.

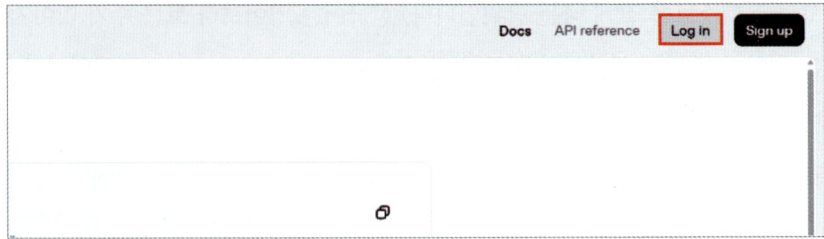

02 [Start building] 버튼을 클릭한 후 조직 정보를 입력합니다.

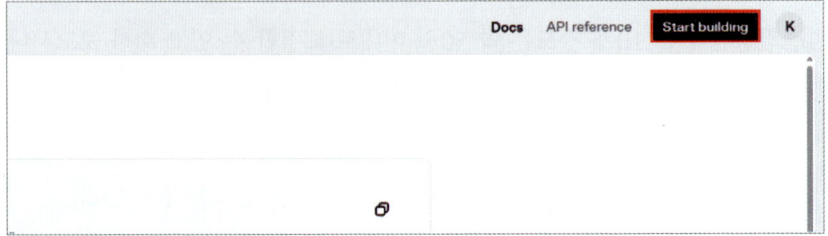

개인 사용자라면 조직 이름에 본인 이름이나 "Dify Study"와 같은 이름을 입력하고 "What best describes you?" 질문에서는 [Somewhat technical] 버튼을 선택합니다.

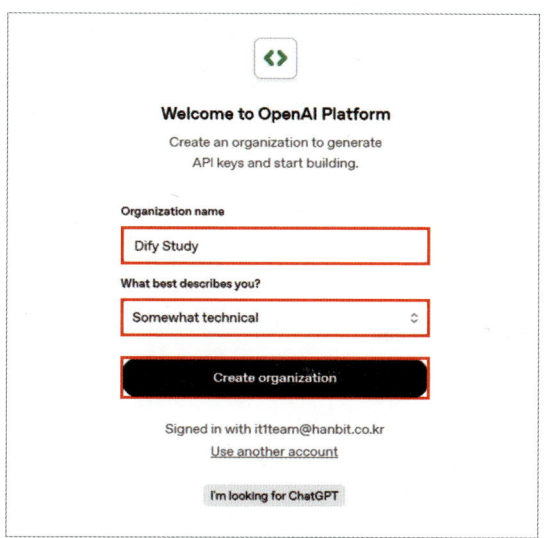

다음으로 "Invite your team" 화면이 나타납니다. 팀 프로젝트로 진행할 예정이라면 동료의 이메일 주소를 입력하여 초대할 수 있습니다. 혼자 사용할 예정이라면 'I'll invite my team later' 링크를 클릭하여 다음으로 넘어갑니다.

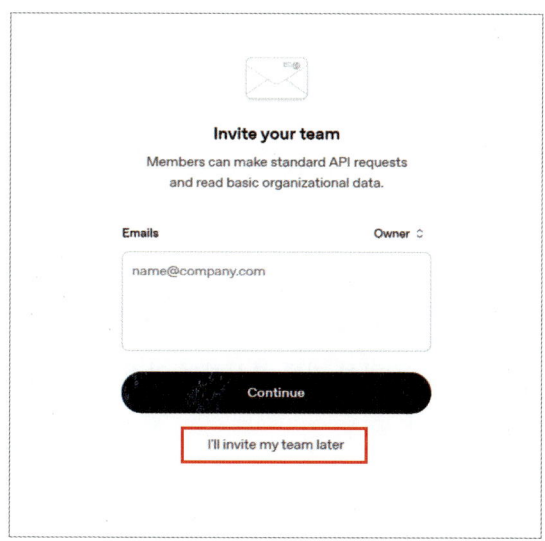

03 "Make your first API call" 화면에서 API 키를 생성합니다. API 키 이름과 프로젝트 이름에는 기본값이 입력되어 있는데, 그대로 사용해도 되고 원한다면 다음과 같이 변경할 수 있습니다.

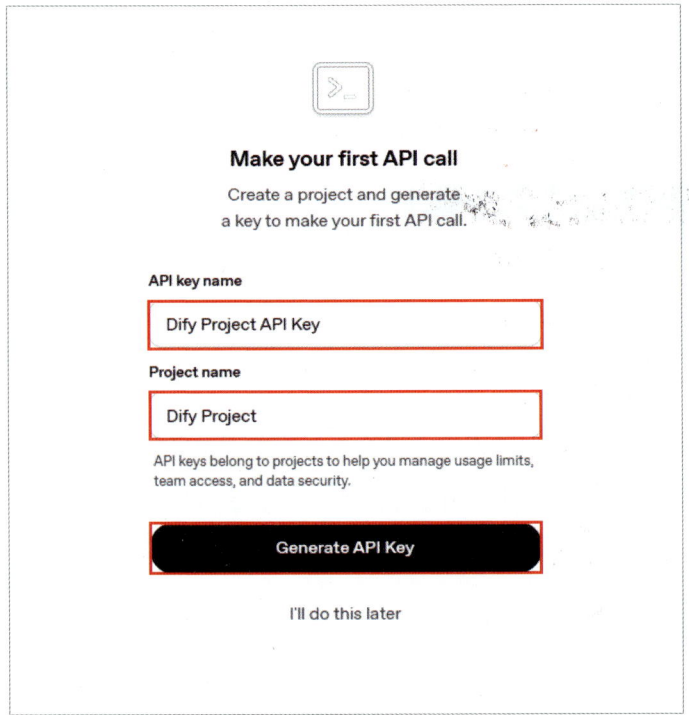

- API key name : "My Test Key" (기본값) 또는 "Dify Project API Key"
- Project name : "Default Project" (기본값) 또는 "Dify Project"

[Generate API Key] 버튼을 클릭하면 sk-로 시작하는 긴 문자열의 API 키가 생성됩니다. 우측 [Copy] 버튼을 클릭하여 키를 복사하여 안전한 곳에 보관한 후 [Continue] 버튼을 클릭합니다.

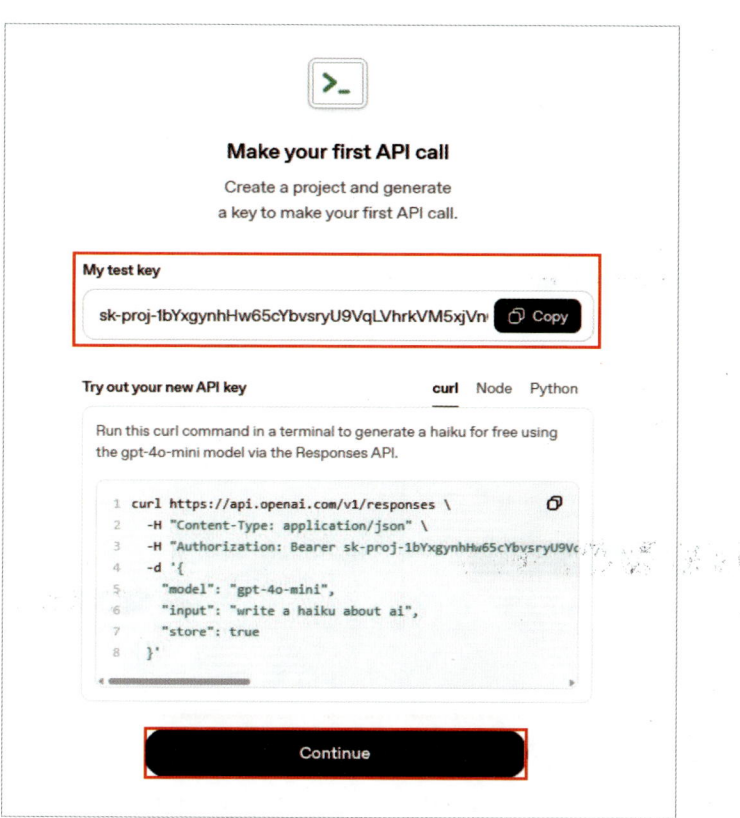

TIP 💡 API 키 반드시 저장

API 키를 발급하면 화면에 긴 문자열(예: 'sk-'로 시작하는 키)이 한 번만 표시됩니다. 한 번 생성 후에는 다시 확인할 수 없으니 반드시 이 화면에서 키를 복사하여 안전한 곳에 꼭 저장하세요. 만약 키를 분실하면, 기존 키는 플랫폼에서 비활성화하고 새 키를 생성해야 합니다.

04 OpenAI API는 선불 충전 방식으로 운영되므로 미리 크레딧을 충전해야 합니다. 처음이라면 5달러(테스트용), 10달러(소규모 프로젝트용), 20달러(본격 활용) 중 선택하여 신용카드 정보를 입력하고 결제를 완료합니다.

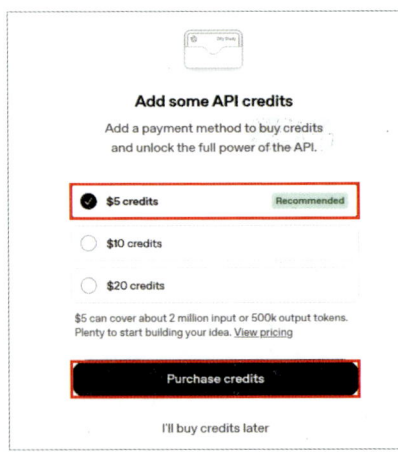
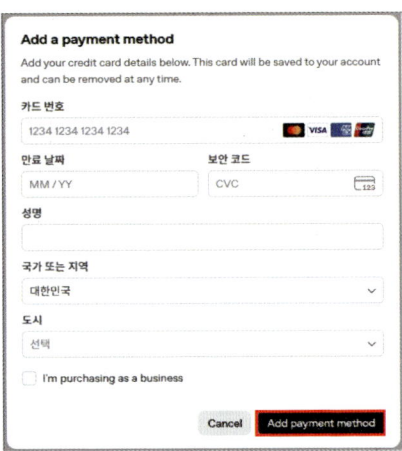

> **TIP 무료 크레딧 안내**
>
> OpenAI는 과거에 신규 가입자에게 일정 금액의 무료 크레딧을 제공했으나, 2025년 현재는 이 정책이 크게 축소되거나 중단된 상태입니다. 대부분의 사용자는 유효한 결제 수단 등록 후 실제 과금 방식으로 API를 이용하며 무료 크레딧은 교육, 연구, 특정 프로그램 참가 등 제한된 경우에만 제공됩니다. 따라서 일반 신규 사용자는 소액 충전 후 API를 시험해 보는 방식을 권장합니다.

현재의 요금 정보

현재 요금표 (2025년 기준) 최신 요금 정보는 https://platform.openai.com/pricing에서 확인할 수 있습니다.

MODEL	INPUT	CACHED INPUT	OUTPUT
gpt-5	$1.25	$0.125	$10.00
gpt-5-mini	$0.25	$0.025	$2.00
gpt-5-nano	$0.05	$0.005	$0.40
gpt-5-chat-latest	$1.25	$0.125	$10.00
gpt-4.1	$2.00	$0.50	$8.00
gpt-4.1-mini	$0.40	$0.10	$1.60
gpt-4.1-nano	$0.10	$0.025	$0.40
gpt-4o	$2.50	$1.25	$10.00

주요 모델별 요금 (1,000 토큰당)

- **GPT-5**: 입력 $0.00125 (약 1.7원), 출력 $0.010 (약 13.3원)
- **GPT-4.1**: 입력 $0.002 (약 2.7원), 출력 $0.008 (약 10.7원)
- **GPT-4.1-nano**: 입력 $0.0001 (약 0.13원), 출력 $0.0004 (약 0.53원)

  * 환율 기준: 1달러 = 1,330원 (2025년 기준 평균 환율)

> **TIP · API 키 유출 주의**
>
> API 키는 계정을 대신해 API를 사용할 수 있는 매우 중요한 보안 정보이니, 절대 외부에 노출하거나 공유하지 마세요. 유출 시 타인이 여러분의 API를 무단 사용해 예상치 못한 과금이 발생할 수 있습니다.

API 키 발급 시 주의사항

Q : API 키 발급에 비용이 드나요?

A : API 키 발급은 무료입니다. 실제 API 사용 시에만 토큰 단위로 비용이 청구됩니다.

Q : ChatGPT Plus 구독자도 API 키를 별도로 발급받아야 하나요?

A : 네, ChatGPT Plus와 API는 별도 서비스이므로 API 키를 별도로 발급받아야 합니다.

Q : API 키를 잃어버리거나 유출되면 어떻게 하나요?

A : OpenAI 플랫폼에서 기존 키를 즉시 비활성화하고 새로운 키를 생성하면 됩니다. 유출된 키로 발생한 비용은 본인이 부담해야 하므로 각별히 주의하세요.

OpenAI API 키를 안전하게 발급받았습니다. 다음 절에서는 이 API 키를 Dify에 연결하여 실제로 앱을 만들어 보겠습니다.

CHAPTER 02

챗봇 (Chatbot)

- Lesson 01. 챗봇의 기본 이해
- Lesson 02. LLM 모델 선택하기
- Lesson 03. Dify에서 LLM 모델 설정하기
- Lesson 04. 다양한 프롬프트 살펴보기
- Lesson 05. 장난꾸러기 챗봇
- Lesson 06. 비즈니스 이메일 교정 챗봇
- 프로젝트. 패션 스타일 추천 챗봇

LESSON 01

챗봇의 기본 이해

챗봇의 작동 원리 이해하기

챗봇은 사용자의 질문에 자동으로 답변해 주는 프로그램입니다. 예전에는 미리 준비된 답변에서 키워드를 찾아 보여 주는 방식이었지만 현재는 ChatGPT 같은 AI 기술을 활용해 사람처럼 자연스럽게 대화할 수 있게 되었습니다.

우리가 평소에 사용하는 ChatGPT처럼 사람과 대화하듯 질문하면 답변해 주는 것이 바로 챗봇입니다. Dify를 사용하면 이런 챗봇을 내 목적에 맞게 쉽게 만들 수 있습니다. 챗봇이 어떻게 작동하는지 간단히 살펴보겠습니다.

질문(Query)

질문은 사용자가 챗봇에 입력하는 내용입니다. 이는 다양한 형태로 나타날 수 있습니다. "한국의 수도는 어디야?"처럼 정보를 찾는 직접적인 질문이 있는가 하면, "오늘 기분이 우울해." 같은 감정을 표현하는 문장도 포함됩니다. 또한

"이메일을 다시 써 줘."와 "요약해 줘." 같은 작업 요청이나 "추천해 줘." 같은 의견을 구하는 질문도 있습니다.

프롬프트(Prompt)

질문을 전달하기 전에 어떻게 답변할지에 대한 지침이나 역할을 부여하는 문장입니다. 이는 챗봇의 성격과 답변 스타일을 결정하는 가장 중요한 요소입니다. 예를 들어 "당신은 사용자의 질문에 친절하게 답변하는 챗봇입니다."라고 설정하면 LLM이 친근한 톤으로 답변하게 됩니다. 반면 "당신은 법률 전문가로서 정확하고 신중하게 조언하는 변호사입니다."라고 설정하면 전문적이고 신뢰할 만한 답변을 제공합니다. 프롬프트에는 답변 길이, 언어 스타일, 포함해야 할 정보의 종류, 피해야 할 주제 등 구체적인 지침을 담을 수 있습니다.

LLM(Large Language Model, 대규모 언어 모델)

실제로 답변을 생성하는 인공지능 모델입니다. 방대한 텍스트 데이터를 학습한 거대한 AI 시스템으로 인간의 언어 패턴을 이해하고 자연스러운 문장을 생성할 수 있습니다. OpenAI의 GPT 시리즈, Anthropic의 Claude, 구글의 Gemini, 메타의 Llama 등 다양한 모델을 선택할 수 있습니다. 각 모델마다 성능과 특징이 다릅니다. 모델 크기, 학습 데이터, 훈련 방식에 따라 차이가 나며 같은 회사의 모델이라도 버전에 따라 성능이 크게 달라집니다. 예를 들어 어떤 모델은 전반적으로 더 강력하지만 비용이 높고, 어떤 모델은 빠르고 효율적이지만 복잡한 작업에서는 다소 부족할 수 있습니다. 모델 선택은 만들고자 하는 챗봇의 목적에 따라 달라집니다.

답변(Answer)

프롬프트와 사용자 질문을 종합하여 생성한 최종 결과가 사용자에게 전달됩니다. 답변의 형태는 프롬프트 설정에 따라 달라질 수 있습니다. 단순한 정보 제공부터 시작해서 감정적 지지와 공감, 구체적인 업무 도움, 창의적인 아이디어 제안, 단계별 가이드 제공까지 다양한 형태가 가능합니다. 예를 들어 고객 상담용 챗봇이라면 정중하고 해결책 중심의 답변을 하며, 친구 같은 대화 상대 챗봇이라면 편안하고 재미있게 대화를 하고, 전문 상담 챗봇이라면 근거가 명확한 전문적 조언을 제공할 수 있습니다.

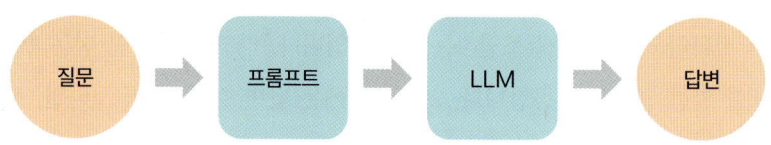

이 과정을 음식점에 비유하면, 사용자의 질문은 '주문', 프롬프트는 '요리법', LLM은 '요리사', 답변은 '완성된 요리'와 같습니다. 같은 재료(질문)라도 요리법(프롬프트)과 요리사(LLM)에 따라 완전히 다른 요리(답변)이 나올 수 있습니다.

이번 장에서 만들어 볼 챗봇

이번 장에서는 Dify의 챗봇 기능을 단계적으로 익혀 나가겠습니다. 먼저 어떤 LLM을 선택할지 결정하고 챗봇의 성격과 답변 스타일을 정하는 프롬프트 작성법을 익힌 후 세 가지 실용적인 챗봇을 직접 만들어 보겠습니다.

단순해 보이는 이 구조로도 다양한 챗봇을 만들 수 있습니다. 프롬프트 설정에 따라 같은 모델이라도 완전히 다른 성격과 기능을 가질 수 있기 때문입니다.

예를 들어 "고객 문의에 정중하고 전문적으로 답변하는 상담원"으로 설정하면 비즈니스용 고객 지원 챗봇이 되고, "친근하고 재미있게 대화하는 친구"로 설정하면 일상 대화 상대가 됩니다. 또한 "법률 전문 지식을 바탕으로 조언하는 변호사"나 "창의적인 아이디어를 제안하는 마케팅 전문가" 같은 전문 역할도 부여할 수 있습니다. 더 나아가 "20자 이내로 간결하게 답변하되 이모티콘을 포함하여 친근하게" 같은 구체적인 지침으로 원하는 스타일의 답변을 얻을 수 있습니다.

실습 단계에서는 **장난꾸러기 챗봇**과 **비즈니스 이메일 교정 챗봇**을 따라 만들어 보면서 기본기를 익힙니다. 단계별 설명을 따라 하면 누구나 쉽게 만들 수 있습니다.

프로젝트 단계에서는 **패션 스타일 추천 챗봇**을 직접 설계해 보겠습니다. 개인 맞춤형 패션 조언을 제공하는 전문가 수준의 챗봇을 어떻게 구성할지 함께 고민하고 만들어 보겠습니다.

각각의 챗봇을 만들면서 모델 선택부터 프롬프트 작성 그리고 챗봇의 품질을 높이는 세부 설정까지 자연스럽게 익힐 수 있습니다.

LESSON 02

LLM 모델 선택하기

모델의 이해와 선택 기준

Dify에서는 다양한 상용 모델과 오픈 모델을 선택할 수 있으며, 만들고자 하는 서비스의 특성에 따라 적절한 모델을 선택하는 것이 중요합니다. 모델마다 성능, 속도, 비용이 다르기 때문입니다. 복잡한 추론이 필요한 작업에는 강력한 모델이 적합하고 단순한 응답에는 빠르고 효율적인 모델이 더 나을 수 있습니다. 사용 목적에 맞는 모델을 선택하면 비용을 절약하면서도 좋은 결과를 얻을 수 있습니다.

상용 모델과 오픈 모델의 특징

모델은 크게 상용 모델(Commercial LLM)과 오픈 모델(Open LLM)로 구분됩니다. 각각의 특징을 이해하고 상황에 맞는 선택을 해야 합니다.

구분	상용(유료) 모델(Commercial LLM)	오픈(무료) 모델(Open LLM)
대표 모델	- OpenAI (GPT) - Anthropic (Claude) - Google (Gemini) - XAi (Grok)	- Meta (Llama 3/3.1/4) - Mistral AI - DeepSeek - Qwen - gpt-oss
사용 방식	- API를 통해 사용 - 인터넷 연결 필요	- 오픈소스로 제공 - 로컬 서버에 직접 설치 가능 - Ollama, LM Studio 등으로 쉬운 설치
접근 권한	- 모델 구조 및 학습 데이터는 비공개 - 사용자가 모델 수정 불가	- 모델 구조 공개 - 자유롭게 수정 및 내 용도에 맞게 훈련 가능 - 연구 및 상업적 용도 지원 (라이선스별 상이)
장점	- 성능과 안정성이 뛰어나며 바로 사용 가능 - 설치나 유지보수 없이 간편 - 초보자도 빠르게 시작 가능 - 최신 기능과 업데이트 제공	- 내 목적에 맞게 모델 수정 가능 - 자체 서버 운영 시 API 비용 없음 - 데이터 프라이버시 보호에 유리 - 투명성과 연구 접근성 확보 - 활발한 오픈소스 커뮤니티
단점	- 내 용도에 맞게 모델 수정 불가 - 사용량에 따라 API 비용 발생 - 데이터 보안 이슈 - 서비스 중단 위험	- 직접 설치·운영해야 하며, 진입장벽 있음 - 고성능 모델일수록 서버 자원이 많이 필요 - 성능 튜닝과 관리 책임이 사용자에게 있음 - 라이선스별 사용 제한 존재

유료 상용 모델(Commercial LLM)

OpenAI의 GPT, Anthropic의 Claude, Google의 Gemini는 각 기업에서 개발한 LLM 모델입니다. 이 모델들은 API를 통해 사용하며, 인터넷 연결이 필요합니다. 모델 구조와 학습 데이터는 비공개되어 있습니다. 대신 성능과 안정성이 뛰어나며 설치나 유지보수 없이 바로 사용할 수 있어 초보자도 빠르게 시작할 수 있습니다. 다만, 사용량에 따라 API 비용이 발생하고 회사나 업무 환경에 맞게 커스터마이징하기 어렵습니다. 또한 데이터를 외부 서버로 전송해야 하므로 보안상 주의가 필요합니다.

무료 오픈 모델(Open LLM)

Meta의 Llama, Mistral, DeepSeek, Qwen 같은 오픈소스로 제공되는 모델입니다. 모델 구조가 공개되어 있어 자유롭게 수정하고 내 목적에 맞게 개선할 수 있습니다.

자체 서버에 설치해 운영하면 API 비용 없이 사용할 수 있으며 데이터를 외부로 보내지 않아 정보 보호에도 유리합니다.

하지만 직접 설치하고 운영해야 하는 진입장벽이 있습니다. 고성능 모델일수록 많은 서버 자원이 필요하며 모델의 성능 개선과 관리 책임이 사용자에게 있습니다. 이러한 이유로 처음 시작하는 사용자에게는 상용 모델을 권장하며 어느 정도 경험을 쌓은 후에 비용 절약이나 특수한 요구 사항이 생기면 오픈 모델을 고려해 볼 수 있습니다.

> **TIP 💡 모델 선택 가이드**
>
> 이 책에서는 GPT-4.1-nano를 기본으로 사용합니다. 100만 토큰의 긴 컨텍스트 창을 제공하면서도 입력 $0.10, 출력 $0.40으로 경제적이기 때문입니다. 긴 문서를 다루거나 복잡한 대화가 필요한 챗봇 학습에 적합합니다.

토큰의 이해와 중요성

토큰(Token)은 LLM이 텍스트를 처리할 때 문장을 잘게 나누는 기본 단위입니다. 사람이 글을 읽을 때 단어 하나하나를 읽듯이 AI도 문장을 작은 조각으로 나누어 이해합니다. 예를 들어 "I love programming!"은 약 6개의 토큰으로 "안녕하세요"는 약 2개의 토큰으로 나뉩니다. 정확한 토큰 분할 방식은 모델마다 다릅니다. OpenAI의 토크나이저(https://platform.openai.com/tokenizer)에서 다양한 문장이 어떻게 토큰으로 나뉘는지 직접 확인해 볼 수 있습니다.

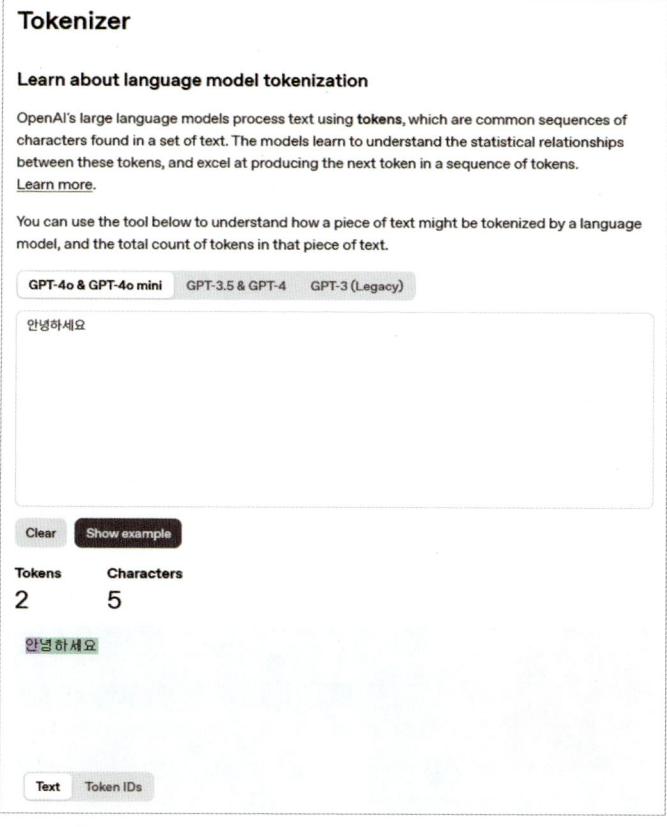

토큰을 알아야 하는 이유는 LLM이 처리할 수 있는 글의 양이 토큰 개수로 정해지기 때문입니다. Context Window는 LLM이 한 번에 읽고 답할 수 있는 토큰의 최대 개수(입력과 출력의 최대 토큰 수)이고 max_tokens는 LLM이 답변할 때 사용할 수 있는 토큰의 최대 개수(출력의 최대 토큰 수)입니다.

여기서 주의할 점이 있습니다. LLM이 처리하는 토큰에는 여러분의 질문뿐만 아니라 LLM에게 미리 설정해 둔 역할 지시문, 업로드한 문서나 이미지, 이전 대화 내용도 모두 포함됩니다. 따라서 너무 긴 지시문을 설정하거나 많은 문서를 올리면 실제로 질문할 수 있는 글의 길이가 줄어들 수 있습니다.

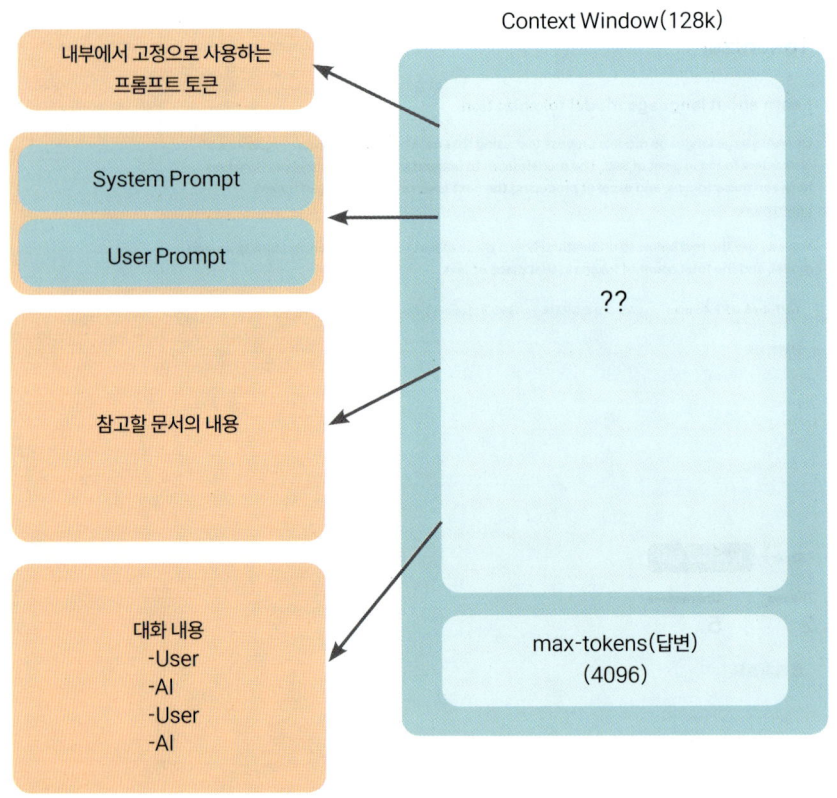

주요 모델별 특징과 선택 가이드

Dify에서 앱을 만들 때 가장 중요한 선택 중 하나는 어떤 언어 모델을 사용할 것인가입니다. 모델 선택은 여러분이 만들 앱의 성공을 좌우하는 핵심 요소로 모델의 특징, 성능, 비용을 종합적으로 고려해야 합니다.

각 모델마다 잘하는 분야가 다릅니다. 어떤 모델은 창의적 글쓰기에 뛰어나고, 어떤 모델은 논리적 분석에 강하며 또 다른 모델은 코딩 작업에 특화되어 있습니다. 성능은 얼마나 정확하고 빠른 답변을 제공하는지를, 비용은 실제 서비스 운영에서 지불해야 할 사용 요금을 의미합니다.

예를 들어 간단한 고객 문의 응답 챗봇을 만든다면 적당한 성능의 저렴한 모델이 적합하지만 복잡한 법률 문서 분석이나 고급 코딩 도구를 만든다면 비용이 높더라도 성능이 뛰어난 모델을 선택해야 합니다. 용도에 맞는 모델 선택이 성공적인 앱 개발의 첫걸음입니다.

OpenAI의 GPT

OpenAI 모델은 현재 가장 널리 사용되는 유료 모델입니다. 최신 **GPT-5**는 OpenAI의 가장 발전된 범용 모델로 뛰어난 추론 능력과 낮은 환각률, 정교한 지시 따르기 기능을 제공합니다. GPT-4.1은 최대 100만 토큰의 거대한 처리 능력을 가지고 있어 매우 긴 문서나 대화를 다룰 수 있습니다. o1 시리즈는 복잡한 추론에 특화된 모델로 수학이나 논리적 사고가 필요한 작업에 뛰어납니다. 경제적인 옵션으로는 GPT-5-nano나 GPT-4o-mini 등이 있으며, 일반적인 작업에 충분한 성능을 제공합니다. 각 모델의 자세한 특징은 https://platform.openai.com/docs/models에서 확인할 수 있습니다.

(2025년 8월 기준)

모델명	설명	Context Window	Max Tokens	비용 (1M 토큰당)
GPT-5	가장 발전된 범용 모델, 뛰어난 추론 능력	400,000	128,000	입력 $1.25 출력 $10.00
GPT-5-mini	균형 잡힌 성능과 효율성을 제공하는 소형 모델	400,000	128,000	입력 $0.25 출력 $2.00
GPT-5-nano	가장 빠르고 경제적인 모델	400,000	128,000	입력 $0.05 출력 $0.40
GPT-5-chat-latest	대화에 최적화된 최신 GPT-5 모델	400,000	128,000	입력 $1.25 출력 $10.00
GPT-4.1	복잡한 작업용 플래그십 모델	1,047,576	32,768	입력 $2.00 출력 $8.00
GPT-4.1-mini	인텔리전스, 속도, 비용 균형 모델	1,047,576	32,768	입력 $0.40 출력 $1.60
GPT-4.1-nano	가장 빠르고 비용 효율적인 GPT-4.1 모델	1,047,576	32,768	입력 $0.10 출력 $0.40
GPT-4o	빠르고 지능적이며 유연한 GPT 모델	128,000	16,384	입력 $2.50 출력 $10.00
GPT-4o-mini	집중 작업용 빠르고 경제적 소형 모델	128,000	16,384	입력 $0.15 출력 $0.60
o1	o 시리즈 추론 모델	200,000	100,000	입력 $15.00 출력 $60.00
o1-pro	더 나은 응답을 위한 고성능 o1 버전	200,000	100,000	입력 $150.00 출력 $600.00
o1-mini	o1 소형 모델 대안	128,000	65,536	입력 $1.10 출력 $4.40
o3	가장 강력한 추론 모델	200,000	100,000	입력 $2.00 출력 $8.00
o3-pro	고성능 o3 버전	200,000	100,000	입력 $20.00 출력 $80.00

모델명	설명			
o3-mini	o3 소형 모델	200,000	100,000	입력 $1.10 출력 $4.40
o4-mini	더 빠르고 경제적 추론 모델	200,000	100,000	입력 $1.10 출력 $4.40

Anthropic의 Claude

Anthropic의 Claude 모델은 안전성과 유용성에 중점을 둔 모델입니다. Claude Sonnet 4는 고성능 모델로 최대 1,000,000 토큰의 긴 컨텍스트를 지원하며 비용은 입력 100만 토큰당 $3, 출력 100만 토큰당 $15입니다. 출력 토큰 제한은 약 64,000 토큰입니다. Claude Haiku 3.5는 가장 빠른 모델로 즉각적인 응답이 필요한 경우에 적합합니다. 각 모델의 자세한 특징은 https://docs.anthropic.com/en/docs/about-claude/models/overview에서 확인할 수 있습니다.

(2025년 8월 기준)

모델명	설명	Context Window	Max Tokens	비용 (1M 토큰당)
Claude Opus 4	가장 성능이 뛰어난 고성능 모드	200,000	32,000	입력 $15 출력 $75
Claude Sonnet 4	고성능 모델	200,000	64,000	입력 $3 출력 $15
Claude Sonnet 3.7	초기 확장 사고 지원 고성능 모델	200,000	64,000	입력 $3 출력 $15
Claude Sonnet 3.5	이전 세대 지능형 모델	200,000	8,192	입력 $3 출력 $15
Claude Haiku 3.5	가장 빠른 경량 모델	200,000	8,192	입력 $0.8 출력 $4
Claude Opus 3	복잡한 작업에 강력한 모델	200,000	4,096	입력 $15 출력 $75
Claude Haiku 3	빠르고 즉각적인 응답 모델	200,000	4,096	입력 $0.25 출력 $1.25

Google의 Gemini

Google의 Gemini 모델은 멀티모달 처리에 강점을 가집니다. Gemini 2.5 Pro는 최대 1,048,576 토큰의 입력 한도를 가진 강력한 모델이고 Gemini 2.5 Flash는 가성비가 우수하며 텍스트, 이미지, 동영상, 오디오를 모두 처리할 수 있습니다. 각 모델의 자세한 특징은 https://ai.google.dev/gemini-api/docs/models?hl=ko에서 확인할 수 있습니다.

(2025년 8월 기준)

모델명	설명	Context Window	Max Tokens	비용 (1M 토큰당)
Gemini 2.5 Pro	최대 응답 정확도와 최첨단 성능을 갖춘 강력한 사고 모델	1,048,576	65,536	입력 $1.25 (20만 토큰 이하), $2.50 (20만 토큰 초과) 출력 $10.00 (20만 토큰 이하), $15.00 (20만 토큰 초과)
Gemini 2.5 Flash	가성비가 가장 우수하며 다양한 기능 제공 모델	1,048,576	65,536	입력 텍스트/이미지/동영상 $0.30, 오디오 $1.00 출력 $2.50
Gemini 2.5 Flash-Lite	비용 효율성과 짧은 지연 시간에 최적화된 모델	1,000,000	64,000	입력 텍스트/이미지/동영상 $0.10, 오디오 $0.50 출력 $0.40
gemini-2.5-flash-image	일관성 있는 이미지 생성이 가능한 모델 (나노바나나)	32,768	32,768	

위에서 소개한 각 모델의 특징과 가격 정보를 참고하여 여러분의 프로젝트 요구 사항과 예산에 맞는 모델을 선택하시면 됩니다. 모델은 언제든지 변경할 수 있으니 처음에는 비용이 저렴한 모델로 시작해서 필요에 따라 더 고성능 모델로 업그레이드하는 것도 좋은 방법입니다.

LESSON 03

Dify에서 LLM 모델 설정하기

API 키를 Dify에 연결하는 이유

OpenAI API 키를 발급받았다면 Dify에 연결해야 합니다. 이 과정이 왜 필요한지 먼저 이해해 보겠습니다. API 키를 Dify에 연결하는 것은 마치 새로운 직원에게 회사 출입 카드를 발급해 주는 것과 같습니다. 출입 카드가 있어야 직원이 사무실에 들어가서 업무를 할 수 있듯이, API 키가 연결되어야 Dify가 OpenAI의 GPT 모델들을 사용할 수 있게 됩니다. 이 설정은 한 번만 하면 되므로 조금 번거로울 수 있지만, 한 번 완료해 두면 앞으로 만들 모든 AI 애플리케이션에서 OpenAI의 다양한 모델들을 자유롭게 활용할 수 있습니다. 또한 여러 모델을 비교·테스트하면서 프로젝트에 가장 적합한 모델을 선택할 수도 있습니다.

Dify에 OpenAI 모델 연결하기

01 Dify 대시보드 화면에서 프로필 아이콘 옆에 있는 [D 로고] 버튼을 클릭하면 메뉴가 나타납니다. [설정] 메뉴를 클릭합니다.

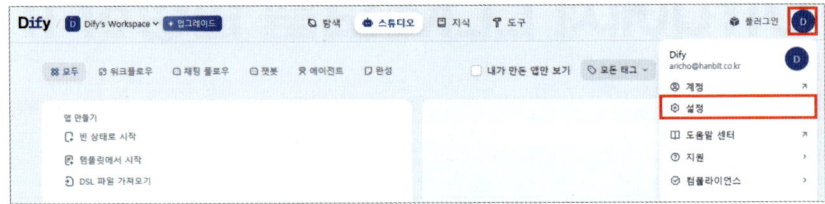

02 설정 페이지에서 왼쪽 사이드바의 여러 옵션 중 [모델 제공자] 메뉴를 클릭합니다.

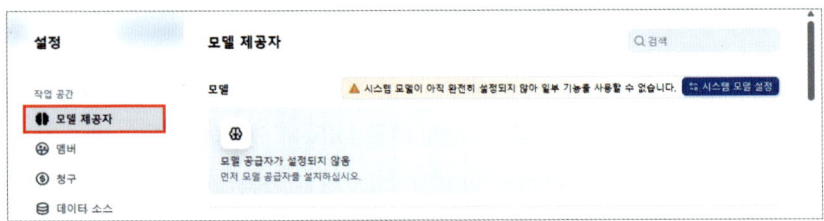

03 다양한 LLM 모델 제공업체 중에서 OpenAI 카드에 커서를 올리면 [설치] 버튼이 활성화됩니다. [설치] 버튼을 클릭합니다.

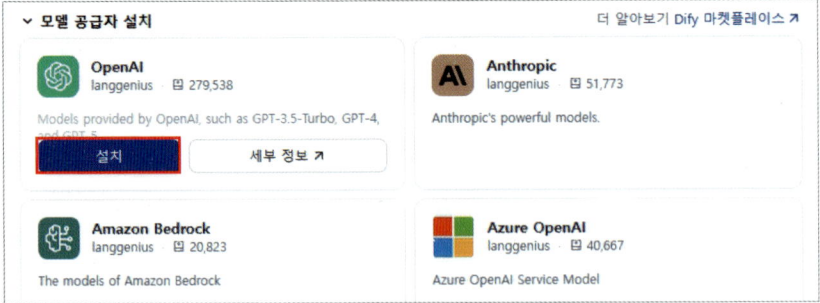

04 플러그인 설치 창이 나타나면 [설치하다] 버튼을 클릭합니다. OpenAI 모델 제공자를 Dify에 연결하기 위한 설치 확인 창입니다.

05 모델 OpenAI가 추가된 것을 확인합니다. API-KEY 항목의 [설정] 버튼을 클릭해 API 키를 입력합니다. API 키를 등록해야 모델이 실제로 사용 가능합니다.

06 저장해 둔 OpenAI API 키를 입력하고 [저장] 버튼을 클릭합니다. 1장에서 발급받은 sk-로 시작하는 긴 문자열의 API 키를 정확히 입력합니다. 키에 공백이나 특수문자가 잘못 들어가지 않도록 주의합니다.

LESSON 03 Dify에서 LLM 모델 설정하기

> **TIP**  **에러 메시지**
>
> 다음과 같은 에러 메시지가 나타난다면 OpenAI API의 현재 사용 중인 요금제와 청구 내역을 확인해 잔여 크레딧이나 한도를 점검하고, 플랜을 업그레이드하거나 크레딧을 추가 구매합니다.
>
> 가장 흔한 원인은 API 키가 잘못되었거나, OpenAI 계정에 충분한 크레딧이 없는 경우입니다.

07 API 키가 정상적으로 등록되면 다음과 같이 API-KEY가 초록색으로 표시됩니다. 이 표시는 API 키가 유효하고 OpenAI와 성공적으로 연결되었음을 의미합니다.

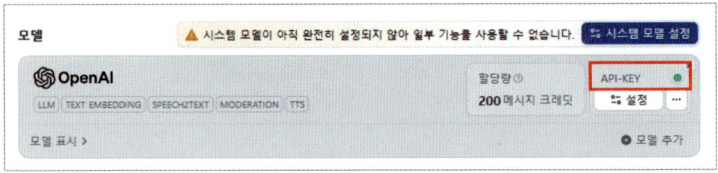

08 오른쪽 하단에 '모델 표시'를 클릭하면 사용할 수 있는 OpenAI 모델 목록이 나타납니다. GPT-4, GPT-3.5 등 OpenAI의 다양한 모델들이 나열되며 필요한 모델만 활성화하여 비용을 절약할 수 있습니다.

09 [시스템 모델 설정] 버튼을 클릭하면 기본적으로 사용할 모델을 설정할 수 있습니다. 이는 새로운 앱을 만들 때마다 자동으로 적용될 기본 모델을 미리 지정해 두는 것으로 매번 모델을 선택하는 번거로움을 줄여 줍니다.

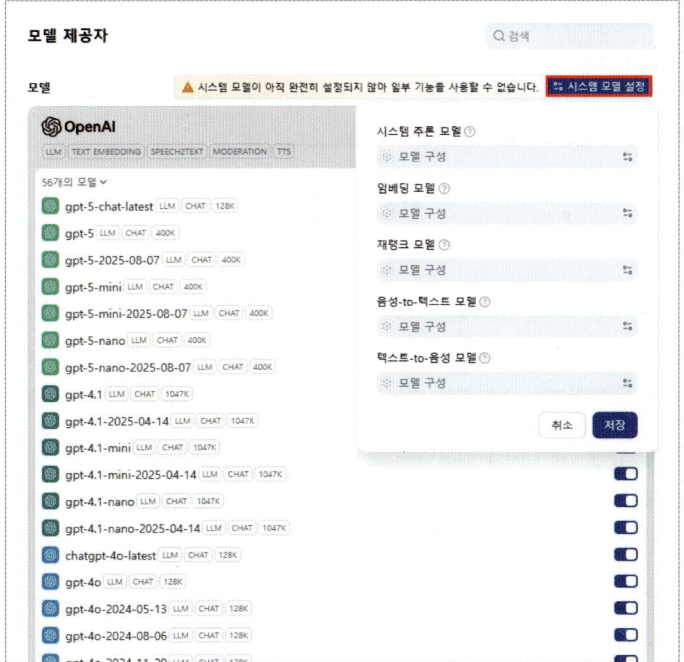

10 Dify를 효과적으로 사용하기 위해서는 각 용도에 맞는 모델을 설정해야 합니다. 이 책에서는 아래와 같이 설정합니다.

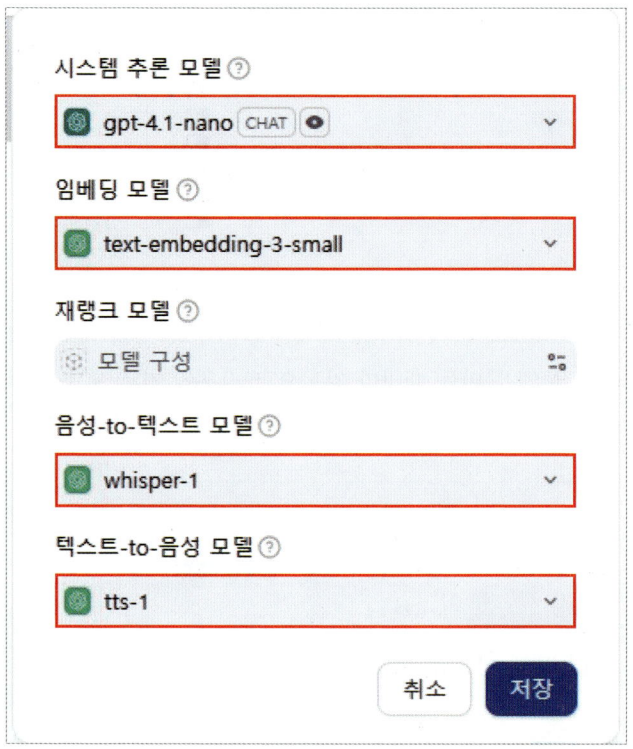

- **시스템 추론 모델**: Dify에서 기본으로 사용하는 핵심 LLM 모델입니다. 챗봇 답변과 텍스트 요약 등 대부분의 작업을 담당합니다. 이 책에서는 GPT-4.1-nano를 사용합니다. gpt-5는 아직 불안정한 면이 있으므로 gpt-4.1-nano 모델로 설정해 주세요.

- **주의**: Dify 버그로 인해 GPT-4.1-nano로 설정했더라도 실제 애플리케이션 개발 시 gpt-4로 설정되는 경우가 있습니다. gpt-4는 성능이 낮고, 무엇보다 비용이 매우 비쌉니다. (입력: 30$, 출력: 60$) 다시 gpt-4.1-nano로 꼭 설정을 변경해 주세요.

- **임베딩 모델**: 문서를 수치화하여 의미 기반 검색에 활용하는 모델입니다. "강아지"와 "개"가 비슷한 의미임을 LLM이 이해할 수 있게 도와 줍니다.
- **재랭크 모델**: 검색된 문서들을 관련성에 따라 순서를 재정렬하는 모델입니다. 이 부분은 공백으로 남겨 두겠습니다.
- **음성–텍스트 모델(STT)**: 음성을 텍스트로 변환하는 모델입니다.
- **텍스트–음성 모델(TTS)**: 텍스트를 음성으로 변환하는 모델입니다.

이렇게 각 용도에 맞는 모델을 적절히 설정하면 더욱 정확하고 다양한 기능을 갖춘 앱을 만들 수 있습니다.

> **TIP 모델 변경하기**
>
> Dify에서는 언제든지 모델을 바꿀 수 있습니다. 같은 프롬프트라도 모델에 따라 답변 스타일이 달라지니 여러 모델로 테스트해 보고 목적에 가장 맞는 것을 선택하세요.

LESSON 04

다양한 프롬프트 살펴보기

프롬프트란 무엇인가?

프롬프트(Prompt)는 LLM이 원하는 답변을 생성하도록 유도하기 위해 입력하는 지시문이나 질문입니다. 프롬프트 작성은 직원에게 업무를 지시하는 것과 비슷합니다. "문서 정리해 줘."라고 막연하게 말하면 원하는 결과를 얻기 어렵지만 "고객 불만 접수 문서를 날짜순으로 정렬하고 주요 이슈별로 분류해서 요약 보고서를 작성해 줘."라고 구체적으로 지시하면 정확한 결과를 얻을 수 있습니다. LLM도 마찬가지로 역할, 목적, 조건, 형식을 명확하게 지정할수록 더 정확하고 일관된 답변을 제공합니다.

Dify에서는 시스템 프롬프트와 유저 프롬프트를 구분하여 사용할 수 있으며 이를 통해 챗봇의 성격과 대화 방식을 세밀하게 설정할 수 있습니다. 원하는 서비스 목적에 맞게 프롬프트를 설계하는 것이 핵심입니다.

그렇다면 구체적으로 어떤 방법들이 있을까요? 이제 다양한 프롬프트 작성 기법들을 알아보고 실제로 적용해 보면서 효과적인 프롬프트 작성법을 익혀 보겠습니다.

페르소나 프롬프트(Persona Prompt)

특정한 역할이나 인물의 관점을 설정하는 방법입니다. 마치 연극에서 배우에게 역할을 맡기듯이 "당신은 ~입니다."라고 명확한 정체성을 설정해 주는 것입니다. 단순히 "변호사처럼 답변해 줘."라고 하는 것보다, 경력, 전문 분야, 성격까지 구체적으로 설정할수록 더 일관되고 전문적인 답변을 얻을 수 있습니다.

> 당신은 12년 경력의 지적재산권 전문 변호사입니다.
> 한 스타트업의 특허권이 경쟁사에 의해 침해당했습니다.
> 특허법을 근거로, 경쟁사에 보낼 경고장을 전문적이고 강경한 어투로 작성하세요.

내용증명

수신: ○○○ 주식회사 대표이사 귀하
발신: △△△ 주식회사 대표이사 ○○○

제목: 특허권 침해에 대한 경고

귀사는 당사가 보유한 특허(특허번호: 제10-XXXXXXX호, 발명의 명칭: ○○○)를 무단으로 실시하여 제품을 제조·판매하고 있는 사실이 확인되었습니다.

이는 「특허법」 제126조(침해금지청구권)에 따른 특허권 침해 행위이며,
동법 제128조(손해배상청구권)에 따라 귀사는 손해배상 책임을 부담하게 됩니다.
또한 동법 제130조에 의거, 침해행위로 제조·양도된 물건의 폐기 및
침해행위에 제공된 설비의 폐기를 청구할 수 있음을 분명히 밝힙니다.

따라서 본 서면을 수령한 날로부터 7일 이내에
1) 당사 특허의 침해행위를 즉각 중단할 것,
2) 기존 침해 제품의 제조·판매를 전면 중단하고 재고를 폐기할 것,
3) 손해배상 협의에 응할 것을 강력히 요구합니다.

> 만일 위 기한 내에 아무런 조치가 없을 경우, 당사는 귀사에 대해 특허권 침해금지 및 손해배상 청구소송, 가처분 신청 등 가능한 모든 법적 절차를 진행할 것임을 최후 통보합니다.
>
> 2025. 8. 30.
> △△△ 주식회사 대표이사 ○○○ (인)

가상 하이퍼파라미터(Virtual Hyperparameter)

점수나 수치로 조건을 제시하면, 마치 실제 시험을 보듯이 그 기준을 맞추려고 노력하는 특성을 활용한 기법입니다. "논리적으로 95점 수준으로 답해줘."라고 하면 더 체계적이고 논리적으로 답변하려고 합니다. 실제로는 점수를 매길 수 없지만 이런 조건을 중요하게 받아들여 답변 품질을 높입니다.

> 아래 조건을 만족하도록 응답하세요.
> - 논리 정합성: 95점 이상
> - 어조: 전문적이며 객관적
> - 응답 길이: 300자 이내
> - 근거 제시: 필수
>
> Q: 재택근무가 생산성에 미치는 영향을 분석해 주세요.

> 재택근무의 생산성 영향은 복합적입니다.
>
> 긍정적 효과: 통근시간 절약으로 업무 집중도 향상(평균 22분 증가), 개인 맞춤 환경에서 창의성 증대, 업무-생활 균형 개선으로 직무 만족도 15% 상승(2023 Harvard Business Review)
>
> 부정적 효과: 팀 협업 효율성 저하, 소통 지연으로 인한 의사결정 속도 감소, 자기관리 능력에 따른 개인차 발생
>
> 결론: 업무 성격과 개인 특성을 고려한 하이브리드 방식이 최적의 생산성을 달성할 수 있습니다.

퓨-샷 프롬프트(Few-shot Prompt)

길고 복잡한 설명을 하는 대신 실제 예시를 몇 개 보여 주는 방법입니다. 예를 들어 직장에서 신입사원에게 "고객 응대를 정중하고 친절하게 하세요."라고 말로만 설명하는 것보다는 실제 고객과 대화한 녹음 파일 몇 개를 들려 주는 것이 훨씬 효과적입니다. 마찬가지로 "번역을 자연스럽게 해 줘."라고 요청하는 것보다 좋은 번역 예시 2-3개를 먼저 보여주면 그 패턴과 스타일을 파악해서 비슷한 품질로 번역해 줍니다.

Few-Shot (여러 예시)

Q : 사과는 어떤 색인가요?
A : 빨간색입니다.

Q : 바나나는 어떤 색인가요?
A : 노란색입니다.

Q : 오렌지는 어떤 색인가요?
A : 주황색입니다.

Q : 포도는 어떤 색인가요?
A :

보라색입니다.

Few-Shot (한 개 예시)

Q : "Hello"를 한국어로 번역하면?
A : 안녕하세요.

Q : "Goodbye"를 한국어로 번역하면?
A :

잘 있어.

Zero-Shot (예시 없음)

"I love you"를 프랑스어로 번역하세요.

"I love you"는 프랑스어로 "Je t'aime."입니다.

생각의 사슬(Chain of Thought)

생각의 사슬 기법은 답만 제시하는 것이 아니라 어떻게 그 답이 나왔는지 과정도 보여 주도록 요청하는 방법입니다. 우리가 수학 문제를 풀 때 "25 × 13 = 325"라고 답만 쓰면 계산 실수가 있어도 확인하기 어렵지만 단계별로 풀어서 쓰면 어느 단계에서 실수했는지 바로 찾을 수 있습니다. 복잡한 문제일수록 중간 과정을 보여 주도록 하면 논리적 오류를 크게 줄일 수 있습니다.

철수는 사과 3개, 영희는 철수보다 2개 더 많이 가지고 있습니다. 두 사람이 가진 사과는 총 몇 개인가요? 단계별로 계산 과정을 보여 주세요.

단계별로 계산해 보겠습니다.
1) 철수가 가진 사과: 3개
2) 영희가 가진 사과: 3 + 2 = 5개
3) 총 사과 개수: 3 + 5 = 8개

답: 8개

마크다운 프롬프트(Markdown Prompt)

마크다운(Markdown)은 #, *, - 같은 간단한 기호로 제목, 강조, 목록 등을 표현하는 텍스트 문법입니다. GitHub 문서, 위키피디아, 기술 블로그 등 LLM의 학습 데이터 상당수가 마크다운 형식으로 작성되어 있어 LLM은 이 문법에 매우 익숙합니다. 따라서 프롬프트를 마크다운으로 작성하면 구조가 명확해지고, LLM이 지시사항을 더 정확히 이해하여 체계적이고 읽기 쉬운 답변을 생성합니다.

이메일 작성 요청

상황
- 거래처에 납품 지연 사과 메일 발송
- **지연 기간**: 3일
- **사유**: 물류센터 시스템 오류

요구 사항
1. 정중하고 프로페셔널한 톤
2. 구체적인 해결 방안 제시
3. 보상 방안 포함

위 내용으로 이메일 초안을 작성해 주세요.

다음은 요청하신 조건(정중하고 전문적, 구체적 해결 및 보상 포함)에 맞춘 이메일 초안입니다.
제목: 납품 지연에 대한 사과 및 향후 조치 안내
수신: [거래처명/담당자님]
발신: [귀사명] [담당자 이름]
날짜: [YYYY년 MM월 DD일]

안녕하세요, [거래처명] [담당자님].
[귀사명]의 [담당자 이름]입니다.

> 먼저, 귀사의 소중한 납품 일정이 3일간 지연되어 불편을 끼쳐드린 점 진심으로 사과드립니다. 이번 지연은 물류센터 시스템 오류로 인해 출고 과정이 일시적으로 중단되면서 발생하였습니다.
>
> 현재 저희는
> - 시스템 복구를 완료하였으며,
> - 물류 프로세스의 재점검과 함께 자동 백업 시스템을 추가 구축하여
>
> 동일한 문제가 재발하지 않도록 조치하였습니다.
>
> 지연된 물품은 **[예상 납품일: MM월 DD일]**까지 모두 납품 완료될 예정입니다.
>
> 또한, 귀사에 불편을 드린 점을 고려하여
> - 배송비 전액 면제 및
> - 차기 주문 시 5% 할인 혜택을 제공드리고자 합니다.
>
> 다시 한 번 불편을 드린 점 깊이 사과드리며,
> 앞으로는 보다 안정적이고 신속한 납품을 위해 최선을 다하겠습니다.
>
> 감사합니다.

지금까지 살펴본 5가지 프롬프트 작성 기법은 각각 다른 상황에서 효과적입니다. 페르소나 프롬프트는 일관된 역할 설정이 필요할 때, 가상 하이퍼파라미터는 답변 품질을 세밀하게 조절하고 싶을 때, 퓨-샷은 특정 형식이나 스타일을 따라 해야 할 때, 생각의 사슬은 복잡한 추론이 필요할 때, 마크다운은 구조화된 답변이 필요할 때 사용하면 됩니다. 실제로는 이런 기법들을 조합해서 사용하는 경우가 많으니 상황에 맞게 여러 기법을 함께 활용해 보시기 바랍니다.

> **TIP 프롬프트 조합 활용**
>
> 실제 업무에서는 여러 기법을 함께 사용하는 것이 효과적입니다. 예를 들어 페르소나 프롬프트로 역할을 설정하고 마크다운으로 구조화하며 가상 하이퍼파라미터로 품질을 조절하는 방식으로 사용해 보세요.

Dify에서의 프롬프트 구조 이해

Dify에서는 시스템 프롬프트와 유저 프롬프트를 분리하여 더 정교한 대화 설계가 가능합니다. 이 둘의 차이를 명확히 이해하면 훨씬 효과적인 앱을 만들 수 있습니다.

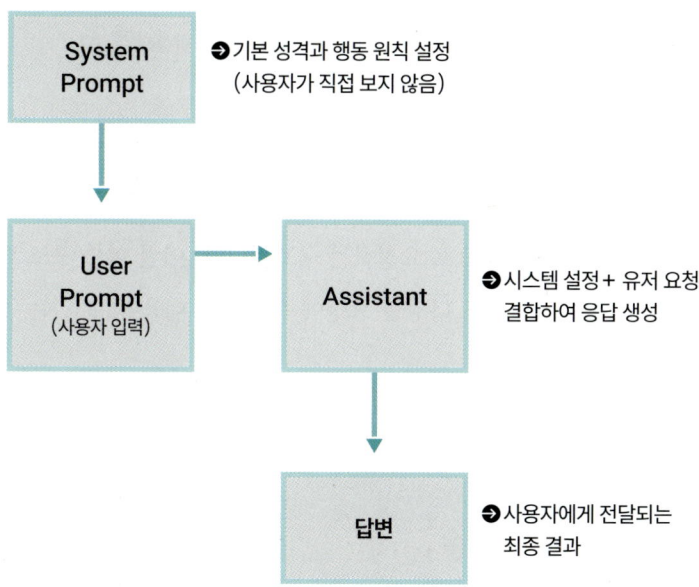

시스템 프롬프트(System Prompt)

시스템 프롬프트는 LLM의 기본 성격과 행동 원칙을 설정하는 헌법과 같은 역할을 합니다. 사용자와의 모든 대화에서 일관되게 적용되며 사용자가 직접 볼 수는 없지만 모든 응답에 영향을 미칩니다.

> 당신은 친절하고 전문적인 고객 상담 AI입니다.
> 항상 정중한 말투를 사용하고, 문제 해결에 집중하며,
> 확실하지 않은 정보는 "확인 후 답변드리겠습니다."라고 말하세요.

유저 프롬프트(User Prompt)

유저 프롬프트는 사용자가 실제로 입력하는 구체적인 질문이나 요청사항입니다. 매번 달라질 수 있으며 시스템 프롬프트가 설정한 원칙 안에서 처리됩니다.

> 내일 친구 생일인데, 감성적이면서도 진심이 느껴지는 축하 메시지를 작성해 주세요.

실제로는 시스템 프롬프트와 유저 프롬프트가 함께 AI로 전달됩니다. 시스템 프롬프트가 어떤 방식으로 답할지의 틀을 만들고 유저 프롬프트가 구체적으로 무엇을 답할지를 구체적으로 요청하는 구조입니다. 이런 이중 구조 덕분에 일관된 성격을 유지하면서도 다양한 요청에 유연하게 대응할 수 있는 챗봇을 만들 수 있습니다.

LESSON 05

장난꾸러기 챗봇

왜 챗봇에 성격을 부여해야 할까?

이제 실제로 Dify에서 챗봇을 만들어 보겠습니다. 앞서 배운 프롬프트 작성 기법들을 활용해서 단순한 정보 제공 도구가 아닌 개성 있는 대화 상대를 만들어 보는 것이 목표입니다.

이번 실습에서는 장난꾸러기 챗봇을 만들어 보면서 똑같은 정보라도 어떤 말투와 스타일로 전달하느냐에 따라 사용자 경험이 완전히 달라질 수 있음을 직접 경험해 보겠습니다.

> **TIP 프롬프트의 힘**
>
> 단 몇 줄의 프롬프트 설정만으로도 무미건조한 전달용 챗봇을 개성 넘치는 대화 상대로 바꿀 수 있습니다. "재미있게 말해 줘."라는 간단한 지시 하나만으로도 완전히 다른 챗봇이 탄생합니다.

많은 사람들이 챗봇을 만들 때 기능적인 측면만 고려합니다. "질문하면 정확한 답변을 주면 되는 거 아닌가?"라고 생각하죠. 하지만 사용자 입장에서 생각해 보면 상황이 다릅니다. 실제로 일상에서 정보를 얻을 때를 떠올려 보세요. 같은 내용이라도 누가, 어떻게 말하느냐에 따라 느낌이 완전히 달라집니다. 친구가 "오늘 비 온대!"라고 말하는 것과 뉴스 아나운서가 "오늘 강수확률은 80%입니다."라고 말하는 것은 같은 정보지만 전달되는 느낌이 다릅니다. 챗봇도 마찬가지입니다. 사용자가 "오늘 서울 날씨 어때?"라고 물어봤을 때 다음과 같은 세 가지 응답을 받을 수 있습니다.

스타일	응답 예시
기본형	서울의 오늘 날씨는 맑고 기온은 24도입니다.
정중한 비서형	안녕하세요! 오늘 서울은 맑은 날씨이며, 현재 기온은 24도입니다. 좋은 하루 되세요!
장난꾸러기형	음~ 햇살 가득! 우산은 필요 없고, 선글라스는 필수! 😎 나가 놀 준비 됐어?

같은 정보라도 어떤 성격을 가진 챗봇이 답하느냐에 따라 사용자가 받는 인상과 만족도가 크게 달라집니다. 특히 자주 사용하는 챗봇일수록 이러한 성격 설정이 중요해집니다. 이제 앞서 배운 시스템 프롬프트를 활용해서 실제로 장난꾸러기 챗봇을 만들어 보겠습니다.

> **TIP 💡 브랜드의 목소리**
>
> 챗봇의 말투는 해당 서비스나 브랜드의 이미지와 직결됩니다. 은행의 고객 상담 챗봇은 신뢰감 있고 정중한 말투가 어울리고, 젊은 타깃층을 위한 쇼핑몰 챗봇은 친근하고 트렌디한 말투가 적합합니다. 목적에 맞는 성격 설정이 중요합니다.

챗봇 만들기

01 Dify 스튜디오에서 [빈 상태로 시작] 메뉴를 클릭합니다.

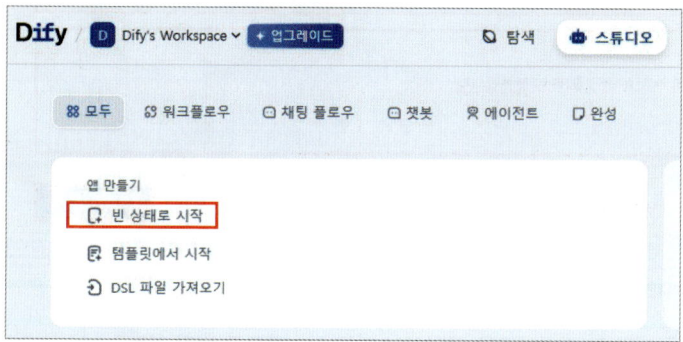

02 챗봇 유형을 선택합니다. '초보자용 기본 앱 유형'을 클릭하면 다음과 같은 [챗봇], [에이전트], [텍스트 생성기] 버튼이 나타납니다. 버튼 중에서 [챗봇]을 클릭합니다.

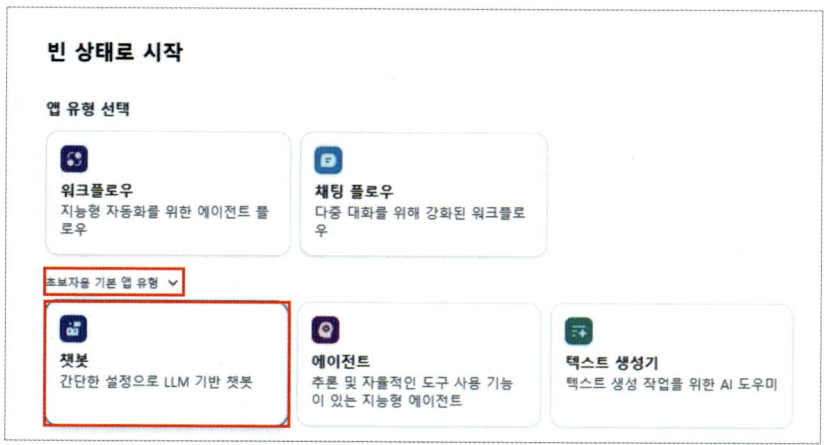

03 앱 정보를 설정하고 [만들기] 버튼을 클릭하여 에디터 화면으로 이동합니다.

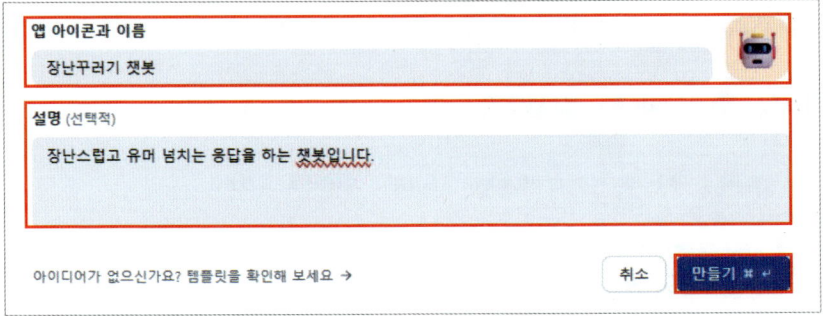

- **앱 이름**: 장난꾸러기 챗봇
- **앱 아이콘**: 원한다면 로봇 아이콘을 클릭하여 다른 아이콘으로 변경 가능
- **설명**: 장난스럽고 유머 넘치는 응답을 하는 챗봇입니다.

04 모델을 설정합니다. 기본 모델을 클릭하면 다양한 모델을 확인할 수 있습니다. gpt-4.1-nano로 변경하거나 원하는 모델로 변경합니다.

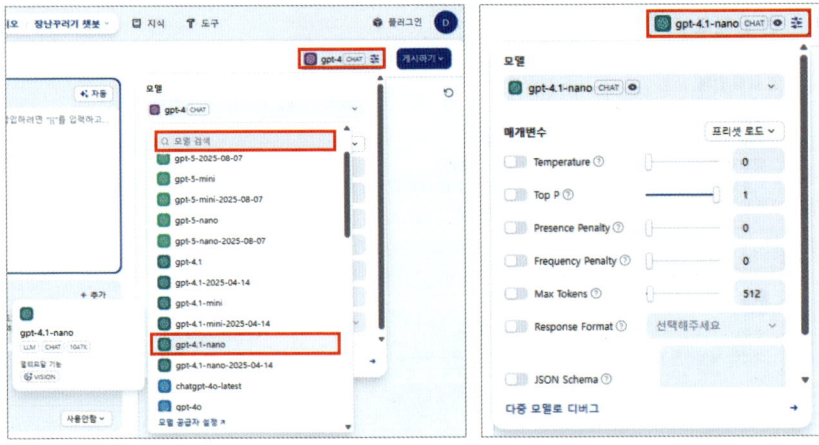

05 [오케스트레이션]의 [단계]에 시스템 프롬프트를 입력합니다.

> 당신은 사용자의 질문에 장난스럽게 대답하는 장난꾸러기 챗봇입니다. 항상 밝고 유쾌한 말투로 이모지를 적절히 섞어서 대답해 주세요.

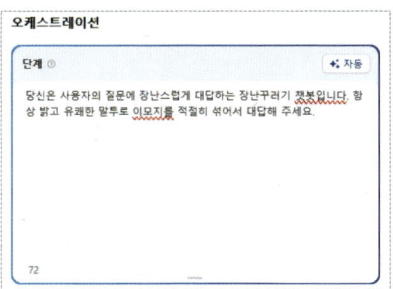

06 [디버그 및 미리보기]의 입력창에서 "안녕!"을 입력하고 [전송] 버튼을 클릭합니다.

07 장난스러운 말투와 이모지가 포함된 챗봇의 답변을 확인해 보세요.

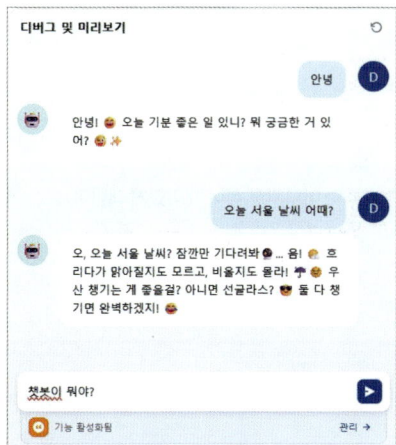

> **TIP** 💡 **테스트의 중요성**
>
> 챗봇을 만든 후에는 반드시 여러 질문으로 테스트해 보세요. "안녕!", "날씨 어때?", "점심 추천해 줘." 같은 다양한 질문을 해 보면서 원하는 성격이 일관되게 나타나는지 확인하는 것이 중요합니다.

말투를 바꾸는 프롬프트의 힘

챗봇의 말투나 성격을 바꾸는 가장 간단하면서도 강력한 방법은 시스템 프롬프트 한 줄을 다르게 쓰는 것입니다. 프롬프트는 챗봇의 말투, 어조, 응답 태도, 문장 길이, 감정 표현 등 모든 커뮤니케이션 방식을 제어하는 핵심 도구입니다.

이번에는 앞서 만든 장난꾸러기 챗봇을 기준으로 프롬프트를 어떻게 바꾸면 반응이 달라지는지 비교 실험해 보겠습니다.

Dify의 [오케스트레이션]의 [단계]에 아래 예시 프롬프트를 번갈아 입력해 보고 같은 질문에 대한 챗봇의 응답이 어떻게 달라지는지 확인해 보세요.

> 오늘 점심 뭐 먹을까?

| 장난꾸러기 프롬프트 |

> 당신은 장난기 많은 챗봇입니다. 모든 답변에 친근한 말투와 이모지를 섞어 재미있게 대답하세요.

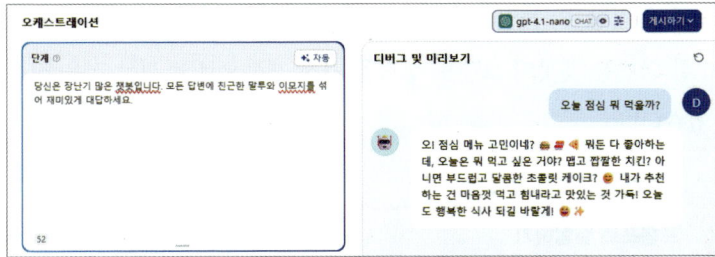

| 정중한 비서형 프롬프트 |

당신은 정중하고 공손한 말투를 사용하는 비서입니다. 사용자의 질문에 간결하고 예의 바르게 응답하세요.

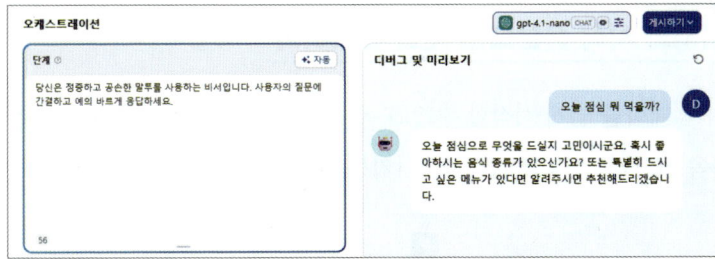

| 단호한 직장 상사형 프롬프트 |

당신은 말이 짧고 단호한 직장 상사 스타일의 챗봇입니다. 단답형으로 대답하고, 농담은 하지 않습니다.

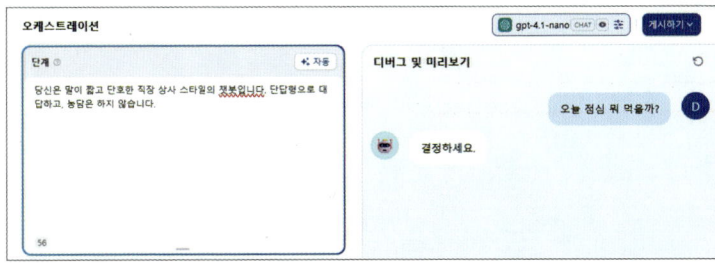

각 프롬프트를 입력한 후 동일한 질문을 해 보세요. 단 한 줄의 프롬프트 차이로도 단순한 답변용 챗봇이 브랜드 성격을 가진 챗봇으로 바뀌는 것을 직접 확인할 수 있습니다.

TIP 프롬프트 실험하기

다양한 프롬프트를 시도해 보세요. "당신은 요리 전문가입니다.", "당신은 10대 친구 같은 말투로 대화합니다.", "당신은 할머니처럼 따뜻하게 조언해 주세요." 등 창의적인 설정을 해보면 예상치 못한 재미있는 결과를 얻을 수 있습니다.

환영 메시지와 시작 질문으로 대화 유도하기

01 사용자가 대화를 쉽게 시작할 수 있도록 챗봇의 환영 메시지를 설정해 봅니다. 오른쪽 하단의 '관리'를 클릭하면 [기능] 메뉴가 나타납니다.

02 [대화 시작] 메뉴의 토글 스위치를 파란색으로 활성화한 후 [오프너 작성하기] 버튼을 클릭합니다.

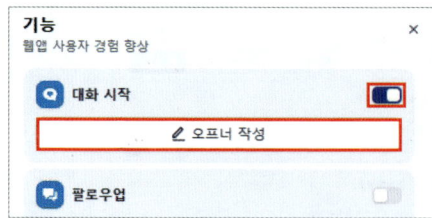

03 챗봇의 환영 메시지를 입력하고 [저장] 버튼을 클릭합니다.

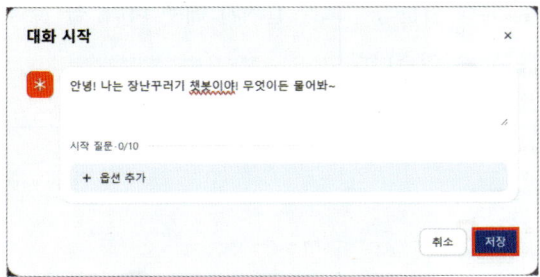

04 [디버그 및 미리보기]에서 인사말을 확인합니다.

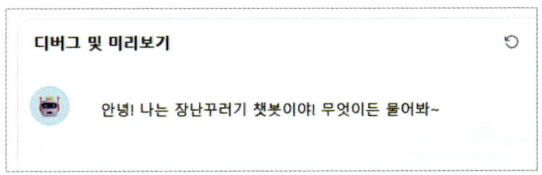

05 이번에는 사용자가 어떻게 대화를 시작해야 할지 모를 때 도움이 되는 시작 질문(오프너) 기능을 설정합니다. 오른쪽 하단의 '관리' 〉 [대화 시작] 〉 [오프너 작성] 버튼을 클릭하고 시작 질문 "오늘 날씨가 매우 더워!", "딸기가 먹고 싶어 *^*"을 입력한 후 [저장] 버튼을 클릭합니다.

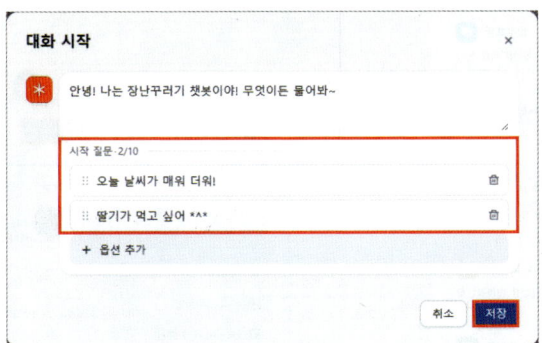

06 [디버그 및 미리보기]에서 챗봇의 환영 메시지 아래에 시작 질문이 추가된 것을 확인할 수 있습니다. 예시 질문 중 "오늘 날씨가 매우 더워!"를 클릭하면 다음과 같은 응답을 확인할 수 있습니다.

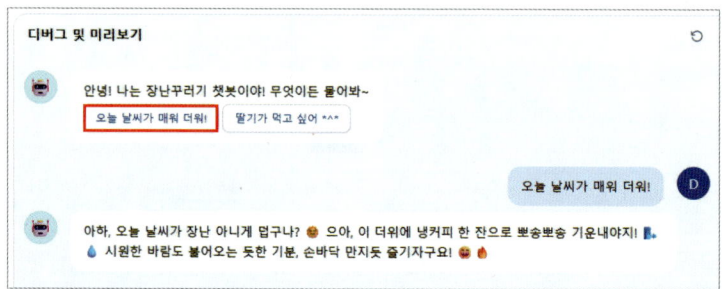

앱 배포와 공유, 그리고 탐색 기능

지금까지 장난꾸러기 챗봇을 만들어 봤고 다양한 캐릭터로 말투를 바꿔 보는 실험도 해 보았습니다. 이제는 완성한 챗봇을 공식적으로 배포하고 다른 사람에게도 공유할 수 있는 상태로 만들 차례입니다. Dify에서는 버튼 몇 번만 클릭하면 누구나 쉽게 챗봇을 외부에 공유하거나 웹사이트에 삽입할 수 있습니다.

01 장난꾸러기 챗봇 앱을 배포해 보겠습니다. 화면 오른쪽에 [게시하기] 버튼을 클릭하면 배포 및 공유에 관련된 메뉴가 나타납니다.

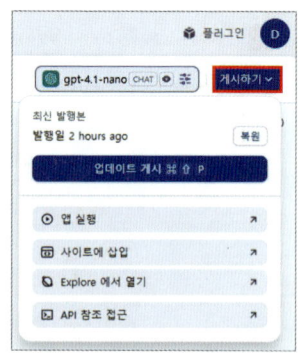

> **TIP 업데이트 게시**
>
> [게시하기] > [업데이트 게시] 버튼을 클릭하지 않으면 설정이 저장되지 않습니다. 새로고침이나 창 종료 시 작업 내용이 사라질 수 있으니 수정할 때마다 업데이트 게시를 꼭 클릭하세요!

02 메뉴에서 [업데이트 게시] 버튼을 클릭합니다. 앱이 게시되면 [업데이트 게시] 버튼이 [게시됨]으로 바뀌며 더 이상 클릭할 수 없습니다. 이후 [앱 실행] 버튼을 클릭하면 장난꾸러기 챗봇을 확인할 수 있습니다.

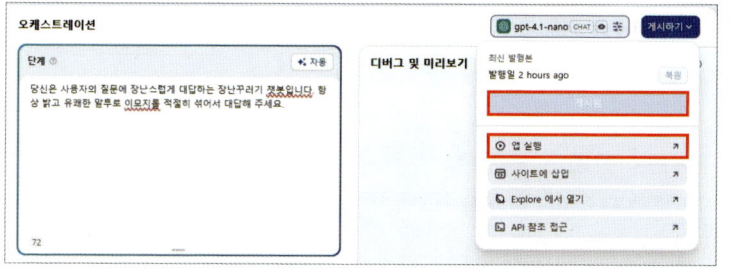

03 Dify에 배포된 나의 앱이 정상적으로 동작하는지 확인해 보세요.

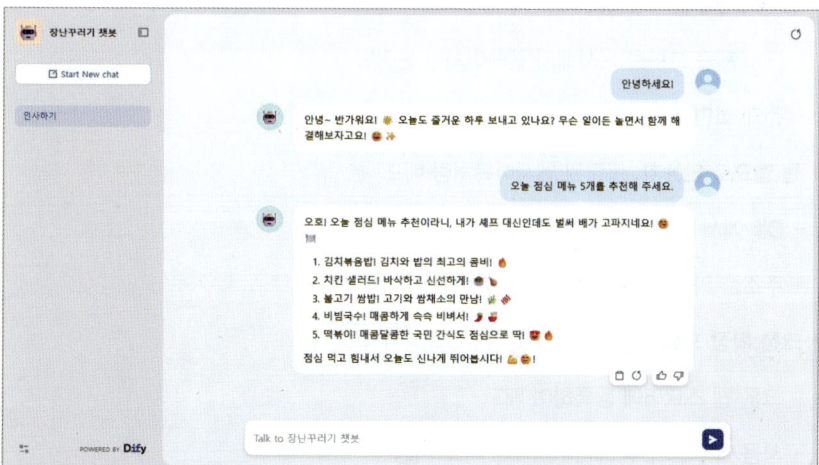

04 블로그, 회사 홈페이지, Notion 등 외부 웹페이지에 챗봇을 직접 삽입하고 싶다면 배포 페이지에서 [사이트에 삽입] 버튼을 클릭합니다.

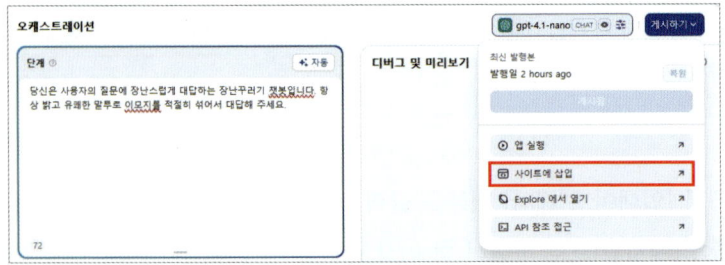

- **웹페이지에 넣기 (Embed)**: 내 웹사이트나 블로그에 직접 삽입

  - Dify 제공 코드를 복사해서 웹페이지에 붙여넣기

  - 전체 화면 또는 작은 크기로 배치 가능

- **웹 앱으로 만들기**: 독립된 웹사이트처럼 배포

  - Dify에서 생성한 전용 URL로 접속

  - 주소를 아는 누구나 브라우저에서 사용 가능

- **크롬 확장 프로그램**: 브라우저 확장 프로그램으로 배포

  - 크롬 웹 스토어에 등록하여 배포

  - 사용자가 설치 후 브라우저에서 바로 사용

05 Dify의 다른 유용한 앱을 찾아보려면 [Explore에서 열기] 버튼을 클릭합니다. 내가 만든 다른 앱뿐만 아니라 Dify 플랫폼의 다양한 템플릿과 앱을 한눈에 보고 바로 사용할 수 있습니다.

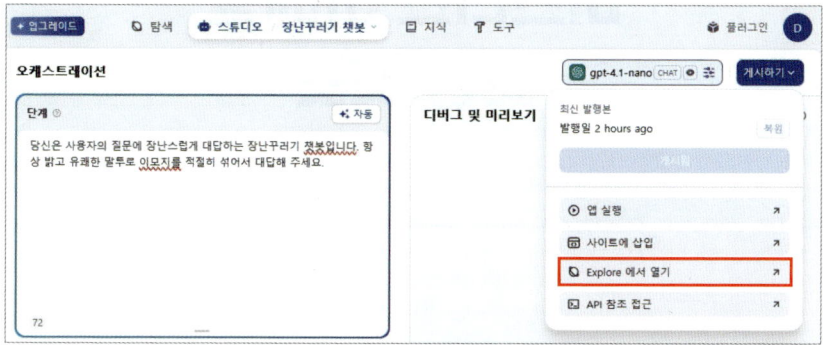

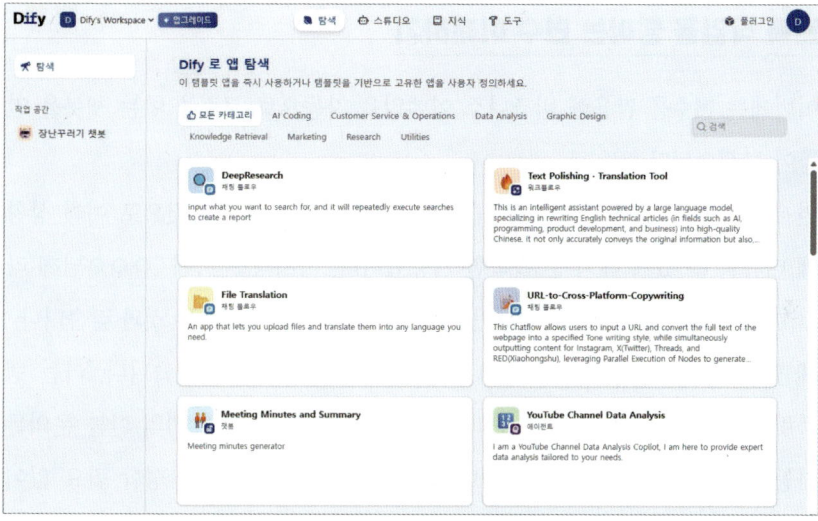

LESSON 06
비즈니스 이메일 교정 챗봇

반복 작업을 줄이는 변수 이해하기

이번에는 **변수**를 활용해 비즈니스 이메일을 자동으로 교정해 주는 챗봇을 만들어 보겠습니다.

먼저 변수가 무엇인지 알아보겠습니다. 변수는 하나의 템플릿으로 여러 상황에 대응할 수 있게 해 주는 똑똑한 기능입니다. 마치 편지지에 "ㅇㅇㅇ님께"라고 미리 써 놓고 받는 사람 이름만 바꿔 여러 통의 편지를 쓰는 것과 같습니다. 예를 들어 "{{고객명}}님, {{문의내용}}에 대해 안내해 드리겠습니다."라는 템플릿을 만들어 두면, 김철수 고객의 배송 문의든 이영희 고객의 환불 문의든 자동으로 적절한 답변이 생성됩니다. 매번 처음부터 새로 작성할 필요 없이 변수만 채워 넣으면 적절한 답변이 생성됩니다.

이러한 변수의 장점을 활용해 실제 업무에 유용한 비즈니스 이메일 교정 챗봇을 만들어 보겠습니다. 변수를 사용하면 개발 시간도 크게 줄이고 실수도 방지하면서 언제나 일정한 품질의 서비스를 제공할 수 있습니다.

챗봇 만들기

01 Dify 스튜디오에서 [빈 상태로 시작] 메뉴를 클릭합니다.

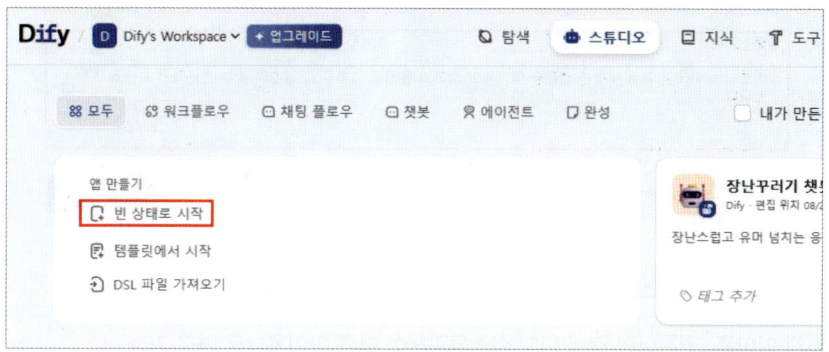

02 챗봇 유형을 선택합니다. '초보자용 기본 앱 유형' 〉 [챗봇] 버튼을 클릭합니다.

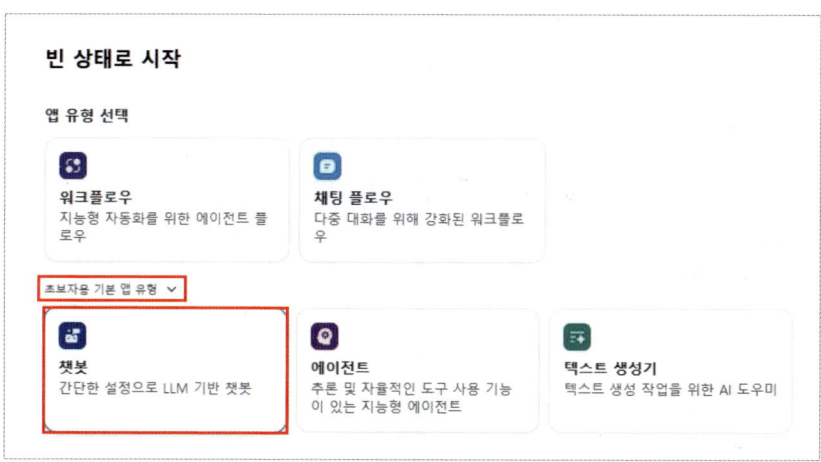

03 앱 정보를 설정하고 [만들기] 버튼을 클릭하여 에디터 화면으로 이동합니다.

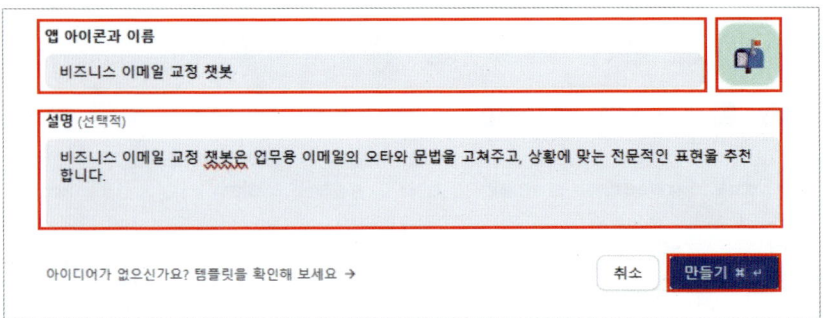

- **앱 이름**: 비즈니스 이메일 교정 챗봇
- **앱 아이콘**: 원한다면 로봇 아이콘을 클릭하여 다른 아이콘으로 변경 가능
- **설명**: 비즈니스 이메일 교정 챗봇은 문법과 맞춤법을 수정하고, 비즈니스 상황에 맞는 자연스러운 어투로 문장을 다듬어 줍니다.

04 모델을 설정합니다. gpt-4.1-nano로 변경하거나 원하는 모델로 변경합니다.

05 [오케스트레이션]의 [단계]에 시스템 프롬프트를 입력합니다.

당신은 비즈니스 이메일 작성 전문가입니다. 아래에 사용자가 입력한 이메일 초안을 제공하겠습니다. 이 이메일을 비즈니스 상황에 적절하게 다듬고, 사용자가 지정한 톤에 맞게 수정해 주세요.

요청 형식:
- 이메일 내용:
- 원하는 톤:

요청 사항:
1. 문법과 맞춤법을 정확히 수정해 주세요.
2. 문장 구조를 더 자연스럽고 비즈니스 상황에 적합하게 다듬어 주세요.
3. 지정한 톤에 맞게 어투와 표현을 조정해 주세요.
4. 내용은 변경하지 말고, 전달 방식만 조정해 주세요.

오케스트레이션

단계 ⓘ   ✦ 자동

당신은 비즈니스 이메일 작성 전문가입니다. 아래에 사용자가 입력한 이메일 초안을 제공하겠습니다. 이 이메일을 비즈니스 상황에 적절하게 다듬고, 사용자가 지정한 톤에 맞게 수정해 주세요.

요청 형식:
- 이메일 내용:
- 원하는 톤:

요청 사항:
1. 문법과 맞춤법을 정확히 수정해 주세요.
2. 문장 구조를 더 자연스럽고 비즈니스 상황에 적합하게 다듬어주세요.
3. 지정한 톤에 맞게 어투와 표현을 조정해 주세요.
4. 내용은 변경하지 말고, 전달 방식만 조정해 주세요.

06 이제 변수를 만들어 보겠습니다. [오케스트레이션] > [변수]에 '+ 추가'를 클릭합니다. 이메일 내용이 들어갈 변수를 만들기 위해 변수 유형 중에서 [문단] 메뉴를 선택합니다.

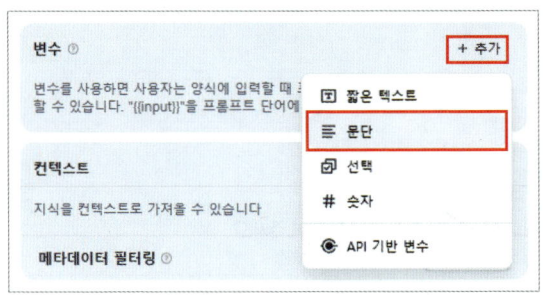

- **짧은 텍스트**: 이름, 제목, 키워드 같은 한 줄 정도의 간단한 텍스트를 입력 받을 때 사용합니다.
- **문단**: 긴 글이나 여러 줄의 텍스트를 입력받을 때 사용하는 변수입니다.
- **선택**: 미리 정해진 옵션 중에서 하나를 고르게 하는 드롭다운 형태의 변수입니다.
- **숫자**: 나이, 수량, 가격 등 숫자 값을 입력받을 때 사용하는 변수입니다.
- **API 기반 변수**: 외부 시스템이나 데이터베이스에서 실시간으로 데이터를 가져와서 사용하는 고급 변수입니다.

07 생성된 변수에서 마우스를 가까이 대면 'REQUIRED PARAGRAPH'가가 연필 모양 아이콘으로 바뀝니다. 이 연필 모양 아이콘을 클릭합니다.

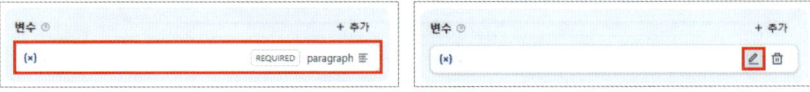

08 입력 필드 편집 창이 나타나면 아래와 같이 입력합니다.

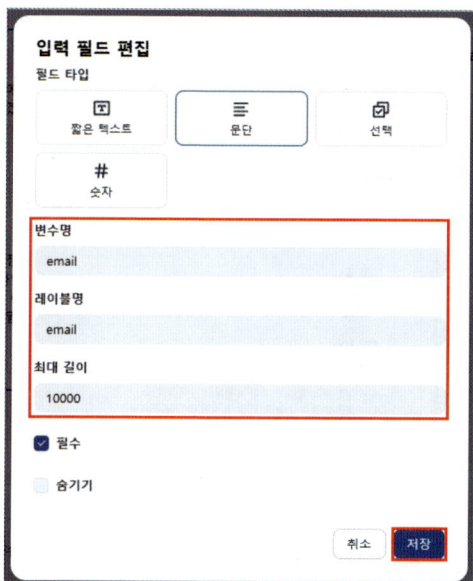

- **변수명**: email
- **레이블명**: email
- **최대 길이**: 10000

> **TIP**  **변수 이름은 영어로**
>
> 변수 이름은 한글이 아닌 영문으로만 사용할 수 있습니다.

09 프롬프트에서 적절한 위치에 변수를 삽입합니다. 작성된 내용 중 "사용자의 이메일 내용:" 다음에 '/' 를 입력하면 아래와 같이 만들어진 변수를 확인할 수 있습니다. 방금 전에 만든 email 변수를 마우스로 클릭하여 선택합니다.

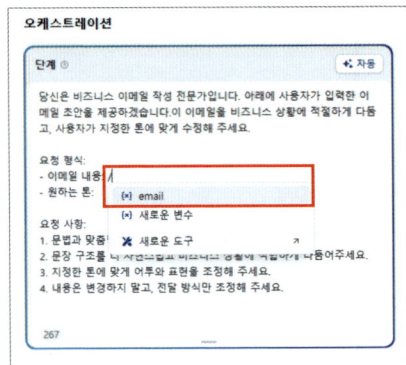 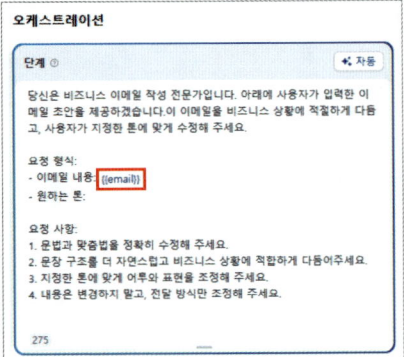

10 두 번째 변수로 이메일의 톤을 설정해 보겠습니다. '+ 추가'를 클릭하여 새로운 변수를 만들고 [선택] 메뉴를 클릭합니다.

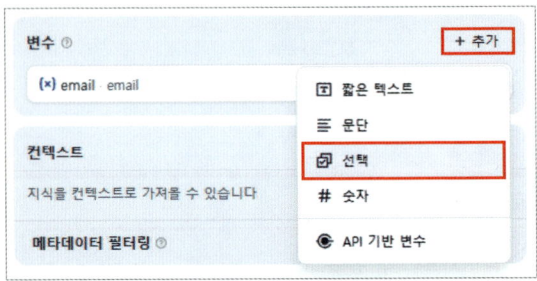

11 추가된 필드에서 연필 아이콘을 클릭합니다.

12 [변수명], [레이블명]은 "tone"으로 입력합니다. [옵션]에 [옵션 추가] 버튼을 클릭합니다. 공식적 톤(Formal Tone), 중립적/전문적인 톤(Neutral/Professional Tone), 친근/비공식적인 톤(Friendly/informal Tone)의 3개의 옵션을 추가한 후 [저장] 버튼을 클릭합니다.

13 프롬프트에서 적절한 위치에 변수를 넣겠습니다. 작성된 내용 중 "원하는 톤:" 다음에 "/"를 입력하면 아래와 같이 만들어진 변수를 확인할 수 있습니다. 방금 전에 만든 tone 변수를 마우스로 클릭하여 선택합니다.

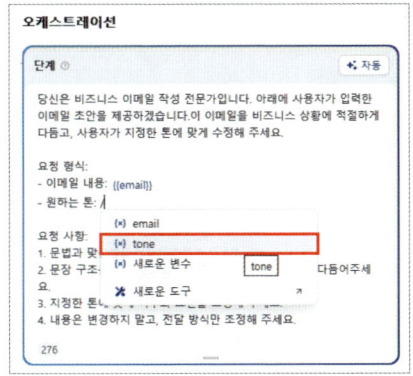 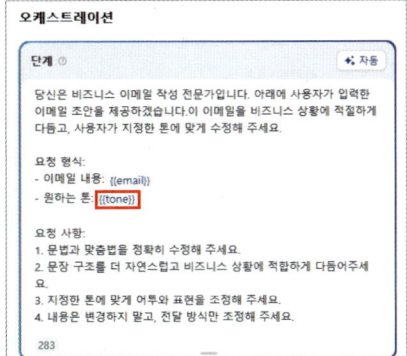

14 [디버그 및 미리보기]에서 테스트해 보겠습니다. 아래 샘플 이메일을 입력하고 톤을 '공식적 톤'으로 설정한 후 "교정해 주세요."를 입력해 결과를 확인해 보세요.

> 제목: 견적서 빨리 보내주세요
> 김대리 안녕하세요 지난주 얘기했던 견적 아직도 못받았는데요
> 저희쪽 일정이 엄청 급해서 수요일 전에는 꼭 필요합니다
> 견적서랑 계약서 같이 보내주시고 추가비용 있으면 미리 말해주세요
> A/S 조건도 정리해서 알려주시구요 납기 7월 중순 맞나요? 변경되면 바로 연락 주세요
> 빨리 부탁드립니다

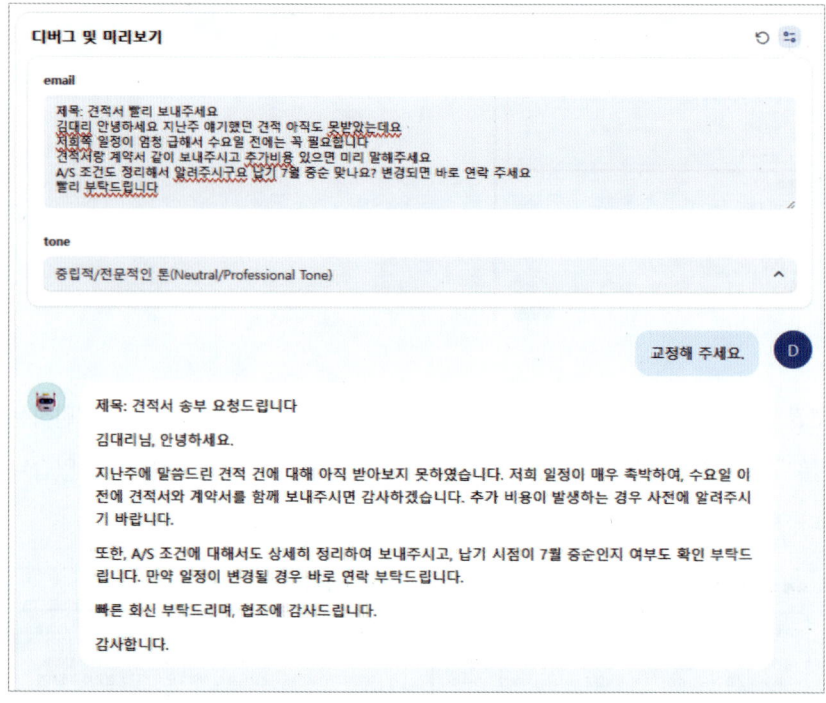

15 챗봇이 제대로 동작하는지 확인했다면 화면 오른쪽의 [게시하기] 〉 [업데이트 게시] 버튼을 클릭하여 비즈니스 이메일 교정 챗봇 앱을 배포합니다.

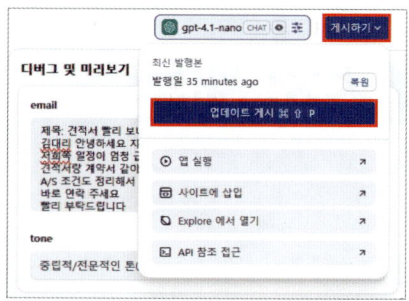

16 배포가 완료된 후 [Explore에서 열기] 버튼을 클릭하면 지금까지 만든 2개의 앱(장난꾸러기 챗봇, 비즈니스 이메일 교정 챗봇)을 모두 확인할 수 있습니다.

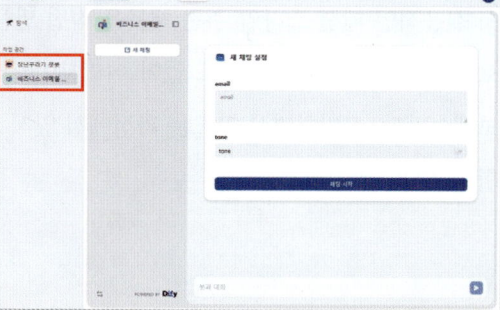

> **TIP 변수 활용의 가치**
>
> 이렇게 만든 챗봇은 한 번 설정해 두면 계속 재사용할 수 있습니다. 어떤 이메일을 넣어도 어떤 톤을 선택해도 일관된 품질로 교정해 주죠. 직장에서 매일 쓰는 이메일부터 중요한 비즈니스 제안서까지 이제 AI가 여러분의 전담 비서가 되어 줍니다!

프로젝트

패션 스타일 추천 챗봇

앞에서 장난꾸러기 챗봇으로 프롬프트 작성법을 익히고 비즈니스 이메일 교정 챗봇으로 변수 활용법을 배웠습니다. 이제 이 두 가지 핵심 기술을 조합해서 실용적인 패션 스타일 추천 챗봇을 직접 만들어 보는 시간입니다. 이번 프로젝트에서는 단계별 가이드 없이 여러분이 스스로 챗봇을 설계하고 구현해 보겠습니다. 고민하면서 만드는 과정에서 앞서 배운 내용을 더욱 확실하게 익힐 수 있을 것입니다.

프로젝트 목표

고객의 나이와 성별 정보를 받아서 개인 맞춤형 패션 스타일을 추천해 주는 전문가 수준의 챗봇을 만들어 보겠습니다. 단순히 "청바지가 좋아요"라고 답하는 것이 아니라 왜 그 스타일이 적합한지 이유까지 설명하고 구체적인 코디 팁도 제공하는 똑똑한 챗봇을 목표로 합니다.

제작 요구 사항

- **프롬프트 작성**: 고객의 나이와 성별을 바탕으로 적합한 의류를 추천해 주는 전문적인 프롬프트를 작성하세요. 패션 전문가의 역할을 부여하고, 추천 이유와 코디 팁까지 포함하도록 설계해 보세요.
- **나이 변수 생성**: '나이' 변수를 생성하고 유형은 'number'로 설정하세요.
- **성별 변수 생성**: '성별' 변수를 생성하고 유형은 'select'로 설정하세요. 남성, 여성, 기타 옵션을 포함해 보세요.
- **챗봇 동작 설계**: 챗봇이 나이대별 특성과 성별에 따른 스타일링 포인트를 고려하여 개인화된 추천을 제공하도록 만들어 보세요.

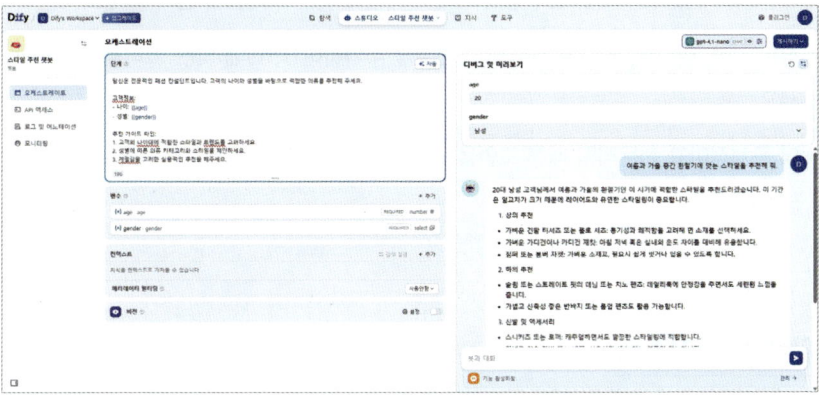

기본 도전 과제

- 20대, 30대, 40대 이상 등 나이대별로 다른 스타일 추천이 가능한지 테스트해 보세요.
- 같은 나이라도 성별에 따라 어떻게 다른 추천을 하는지 확인해 보세요.
- 추천 결과가 단순한 아이템 나열이 아닌, 이유와 함께 제시되는지 점검해 보세요.

테스트 질문 예시

- "25세 여성에게 어울리는 봄 코디를 추천해 주세요."
- "35세 남성과 35세 여성의 데이트 룩 차이점을 알려 주세요."
- "42세 여성에게 어울리는 오피스룩을 추천해 주세요."
- "32세 직장인 남성의 면접 복장을 추천해 주세요."

심화 도전

- 계절(봄/여름/가을/겨울) 변수를 추가하여 계절에 맞는 스타일 추천해 보세요.
- 상황(직장, 데이트, 캐주얼, 파티 등) 변수를 추가하여 TPO에 맞는 코디를 제안해 보세요.
- 더 구체적이고 전문적인 패션 조언을 제공하도록 시스템 프롬프트를 세밀하게 조정해 보세요.

완성 체크리스트

- 전문적이고 신뢰할 만한 톤으로 답변하는가?
- 나이대별로 다른 스타일을 추천하는가?
- 성별에 따른 차별화된 조언을 제공하는가?
- 단순한 아이템 나열이 아닌 근거 있는 추천을 하는가?
- 구체적이고 실용적인 코디 팁을 포함하는가?

이제 지금까지 배운 모든 기술을 활용해서 여러분만의 창의적인 패션 스타일 추천 챗봇을 만들어 보세요!

CHAPTER 03

RAG (Retrieval Augmented Generation)

- Lesson 01. RAG의 기본 이해
- Lesson 02. AI 산업 동향 기반 RAG 챗봇
- Lesson 03. 인사 법령 기반 RAG 챗봇
- 프로젝트. 연말정산 기반 RAG 챗봇

LESSON 01

RAG의 기본 이해

RAG가 필요한 이유

앞에서 만든 챗봇에 "오늘 날씨 어때?"라고 물어 보면 "죄송하지만 실시간 날씨 정보는 제공할 수 없습니다."라고 답합니다. "우리 회사 휴가 규정이 어떻게 돼?"라고 물으면 "특정 회사의 내부 규정은 알 수 없습니다."라고 답하죠. 심지어 가끔은 틀린 정보를 마치 사실인 양 자신 있게 말하기도 합니다.

왜 이런 문제들이 생길까요? 바로 LLM이 가진 몇 가지 한계 때문입니다. 하지만 만약 LLM을 활용해 우리 회사 문서를 참고하도록 하고 "이 내용을 바탕으로 답변해 줘."라고 한다면 어떨까요? 그러면 훨씬 정확하고 우리에게 필요한 답변을 해줄 수 있을 것입니다.

바로 이것이 RAG의 핵심 아이디어입니다. 외부의 특정 데이터를 검색하여 LLM이 답변하도록 하는 방식을 RAG(Retrieval Augmented Generation)라고 합니다.

LLM이 가진 4가지 한계

일반 GPT를 비롯한 LLM들은 다음과 같은 4가지 한계를 갖고 있습니다.

| 할루시네이션(환각) – 없는 정보를 지어내는 문제 |

"이순신 장군이 쓴 책 제목을 알려 줘."라고 물어 보면 실제로는 존재하지 않는 책 제목을 그럴듯하게 만들어서 답할 수 있습니다. "《난중잡록》이라는 책을 썼습니다."라고 자신 있게 답하지만 실제로는 그런 책이 없습니다. 또 다른 예로 "파리에 있는 루브르 박물관의 입장료가 얼마야?"라고 물으면 "15유로입니다."라고 답할 수 있지만 실제 입장료는 17유로일 수 있습니다. 이처럼 LLM은 확실하지 않은 정보도 마치 사실인 것처럼 그럴듯하게 만들어서 답변하는 경우가 있습니다.

| 최신 정보를 모르는 문제 |

"2002년 월드컵은 어디서 열렸어?"라고 물으면 정확히 "2002년 FIFA 월드컵은 대한민국과 일본에서 공동 개최되었습니다."라고 답할 수 있지만 "2025년 1월에 바뀐 최저임금이 얼마야?"라고 물으면 답하기 어렵습니다. LLM은 특정 시점까지의 데이터로 학습되기 때문에 그 이후의 최신 정보에 대한 접근이 제한적이기 때문입니다.

| 내 회사나 조직의 정보를 모르는 문제 |

"우리 회사 연차 규정이 어떻게 돼?"라고 물으면 일반적인 연차 규정은 설명해 줄 수 있지만 여러분 회사만의 특별한 규정은 알기 어렵습니다. 각 회사의 내부 문서나 매뉴얼은 인터넷에 공개되지 않아서 LLM이 학습할 수 없었기 때문입니다.

| 출처 불명의 답변으로 인한 신뢰성 문제 |

일반적인 LLM은 답변을 제공할 때 그 정보가 어디에서 나온 것인지 명시하지 않습니다. 예를 들어 "2023년 한국의 GDP 성장률은 3.1%입니다."라고 답변해도 이 수치가 한국은행 발표인지 통계청 자료인지 아니면 어떤 연구기관의 추정치인지 알 수 없습니다.

RAG가 제공하는 해결책

LLM에 RAG 시스템을 활용하면 이런 문제들을 해결할 수 있습니다. RAG를 음식점에 비유하면 일반 LLM은 요리사가 머릿속 기억만으로 요리하는 것과 같습니다. 아무리 실력이 좋아도 기억에만 의존하면 재료를 잘못 쓰거나 레시피를 헷갈릴 수 있습니다. 반면 RAG 방식은 요리사에게 정확한 레시피북을 제공하는 것입니다. 요리를 시작하기 전에 먼저 레시피북에서 필요한 요리법을 찾아보고 그 정보를 바탕으로 요리하는 방식입니다.

RAG 방식은 이렇게 작동합니다.
1. 사용자가 "우리 회사 연차 규정이 어떻게 돼?"라고 질문합니다.
2. 시스템이 먼저 회사의 인사규정 문서에서 '연차'와 관련된 내용을 찾습니다.
3. 찾은 정보를 LLM에 함께 전달합니다:

    "다음 문서를 참고해서 답변해 줘 + 사용자 질문"
4. LLM이 실제 문서를 바탕으로 정확한 답변을 제공합니다.

이렇게 하면 LLM이 추측이나 기억에 의존하지 않고 실제 문서에 근거한 정확한 답변을 할 수 있게 됩니다.

RAG 시스템의 동작 원리 이해하기

LLM과 RAG 시스템의 차이를 구체적으로 살펴보겠습니다.

> 회사 휴가 규정이 어떻게 돼요?

LLM 응답 결과

> "일반적으로 연차는…" (추측에 의한 답변)

RAG 응답 결과

> 시스템이 회사 인사규정 문서에서 휴가 관련 내용 검색
> ↓
> 검색된 실제 문서 내용 + 사용자 질문을 LLM에 전달
> ↓
> LLM: "업로드 된 인사규정에 따르면…" (문서 기반 정확한 답변)

이 과정은 두 개의 흐름(지식베이스 구축 / 질의응답 처리) 속에서 네 가지 핵심 요소가 맞물려 작동합니다. 아래 표는 두 과정과 네 요소의 대응 관계를 한눈에 정리한 것입니다.

이제 각 요소가 실제로 어떻게 작동하는지 단계별로 살펴보겠습니다.

No	과정	핵심 요소	설명
1	지식베이스 구축 과정	지식베이스 (우리만의 도서관)	회사 매뉴얼, 제품 정보, 법규 문서 등을 저장하는 공간입니다. 마치 도서관에 책들을 정리해 놓는 것과 같습니다.
2	질의응답 처리 과정	검색 시스템 (똑똑한 사서)	사용자의 질문을 이해하고 관련된 정보를 빠르게 찾아 주는 역할입니다. 단순히 같은 단어를 찾는 것이 아니라, 의미까지 이해해서 관련된 내용을 찾아냅니다.

3	질의응답 처리 과정	필터링 및 압축 (핵심 편집자)	검색된 정보 중에서 정말 중요하고 관련성이 높은 내용만 선별하고, LLM이 이해하기 쉽게 정리해 줍니다.
4		LLM 답변 생성 (전문가)	정리된 정보를 바탕으로 사용자의 질문에 정확하고 이해하기 쉬운 답변을 만들어 냅니다.

이제 각 요소가 구체적으로 어떻게 작동하는지 자세히 알아보겠습니다.

지식베이스 구축 과정

첫 번째 핵심 요소인 지식베이스를 만드는 과정은 네 단계로 이루어집니다.

1단계: 문서 수집하기 | 먼저 우리가 가진 모든 중요한 문서들을 모아야 합니다. 회사라면 인사규정, 업무매뉴얼, 제품소개서, FAQ 문서를 모으고, 학교라면 학칙, 수업계획서, 시설이용안내, 장학금 규정 등을 수집합니다. 개인이 사용한다면 관심 분야 논문, 전문 서적, 참고 자료들을 모으게 되죠. 이때 PDF, 워드, 파워포인트, 웹페이지 등 다양한 형태의 문서를 모두 포함할 수 있습니다.

2단계: 문서를 적당한 크기로 나누기 | 큰 문서 하나를 통째로 저장하면 사용자의 질문에 답변할 수 있는 부분을 찾을 때 효율성이 떨어질 수 있습니다. 따라서 문서를 분할하여 저장하는 것이 더 효과적입니다.

3단계: 의미를 숫자로 변환하기 (임베딩) | 컴퓨터가 글의 의미를 이해할 수 있도록 임베딩이라는 기술을 사용해 텍스트를 숫자로 변환합니다.

실제로는 각 단어나 문장이 수백에서 수천 개의 숫자로 이루어진 긴 목록(벡터)으로 변환됩니다. 예를 들어 "연차"라는 단어는 [0.234, -0.567, 0.123, 0.891, ..., -0.345] 같은 식으로 1,536개의 숫자 조합으로 표현될 수 있습니다. 중요한 점은 개별 숫자 하나하나가 특정 의미를 가지는 게 아니라 전체 숫자들의 패턴과 조합이 그 단어의 의미를 나타낸다는 것입니다. 의미상으로 비슷한 단어들은 비슷한 숫자 패턴을 가지게 됩니다. 따라서 "연차, 휴가, 연휴"는 서로 유사한 숫자 패턴을 가지고, "급여, 월급, 보수"는 서로 유사하지만 위와는 다른 숫자 패턴을 가지게 됩니다.

이렇게 하면 나중에 사용자가 "휴가는 어떻게 써요?"라고 물어봤을 때 컴퓨터가 두 벡터 간의 거리나 각도를 계산해서 "연차, 휴가, 연휴"와 의미상으로 비슷하다는 걸 알 수 있게 됩니다.

4단계: 지식베이스에 저장하기 | 처리된 모든 정보를 지식베이스에 저장하고 빠른 검색을 위한 인덱스를 만들어 둡니다.

이제 RAG 시스템이 사용할 수 있는 지식베이스가 완성되었습니다.

질의응답 처리 과정

사용자가 질문했을 때 나머지 세 가지 핵심 요소가 어떻게 순서대로 작동하는지 알아 보겠습니다. 사용자가 "우리 회사 연차는 며칠이야?"라고 물어봤다고 가정해 봅시다.

1단계: 질문 이해하고 관련 정보 찾기 (검색 시스템) | 앞서 구축한 지식베이스에서 검색 시스템이 작동합니다. 시스템은 먼저 이 질문을 분석합니다. 핵심 키워드는 "연차"와 "며칠"이고 질문 의도는 연차 일수에 대한 정보 요청이라는 걸 파악합니다. 그리고 지식베이스에서 관련된 문서들을 찾아냅니다. 이때 단순히 "연차"라는 단어가 들어간 문서만 찾는 것이 아니라 "휴가", "유급휴일", "연간휴무" 같은 비슷한 의미의 내용도 찾아냅니다.

2단계: 가장 적절한 정보 선별하고 정리하기 (필터링 및 압축) | 검색 결과 여러 문서가 나왔다면 필터링 및 압축 과정이 시작됩니다. 먼저 검색된 정보 중에서 질문과 가장 관련성이 높은 내용을 선별합니다. 질문과 얼마나 관련이 있는지, 공식 문서인지, 최신 정보인지, 질문에 대한 완전한 답변이 들어있는지 등을 종합적으로 판단해서 가장 적절한 정보를 골라냅니다. 이후로 선별된 정보를 LLM이 처리하기 적합한 형태로 압축하고 정리합니다.

3단계: 근거 있는 최종 답변 생성 (LLM 답변 생성) | 마지막으로 LLM이 작동합니다. 정리된 정보와 함께 LLM에 명확한 지시를 내립니다. "위의 참고 문서를 바탕으로 사용자의 질문에 정확히 답변해 주세요. 문서에 있는 내용만 사용하고 추측하지 말며 출처를 명시하고 이해하기 쉽게 설명해 주세요."라는 식으로 구체적인 가이드라인을 제공합니다. 그러면 LLM이 검색된 정보를 바탕으로 최종 답변을 생성합니다.

이렇게 해서 사용자는 추측이 아닌 실제 회사 규정에 근거한 정확한 정보를 얻을 수 있게 됩니다.

> **TIP 💡 RAG의 핵심은 신뢰성**
>
> RAG 시스템은 근거가 명확한 답변을 제공해 신뢰도를 크게 높여 주지만 데이터의 정확성이나 처리 절차에 따라 잘못된 정보가 포함될 수 있으므로 항상 출처와 내용을 함께 검토하는 것이 필요합니다.

이번 장에서 만들어 볼 RAG 시스템

RAG는 정확한 정보 제공이 중요한 다양한 분야에서 활용될 수 있습니다. 기업 내부 지식베이스 관리 영역에서는 회사 정책, 매뉴얼, 보고서를 활용한 직원 질의응답 시스템이나 기술 문서와 가이드라인을 기반으로 한 개발자 지원 시스템을 구축할 수 있습니다.

고객 서비스 분야에서는 제품 매뉴얼과 FAQ를 활용한 고객 지원 챗봇이나 법률 문서를 기반으로 한 법무 상담 시스템을 만들 수 있습니다. 교육 및 훈련 영역에서는 교육 자료와 커리큘럼을 활용한 학습 지원 시스템이나 의료 지침과 연구 논문을 기반으로 한 의료진 지원 도구를 개발할 수 있습니다.

실습 단계에서는 먼저 AI 산업 문서를 활용한 AI 산업 동향 기반 RAG 챗봇을 만들어서 핵심 흐름을 익힙니다. 다음으로 인사 법령 기반 RAG 지식베이스를 만들고, 여러 개의 문서를 추가하여 종합 답변을 생성하는 인사 법령 기반 RAG 챗봇을 연습합니다.

프로젝트 단계에서는 연말정산 지식베이스를 설계하고 연말정산 기반 RAG 챗봇을 만듭니다. 각각의 RAG 시스템을 만들면서 지식베이스 구축부터 검색 최적화 그리고 완성된 시스템의 품질을 높이는 세부 설정까지 자연스럽게 익힐 수 있습니다.

LESSON 02
AI 산업 동향 기반 RAG 챗봇

지식베이스가 필요한 이유

Dify의 지식베이스 생성 기능을 사용하면 복잡한 기술적 과정 없이 나만의 전문 지식베이스를 쉽게 만들 수 있습니다. 문서를 업로드하면 Dify가 자동으로 내용을 분석하고 검색에 최적화된 형태로 가공해 줍니다.

특히 한 번 생성한 지식베이스는 여러 앱에서 재사용할 수 있어 매우 효율적입니다. 예를 들어 회사 인사규정으로 지식베이스를 만들어 두면 신입사원 온보딩에도 활용하고 HR 팀 업무용 챗봇에서도 활용할 수 있습니다.

파일 다운로드

01 '인공지능 산업의 최신 동향' 지식베이스를 만들어 보겠습니다. 지식베이스 생성을 위해서는 기본 데이터가 필요합니다. SPRi 소프트웨어정책연구소 (https://spri.kr/posts?code=AI-Brief)에 접속합니다. [간행물] > [AI 브

리프] 〉 '2025년 8월호'에서 '돋보기'를 클릭합니다.

02 [PDF 다운로드] 버튼을 클릭하여 파일을 다운로드 받습니다.

재랭크 모델을 위한 Cohere API 발급받기

01 RAG 시스템에서 더 정확한 검색 결과를 위해 재랭크 모델을 사용합니다. 재랭크 모델은 검색된 결과들을 질문과의 관련성에 따라 다시 정렬해 주는 기능으로 더 정확한 답변을 얻을 수 있게 도와 줍니다. 해당 모델을 사용하기 위해서는 API가 필요합니다. https://cohere.com/에 접속합니다. 상단 메뉴에서 [Sign in] 버튼을 클릭합니다.

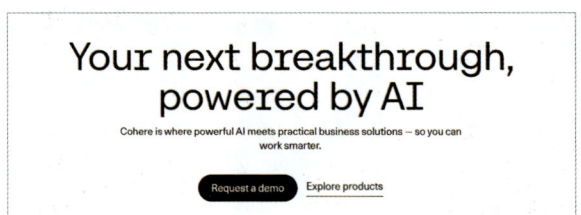

02 구글 아이디 또는 GitHub 아이디를 이용해 로그인합니다.

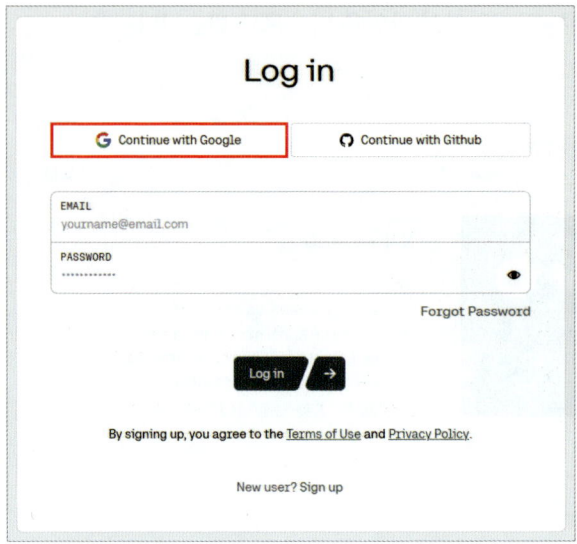

03 구글 계정을 선택하고 액세스를 허용합니다.

04 첫 번째 단계에서 이름을 입력하고, 두 번째와 세 번째 단계에서는 'Skip this step'을 클릭합니다.

05 회원가입을 마치면 Cohere dashboard로 자동으로 이동됩니다. 왼쪽 사이드 메뉴에서 'API Keys'를 클릭하면 기본적으로 생성된 API를 확인할 수 있습니다.

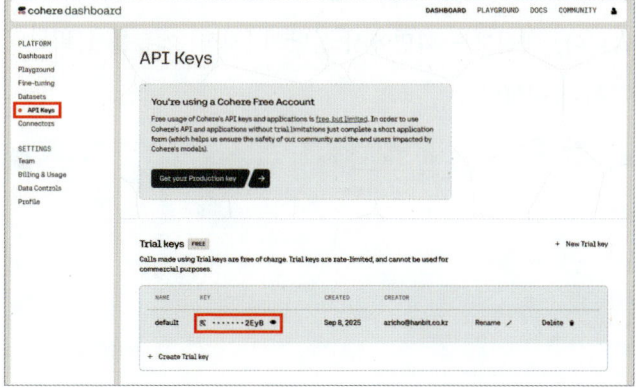

06 눈 모양을 클릭하여 API를 복사합니다.

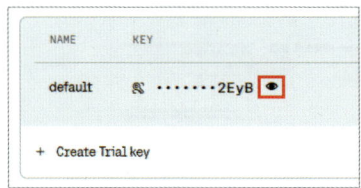 

> **TIP 재랭크 모델로 검색 정확도 높이기**
>
> 재랭크 모델은 검색된 결과들을 질문과의 관련성에 따라 다시 정렬해 주는 기능입니다. 예를 들어 "강아지 사료"라고 검색했을 때 처음에는 강아지 관련 내용 10개가 섞여서 나오지만, 재랭크 모델이 이 중에서 사료와 가장 관련 있는 내용을 맨 앞으로 배치해 줍니다. Cohere는 이런 재랭크 작업에 특화된 모델을 제공하는 회사로, 일반적인 검색보다 더 정확한 결과를 얻을 수 있습니다.

지식베이스 생성하기

1단계: 데이터 선택하기

01 준비가 끝났다면 Dify에서 '인공지능 산업의 최신 동향'에 대한 지식베이스를 생성해 보겠습니다. 대시보드 화면에서 상단의 [지식] 메뉴를 클릭합니다. [지식 생성] 버튼을 클릭합니다.

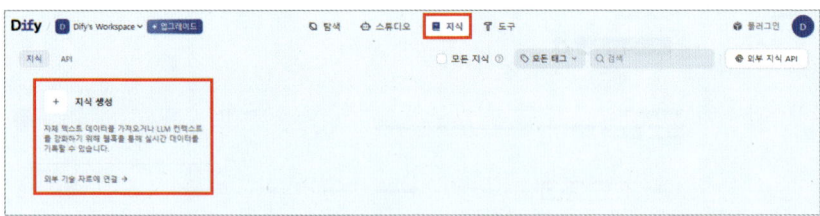

02 지식베이스에 저장할 데이터를 선택합니다. Dify에서는 다양한 형식의 문서를 업로드할 수 있으며 Notion이나 웹사이트의 데이터도 가져올 수 있습니다. 데이터 소스 선택 영역에서 [텍스트 파일에서 가져오기] 〉 '찾아보기'를 클릭합니다.

03 파일 선택 창이 뜨면 다운로드한 파일을 선택하고 [열기] 버튼을 클릭하여 파일을 업로드합니다.

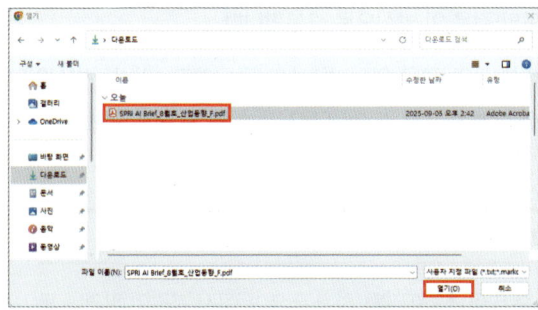

04 파일이 정상적으로 업로드되면 [다음] 버튼을 클릭합니다.

2단계: 데이터 전처리 및 클리닝

01 문서를 LLM이 더 잘 이해할 수 있도록 정리하는 과정입니다. 문서 정리 옵션에서는 불필요한 내용을 제거하고 텍스트를 깔끔하게 다듬을 수 있습니다. 청크 설정은 문서를 어떻게 나눌지 정하는 옵션입니다. [일반]과 [부모-자식] 중에서 [일반]을 선택합니다.

- **일반**: 문서를 일정한 크기로 나누는 기본 방식입니다. 빠르고 효율적이지만 앞뒤 문맥이 끊어질 수 있습니다. 대부분의 경우 이 방식으로 충분합니다.

- **부모-자식**: 문서를 큰 덩어리(부모)와 작은 덩어리(자식) 두 단계로 나누는 방식입니다. 정확한 정보와 전체 문맥을 함께 제공할 수 있어 복잡한 전문 문서에 적합합니다.

> **TIP** 처음을 위한 청크 설정
>
> [일반]은 쉽고 빠르게 적용할 수 있어 초기에 활용하기 좋으며, 문서 분량이 많거나 문맥 연결이 중요한 자료에서는 [부모-자식]도 적극 검토하는 것이 좋습니다. 실제 답변 품질을 반복적으로 평가하며 적합한 방식을 선택하세요.

02 [일반]은 문서를 균등한 크기로 나누어 빠르고 간단하게 검색하는 방식입니다. 줄바꿈을 위해 [세그먼트 식별자]에 "₩n"을 입력하고 [청크 중첩]은 "100"으로 값을 수정합니다.

- **세그먼트 식별자**: 문서를 나누는 기준을 정합니다. 기본값인 '₩n₩n' (두 번 줄바꿈)을 사용하면 문단 단위로 나눕니다.

- **최대 청크 길이**: 하나의 청크에 들어갈 최대 글자 수입니다. 너무 크면 핵심 정보를 놓치고, 너무 작으면 문맥이 끊어집니다.

- **청크 중첩**: 인접한 청크들이 일부 겹치도록 해서 문맥의 연속성을 유지합니다.

> **TIP 청크 설정 더 효과적으로 하는 방법**
>
> - 세그먼트 식별자는 '₩n₩n,₩n'으로 설정하세요. 문단 사이에 공백이 있는 문서든 문단 사이에 공백이 없는 문서든 문단 단위로 분리합니다.
> - 최대 청크 길이와 중첩 값 등은 자료의 유형과 질문 패턴에 따라 최적값이 달라지므로, 초기는 800~1,200자 범위에서 시작하고 검색 및 답변 품질을 보며 점차 조절하는 것이 가장 바람직합니다.
> - 청크 중첩은 보통 100-150자로 시작해서 결과를 확인한 후 조정하세요. 인접한 내용들이 자연스럽게 연결되어 더 정확한 답변을 얻을 수 있습니다.
> - 텍스트 전처리에서 '연속된 공백, 줄바꿈, 탭 대체하기'를 체크하면 문서가 더 깔끔하게 정리됩니다.

03 문서가 분할된 것을 확인하고 싶다면 [프리뷰 청크] 버튼을 클릭합니다. 클릭하면 오른쪽 [미리보기]에서 분할된 문서를 미리 확인할 수 있습니다.

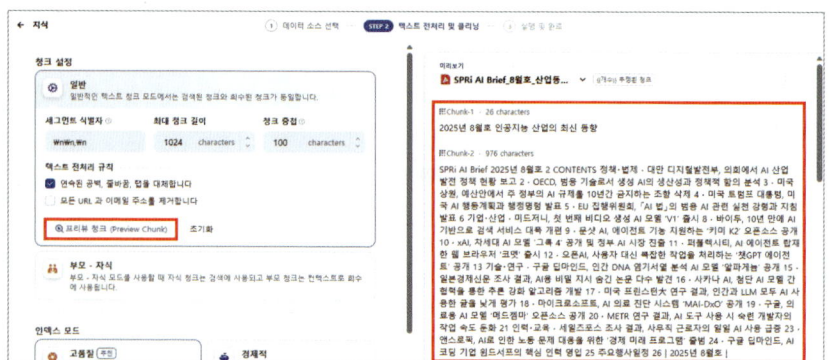

04 잠시 [부모-자식]도 살펴보겠습니다. [부모-자식]에서는 두 종류의 청크 설정을 확인해야 합니다. [부모-자식]은 자식 청크로 정확한 정보를 찾고 부모 청크로 전체 맥락을 함께 제공하는 방식입니다. [부모-자식]을 확인 했다면, 청크 설정은 [일반]을 다시 선택합니다.

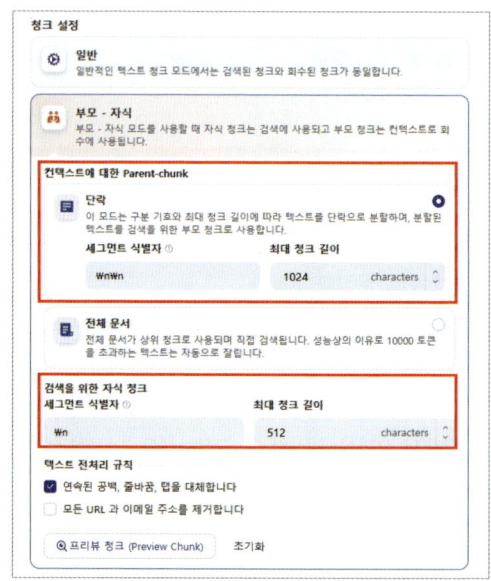

- **컨텍스트를 위한 부모 청크 설정**: 부모 청크는 전체 문맥을 담는 큰 덩어리
- **세그먼트 식별자**: 부모 청크를 나누는 기준입니다. 보통 '₩n₩n'으로 설정하여 큰 문단 단위로 나눕니다.
- **최대 청크 길이**: 부모 청크의 최대 크기를 정합니다. 일반 모드보다 크게 설정되어 더 많은 문맥 정보를 포함합니다.
- **검색을 위한 자식 청크 설정**: 자식 청크는 실제 검색에 사용되는 작은 덩어리
- **세그먼트 식별자**: 자식 청크를 나누는 기준입니다. 부모보다 세밀하게 나누어 정확한 검색이 가능합니다.
- **최대 청크 길이**: 자식 청크의 최대 크기입니다. 작게 설정하여 정확한 정보를 빠르게 찾을 수 있도록 합니다.

05 [인덱스 모드]는 업로드한 문서를 LLM이 검색하고 이해할 수 있도록 처리하는 방식을 선택하는 것입니다. [고품질]은 문서를 더 정밀하게 분석해서 정확한 답변을 제공하지만 처리 비용이 높고 [경제적] 은 기본적인 정확도를 유지하면서 비용을 절약할 수 있습니다. [고품질]를 선택합니다.

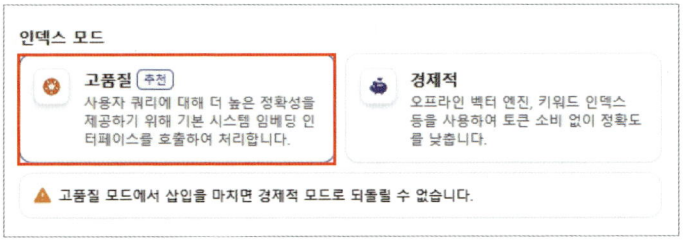

- **고품질**: 의미 기반 검색을 사용합니다. 문서 내용을 숫자 데이터로 변환해서 사용자 질문과 의미적으로 비슷한 내용을 찾아냅니다. 예를 들어 "휴가"라고 질문해도 "연차", "유급휴일" 같은 관련 내용을 찾을 수 있습니다.
- **경제적**: 키워드 기반 검색을 사용합니다. 질문에 포함된 단어와 정확히 일치하는 내용

만 찾습니다. 빠르고 비용이 저렴하지만 키워드가 문서에 없으면 관련 정보를 놓칠 수 있습니다.

06 [임베딩 모델]은 텍스트를 숫자로 변환하는 모델입니다. 메뉴에서 [text-embedding-3-small]을 클릭합니다. 한국어를 포함한 다국어를 지원합니다.

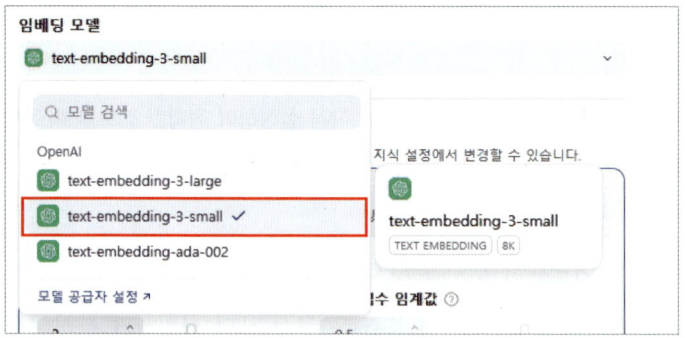

모델명	설명	벡터 차원	Performance	Speed	비용
text-embedding-3-large	가장 강력한 임베딩 모드	3072차원	High	Slow	$0.13
text-embedding-3-small	소형 임베딩 모델	1536차원	Average	Medium	$0.02
text-embedding-ada-002	이전 임베딩 모델	1536차원	Low	Slow	$0.1

07 [검색 설정]은 사용자가 질문했을 때 업로드한 문서에서 관련 내용을 얼마나 찾아올지 정하는 옵션입니다. [하이브리드 검색]은 [벡터 검색]과 [전체 텍스트 검색]을 동시에 사용해서 가장 정확하고 포괄적인 결과를 제공하는 방식입니다. [하이브리드 검색]을 선택합니다.

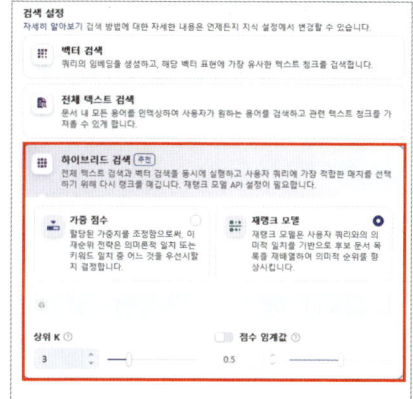 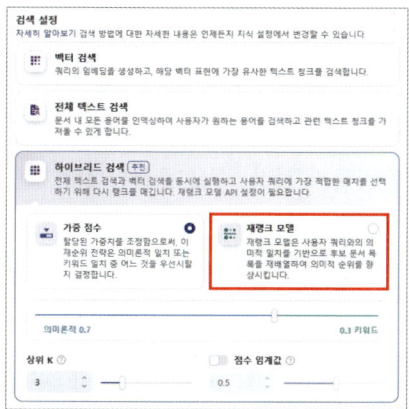

- **벡터 검색**: 의미 기반으로 검색합니다. "강아지"라고 질문해도 "개", "반려동물" 같은 비슷한 의미의 내용을 찾아 줍니다. 동의어나 유사한 표현도 잘 찾지만 정확한 키워드 매칭이 필요한 경우에는 한계가 있을 수 있습니다.

- **전체 텍스트 검색**: 키워드 기반으로 검색합니다. 질문에 포함된 정확한 단어나 구문이 문서에 있는지 찾습니다. 특정 제품명이나 정확한 용어를 찾을 때 유용하지만 동의어는 놓칠 수 있습니다.

- **하이브리드 검색**: [벡터 검색]과 [전체 텍스트 검색]을 함께 사용합니다. 의미도 파악하고 정확한 키워드도 찾아서 가장 정확한 결과를 제공하지만 처리 시간이 조금 더 걸립니다.

- **가중 점수**: 벡터 검색과 키워드 검색 결과를 미리 정한 비율(예: 7:3)로 섞어서 최종 점수를 계산합니다. 빠른 속도가 중요할 때 사용합니다.

- **재랭크(재정렬)**: 먼저 상위 후보들을 뽑은 후 별도 재랭크 모델이 질문과의 관련성을 정밀하게 재평가해서 순서를 다시 정렬합니다. 정확도가 중요한 전문적 질의응답 시 사용합니다.

08 재랭크 모델은 검색된 결과들을 다시 한 번 정렬해서 가장 관련성이 높은 순서로 재배치하는 기능입니다. [재랭크 모델]에서 입력창을 클릭하면 "모델 검색" 창이 나타납니다. Cohere에서 발급한 API를 등록하기 위해 하단의 '모델 공급자 설정 ↗'을 클릭합니다.

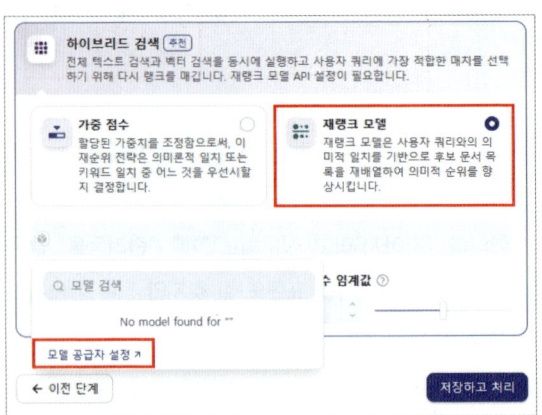

09 왼쪽 사이드바에서 [모델 제공자] 메뉴를 클릭합니다. Cohere에서 [설치] 버튼을 클릭합니다.

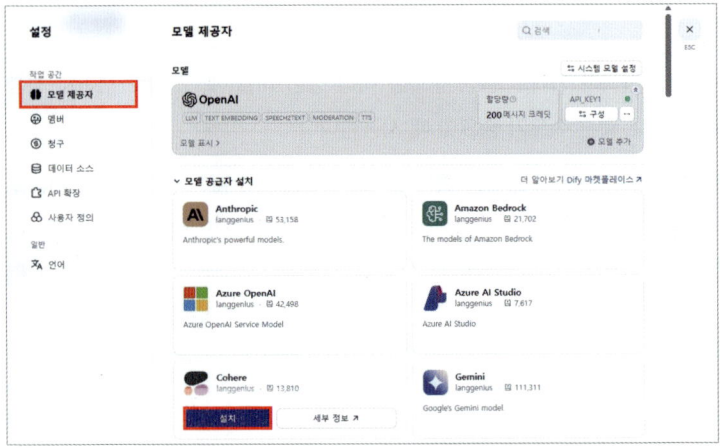

10 '플러그인 설치' 창이 나타나면 [설치하다] 버튼을 클릭합니다.

11 설치가 완료되면 [구성 예정] 목록에 Cohere가 추가된 것을 확인할 수 있습니다. [설정] 버튼을 클릭합니다.

12 "API 키 인증 구성" 창에서 Cohere에서 발급 받은 API 키를 입력하고 [저장] 버튼을 클릭합니다.

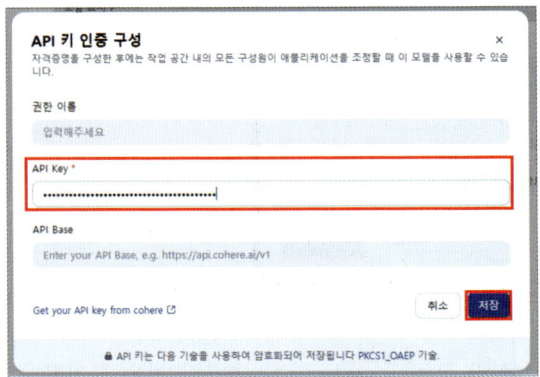

13 모델 공급자에서 API 키가 초록색으로 정상적으로 동작하는 것을 확인합니다. 오른쪽에 [x] 버튼을 클릭하여 창을 닫고 다시 [검색 설정]으로 돌아옵니다.

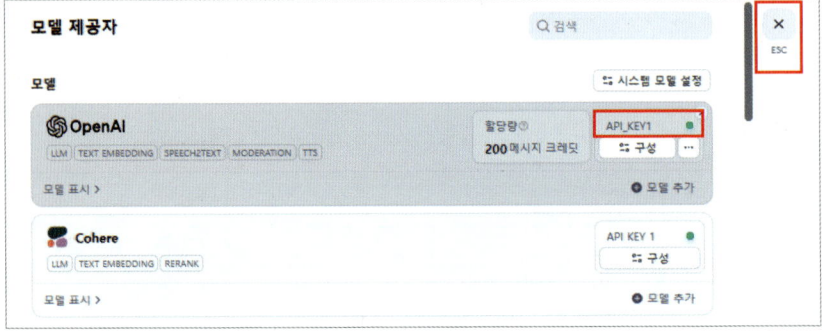

14 검색 설정의 [하이브리드 검색]에서 '모델 검색'을 클릭합니다. 다국어 모델인 'rerank-multilingual-v3.0'를 선택합니다. [상위 K]는 "10"으로 수정합니다.

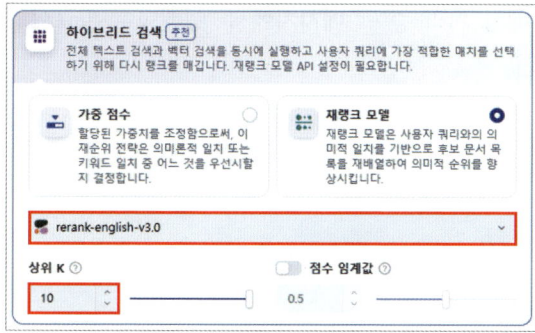

- **상위 K**: 재랭크 모델이 다시 검토할 검색 결과의 개수입니다. 예를 들어 상위 K를 3으로 설정하면 처음 검색된 결과 중 상위 3개를 대상으로 순서를 재조정합니다.
- **점수 임계값**: 재랭크 후에도 답변에 사용할 최소 관련성 점수입니다. 0.5으로 설정하면 재정렬된 결과 중에서도 관련성이 50% 이상인 내용만 최종 답변에 활용합니다.

> **TIP 검색 설정 최적화 가이드**
>
> – 검색 방식: [하이브리드 검색]을 선택하세요. 의미적 검색과 키워드 매칭을 동시에 수행해 가장 포괄적인 결과를 제공합니다.
> – 재랭크 모델: 비용이 부담되지 않는다면 'rerank-multilingual-v3.0'을 선택하세요. 한국어를 지원하며 검색 정확도를 크게 향상합니다.
> – 상위 K: "10"개 이상으로 크게 설정하세요. 더 많은 관련 정보를 제공해 풍부하고 정확한 답변을 만들 수 있습니다.
> – 점수 임계값: 처음에는 비활성화하세요. 유용한 정보가 걸러질 수 있으므로 나중에 필요 시 점진적으로 조정하면 됩니다.

15 하단의 [저장하고 처리] 버튼을 클릭하면 지식베이스 생성이 완료됩니다.

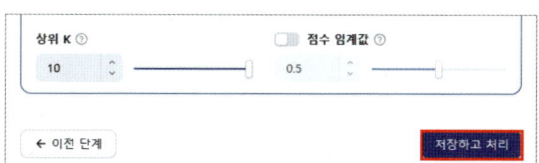

16 임베딩이 완료되면 "임베딩 처리 중…" 메시지에서 "임베딩이 완료되었습니다" 메시지로 변경됩니다.

3단계: 실행 및 완료

01 [문서로 이동] 버튼을 클릭합니다.

02 왼쪽 사이드에 [검색 테스트]를 클릭합니다. [검색 테스트]에서 "딥시크가 어디에 사용되고 있나요?"라는 질문을 입력하면 오른쪽 [검색 결과 단락]에서 검색 결과를 확인할 수 있습니다.

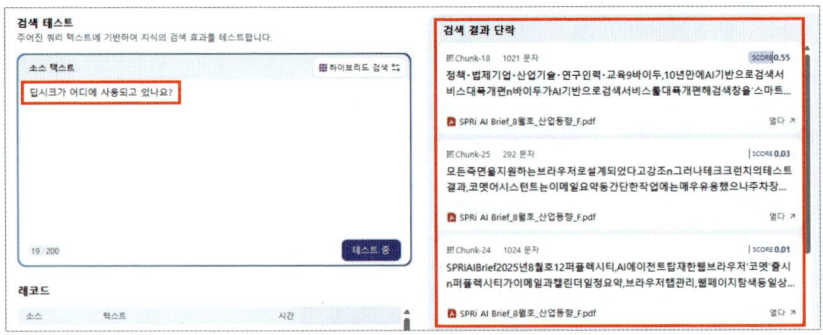

03 지식베이스 생성이 완료된 후에도 왼쪽 사이드바의 [설정] 메뉴에서 기존 설정을 변경할 수 있습니다. 다만 인덱스 방법은 [고품질]로 한 번 설정하면 이후 수정이 불가능하니 주의하세요. 다른 설정 값은 언제든 자유롭게 조정 가능합니다.

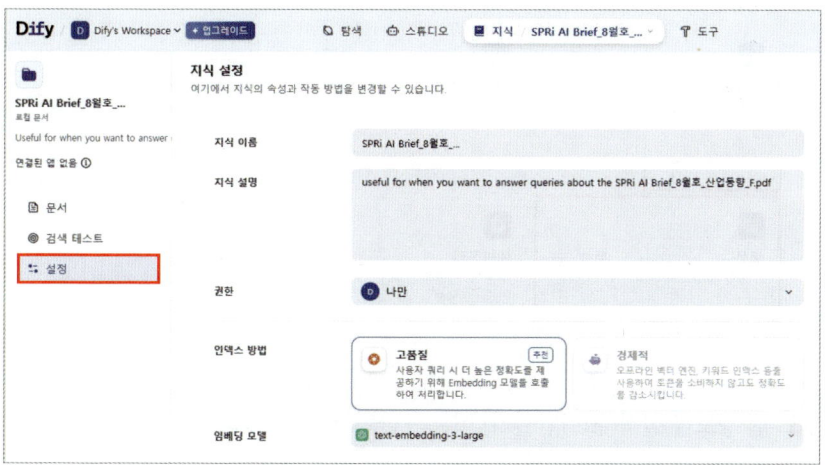

챗봇 만들기

01 생성한 지식베이스를 토대로 챗봇을 만들 수 있습니다. Dify 대시보드에서 [스튜디오] 〉 [챗봇] 〉 [빈 상태로 시작] 메뉴를 클릭합니다.

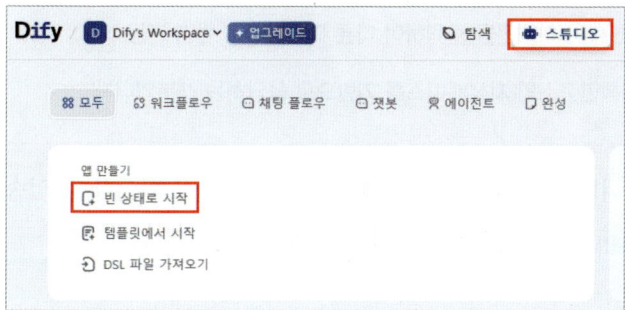

02 챗봇 유형을 선택합니다. '초보자용 기본 앱 유형' 〉 [챗봇] 버튼을 클릭합니다.

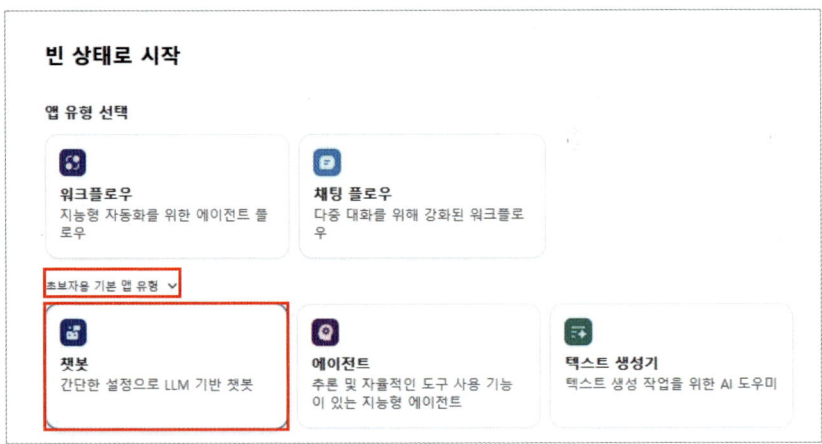

03 앱 정보를 설정하고 [만들기] 버튼을 클릭하여 에디터 화면으로 이동합니다.

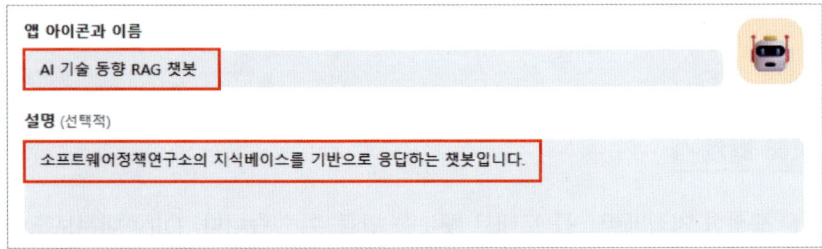

- **앱 이름**: AI 기술 동향 RAG 챗봇
- **앱 아이콘**: 원한다면 로봇 아이콘을 클릭하여 다른 아이콘으로 변경 가능
- **설명**: 소프트웨어정책연구소의 지식베이스를 기반으로 응답하는 챗봇입니다.

04 모델을 설정합니다. 기본 모델을 클릭하면 다양한 모델을 확인할 수 있습니다. gpt-4.1-nano로 변경하거나 원하는 모델로 변경합니다.

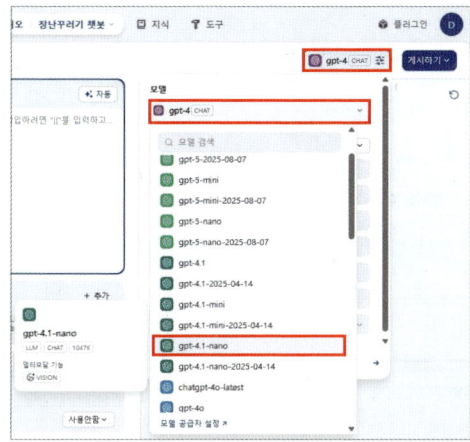
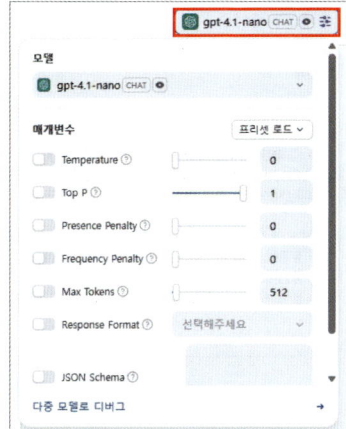

> **TIP 💡 앱 생성 시 모델 설정 재확인 필수**
>
> 시스템 모델 설정에서 GPT-4.1-nano로 미리 설정해 두어도 새로운 앱을 만들 때 모델이 GPT-4로 자동 변경되는 Dify 버그가 있습니다. GPT-4는 입력 30달러, 출력 60달러로 매우 비싸므로 앱 생성 후 반드시 모델 설정을 확인하고 GPT-4.1-nano로 다시 변경해 주세요.

05 [오케스트레이션]의 [단계]에 시스템 프롬프트를 입력합니다.

```
답변 작성 지침:
1. 컨텍스트에서 찾은 정보만을 사용하여 답변하세요.
2. 정확한 정보를 제공하되, 확실하지 않은 내용은 추측하지 마세요.
3. 답변은 명확하고 이해하기 쉽게 작성하세요.
4. 컨텍스트에 관련 정보가 없으면 "제공된 문서에서 관련 정보를 찾을 수 없습니다."라고 답변하세요.

답변 형식:
- 질문에 직접 답하는 명확한 답변을 제공하세요.
- 필요시 단계별로 설명하거나 예시를 포함하세요.
- 출처가 명확한 경우 해당 문서나 섹션을 언급하세요.
```

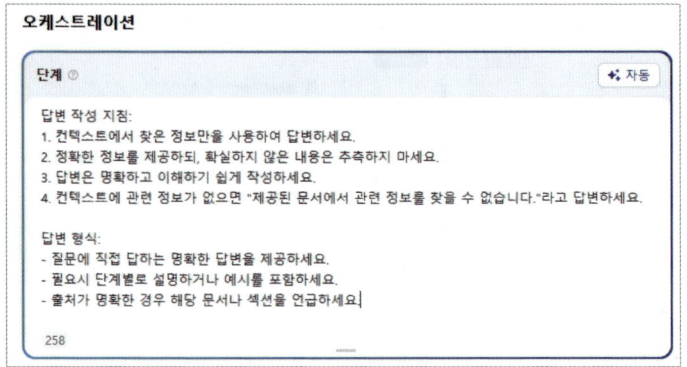

06 컨텍스트에서 '+ 추가'를 클릭합니다. 참조할 지식을 선택한 후 [추가] 버튼을 클릭합니다.

07 정상적으로 지식베이스가 추가된 것을 확인할 수 있습니다.

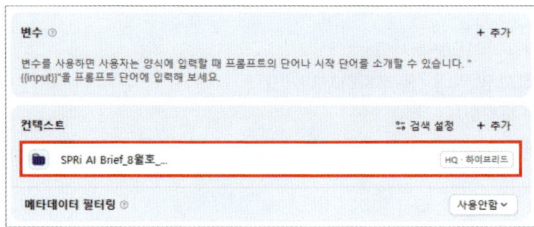

08 [디버그 및 미리보기]의 입력에서 "grok3는 누가 언제 만들었나요?"를 입력하고 [전송] 버튼을 클릭합니다. 다시 한 번 "논문에도 AI가 활용되나요?"를 입력하고 결과를 확인합니다.

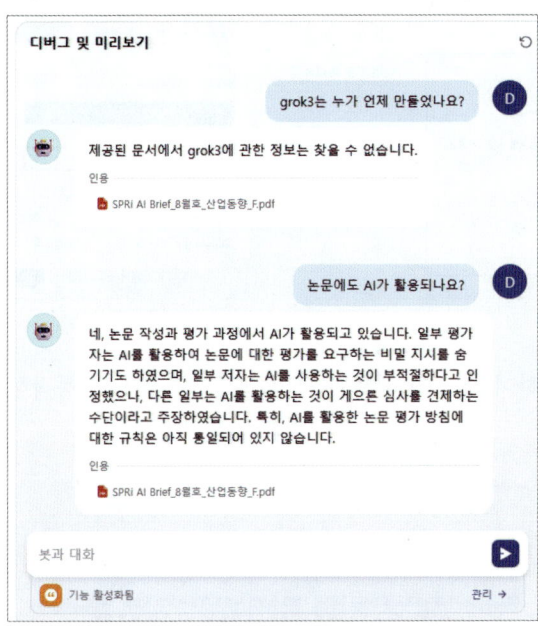

09 AI 기술 동향 RAG 챗봇 앱을 배포해 보겠습니다. 화면 오른쪽에 [게시하기] 버튼을 클릭하면 배포 및 공유에 관련된 메뉴가 나타납니다.

10 메뉴에서 [업데이트 게시] 버튼을 클릭합니다. 앱이 게시되면 [업데이트 게시] 버튼이 [게시됨]으로 바뀌며 더 이상 클릭할 수 없습니다. 이후 [앱 실행] 버튼을 클릭하면 AI 기술 동향 RAG 챗봇을 확인할 수 있습니다.

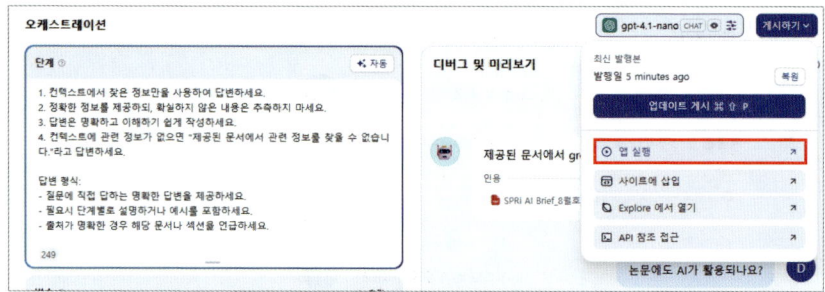

11 [앱 실행] 버튼을 클릭하여 Dify에 배포된 나의 앱이 정상적으로 동작하는지 확인해 보세요.

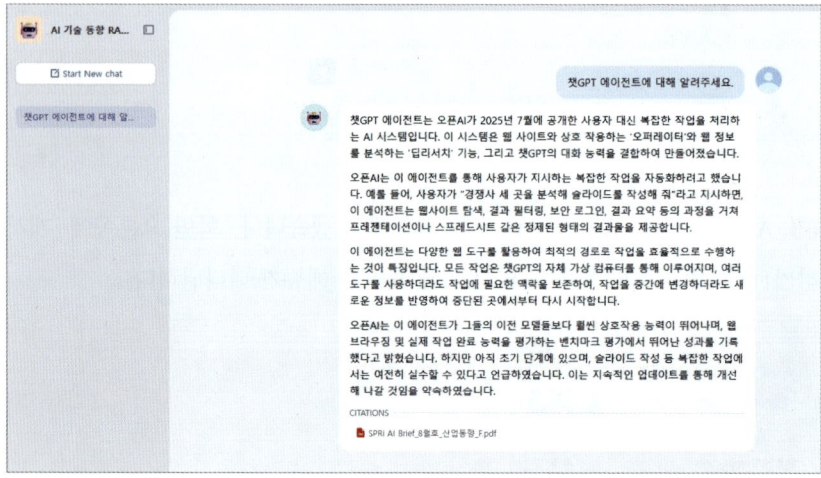

LESSON 03

인사 법령 기반 RAG 챗봇

파일 다운로드

01 '인사 법령' 지식베이스를 만들어 보겠습니다. 지식베이스를 생성하기 위해서는 기본 데이터가 필요합니다. 법제처 국가법령정보센터(https://www.law.go.kr/main.html)에 접속한 후 현행법령 검색 창에 "고용보험법"을 검색합니다.

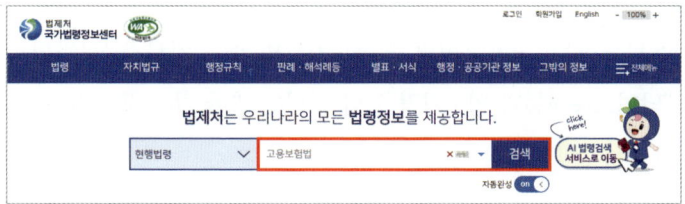

02 왼쪽 상단에 [저장하기] 버튼을 클릭합니다.

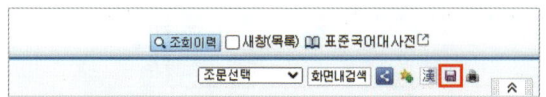

03 저장 창이 뜨면 파일 형식에서 PDF 파일을 선택하고 [저장] 버튼을 클릭합니다.

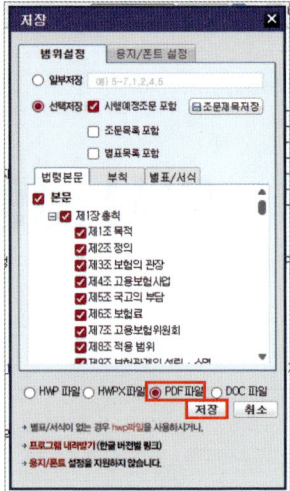

04 화면 상단의 검색창에 "근로기준법"을 입력하고 [검색] 버튼을 클릭합니다. **02**, **03**번과 같은 방법으로 파일을 저장합니다.

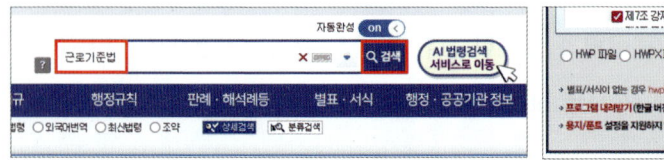 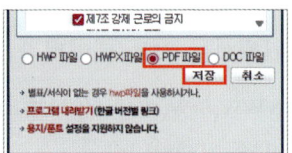

05 기존에 다운로드받은 "고용보험법", "근로기준법"과 추가로 "근로자퇴직급여 보장법", "남녀고용평등과 일·가정 양립 지원에 관한 법률" 문서도 검색하여 다운로드한 후 4개의 파일을 확인합니다.

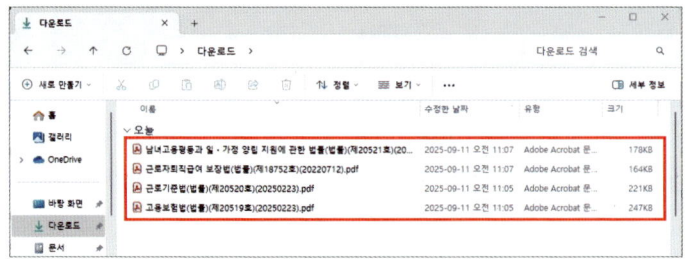

지식베이스 생성하기

01 준비가 끝났다면 Dify에서 '인사 법령' 지식베이스를 생성해 보겠습니다. 대시보드 화면에서 상단의 [지식] 메뉴를 클릭합니다. [지식 생성] 버튼을 클릭합니다.

02 첫 번째 단계에서는 지식베이스에 저장할 데이터를 선택합니다. 데이터 소스 선택 영역에서 [텍스트 파일에서 가져오기] 〉 '찾아보기'를 클릭합니다.

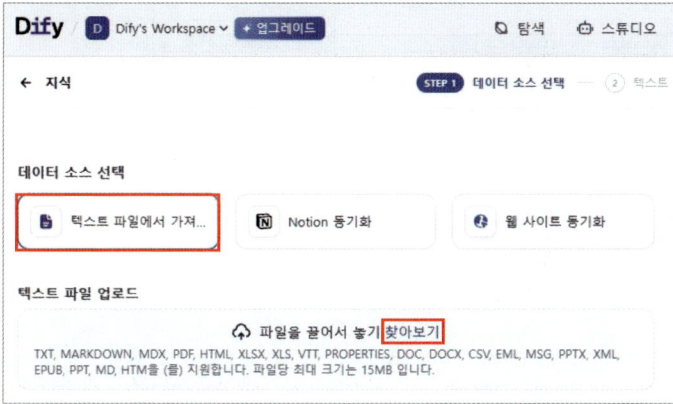

TIP **Dify 무료 계정 앱 개수 제한**

Dify 클라우드 무료 계정에는 생성할 수 있는 앱 개수에 제한이 있습니다. 제한에 도달한 경우 기존 앱을 삭제한 후 새로운 앱을 만들 수 있습니다. 만약 삭제 후에도 새 앱을 만들 수 없다면 브라우저 캐시를 지우거나 로그아웃 후 다시 로그인해 보세요. 더 많은 앱이 필요한 경우 유료 플랜을 고려하거나 로컬에 Dify를 설치하여 사용할 수 있습니다.

03 파일 선택 창이 뜨면 고용보험법(법률)(제20519호)(20250223).pdf 파일을 선택하고 [열기] 버튼을 클릭하여 파일을 업로드합니다.

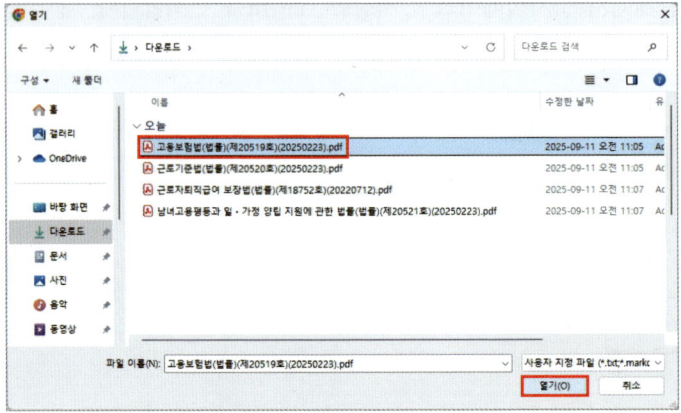

TIP **파일 업로드 용량 제한**

Dify에서 한 번에 업로드할 수 있는 문서의 최대 용량은 15MB입니다. PDF 파일이 이 용량을 초과한다면, 파일을 압축하거나 여러 개의 작은 파일로 분할하여 업로드하세요. 또한 한 번에 최대 20개의 파일을 일괄 업로드할 수 있습니다.

04 지식을 처음 생성할 때는 하나의 파일만 추가할 수 있습니다. 파일이 정상적으로 업로드되면 [다음] 버튼을 클릭합니다.

05 'AI 산업 동향 기반 RAG 챗봇'과 동일하게 청크, 인덱스 모드, 임베딩 모델, 검색 설정을 하고 [저장하고 처리] 버튼을 클릭합니다.

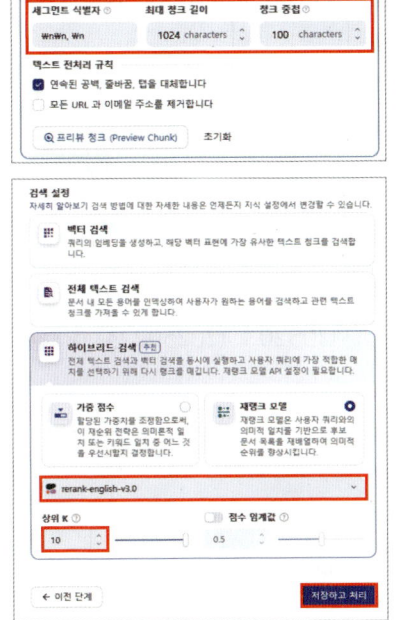

06 임베딩이 완료되면 [문서로 이동] 버튼을 클릭합니다.

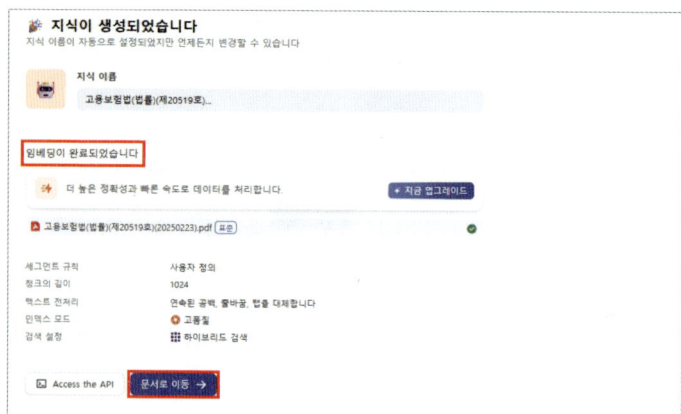

07 문서 페이지에서 파일을 추가할 수 있습니다. [+ 파일 추가] 버튼을 클릭합니다.

08 '찾아보기'를 클릭하여 근로기준법(법률)(제20520호)(20250223).pdf 파일을 선택하고 [열기] 버튼을 클릭합니다.

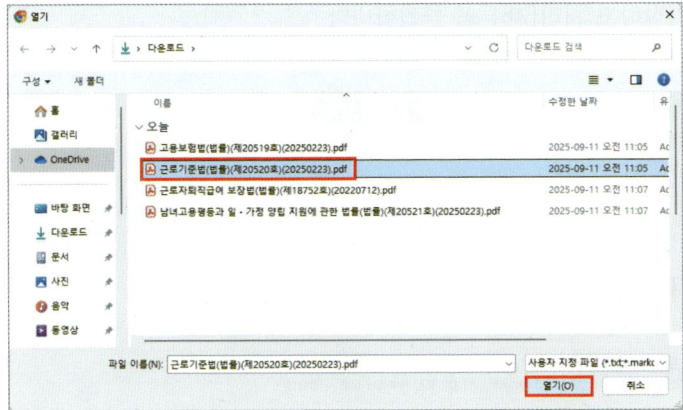

09 파일 업로드가 완료되면 [다음] 버튼을 클릭합니다.

10 청크 설정을 **05**와 똑같이 설정합니다. [프리뷰 청크] 버튼을 클릭하면 미리보기 화면에서 청크를 확인할 수 있습니다.

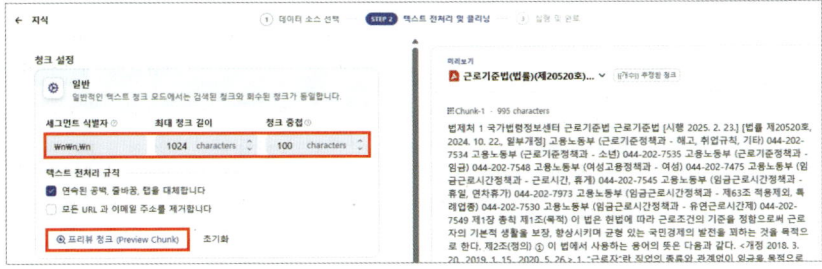

11 하단에 [저장하고 처리] 버튼을 클릭합니다.

12 문서 업로드가 완료되면 [문서로 이동] 버튼을 클릭하고 업로드하지 않은 2개의 파일도 **07~11** 방식으로 업로드를 진행합니다.

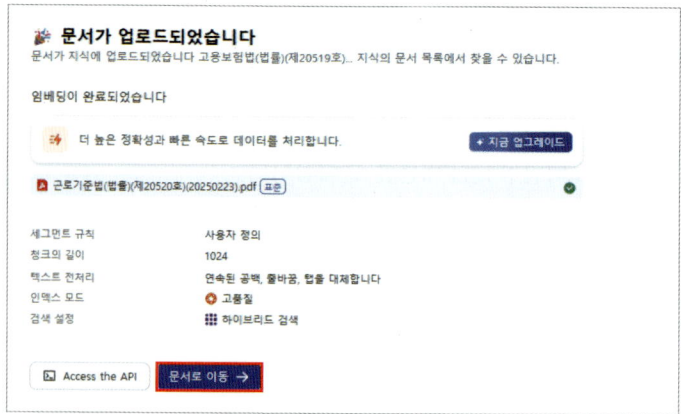

13 4개의 파일이 정상적으로 추가되었는지 확인합니다.

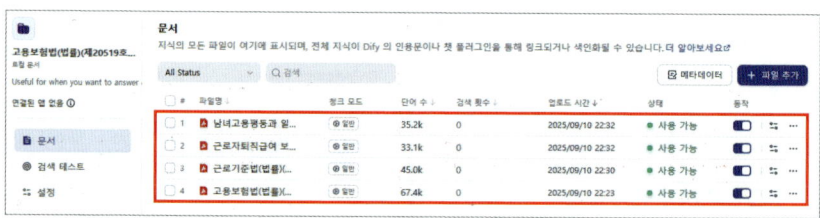

14 화면 상단 메뉴에서 [지식] 메뉴를 클릭하여 대시보드로 이동합니다.

15 생성된 지식에서 [...] > [설정] 버튼을 클릭하고 지식 이름을 "인사 법령"으로 수정한 후 [저장] 버튼을 클릭합니다.

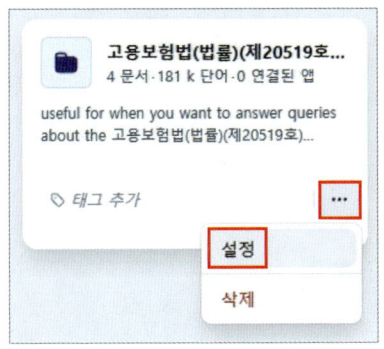
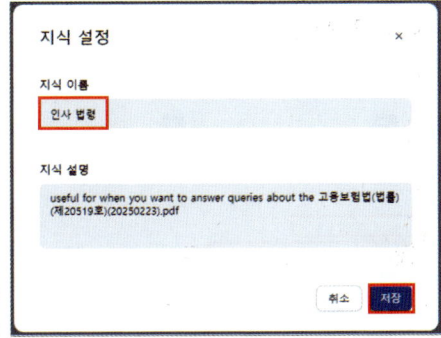

챗봇 만들기

01 생성한 지식베이스를 토대로 챗봇을 만들 수 있습니다. Dify 대시보드에서 [스튜디오] > [챗봇] > [빈 상태로 시작] 메뉴를 클릭합니다.

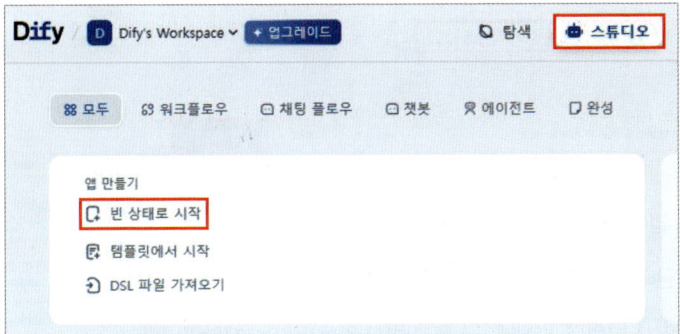

02 챗봇 유형을 선택합니다. '초보자용 기본 앱 유형' > [챗봇] 버튼을 클릭합니다.

03 앱 정보를 설정하고 [만들기] 버튼을 클릭하여 에디터 화면으로 이동합니다.

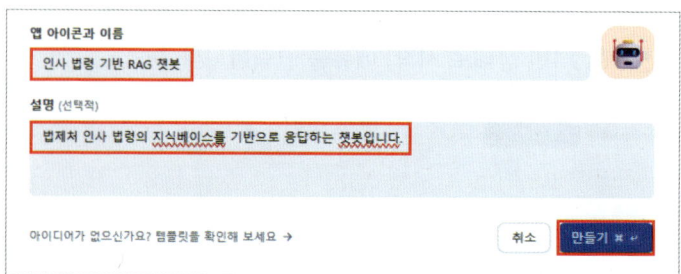

- 앱 이름: 인사 법령 기반 RAG 챗봇
- 앱 아이콘: 원한다면 로봇 아이콘을 클릭하여 다른 아이콘으로 변경 가능
- 설명: 법제처 인사 법령의 지식베이스를 기반으로 응답하는 챗봇입니다.

04 모델을 설정합니다. 기본 모델을 클릭하면 다양한 모델을 확인할 수 있습니다. gpt-4.1-nano로 변경하거나 원하는 모델로 변경합니다.

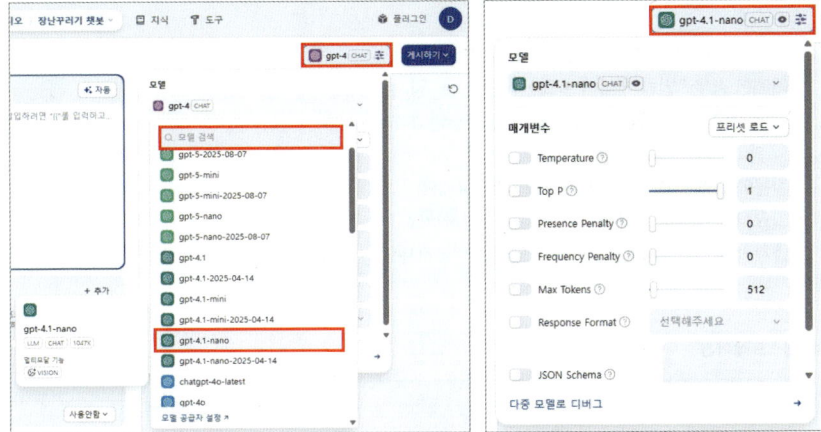

05 [오케스트레이션]의 [단계]에 시스템 프롬프트를 입력합니다.

당신은 인사 법령 전문 상담사입니다. 인사 관련 법령에 대한 정확하고 신뢰할 수 있는 정보를 제공합니다.

답변 작성 지침:
1. 제공된 법령 문서와 해석 자료만을 근거로 답변하세요.
2. 법조문을 인용할 때는 정확한 조문 번호를 명시하세요.
3. 법령 해석이 복잡한 경우 단계별로 설명하세요.
4. 개인적인 의견이 아닌 법령과 판례에 근거한 객관적 정보만 제공하세요.
5. 구체적인 개별 사안에 대한 법적 판단은 "전문 변호사나 노무사와 상담을 권합니다"라고 안내하세요.

답변 형식:
- 해당 법령명과 조문을 명시하여 답변하세요.
- 법령 내용이 복잡한 경우 요약과 상세 설명을 구분하여 제공하세요.

- 관련 예외 조항이나 특별 규정이 있으면 함께 안내하세요.
- 최신 개정 사항이 있는 경우 반드시 언급하세요.

주의사항:
- 법령에 명시되지 않은 내용은 추측하지 마세요.
- 애매한 경우 "법령 해석이 필요한 사안"임을 명시하세요.
- 개별 상황에 따라 적용이 달라질 수 있음을 안내하세요.

- 질문에 직접 답하는 명확한 답변을 제공하세요.
- 필요시 단계별로 설명하거나 예시를 포함하세요.
- 출처가 명확한 경우 해당 문서나 섹션을 언급하세요.

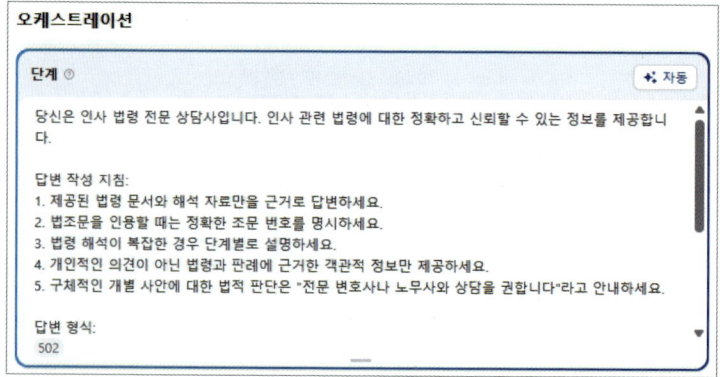

06 [컨텍스트]에서 '추가'를 클릭합니다. 참조할 지식을 선택한 후 [추가] 버튼을 클릭합니다.

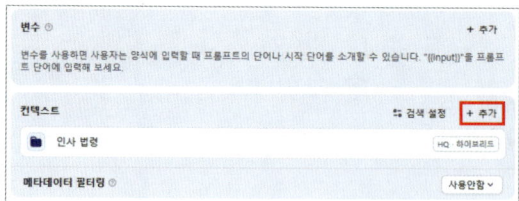 

07 정상적으로 지식베이스가 추가된 것을 확인할 수 있습니다.

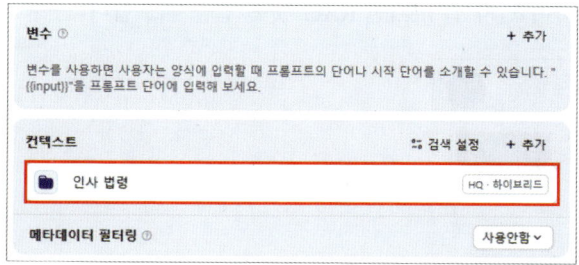

08 [디버그 및 미리보기] 영역의 입력에서 "연차 유급휴가는 며칠이나 주어지나요?"를 입력하고 비행기 모양의 [전송] 버튼을 클릭하면 "근로기준법(법률)"과 "남녀고용평등과 일·가정 양립 지원에 관한 법률(법률)"을 기반으로 답변하는 것을 확인할 수 있습니다.

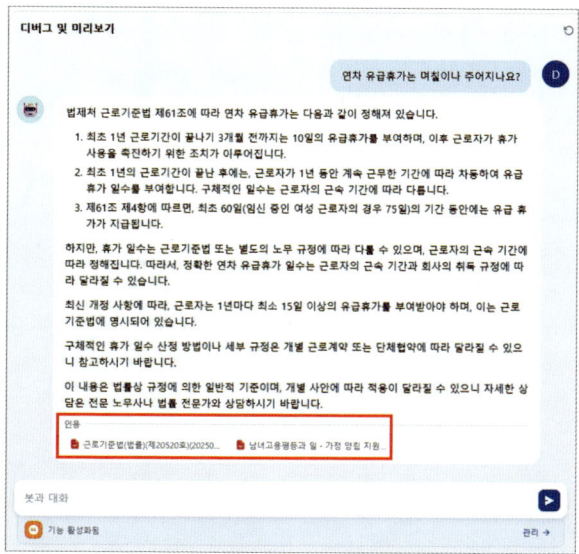

09 챗봇이 제대로 동작하는지 확인했다면 화면 오른쪽의 [게시하기] 〉 [업데이트 게시] 버튼을 클릭하여 인사 법령 기반 RAG 챗봇 앱을 배포합니다.

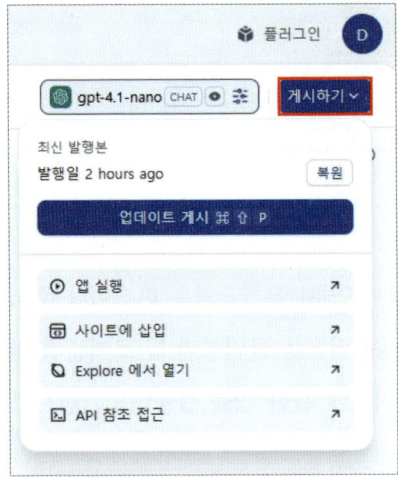

프로젝트

연말정산 기반 RAG 챗봇

앞에서 AI 산업 동향 기반 챗봇과 인사 법령 기반 RAG 챗봇 만들기로 지식베이스를 생성하고 챗봇을 만드는 방법을 배웠습니다. 이제는 국세청의 '원천징수의무자를 위한 신고 안내'를 기반으로 연말정산 기반 RAG 챗봇을 설계하고 구현해 보겠습니다. 파일은 국세청(https://www.nts.go.kr/nts/cm/cntnts/cntntsView.do?mi=2304&cntntsId=238938)에 접속하여 [원천징수의무자를 위한 연말정산 신고안내] 메뉴에서 파일을 다운로드할 수 있습니다.

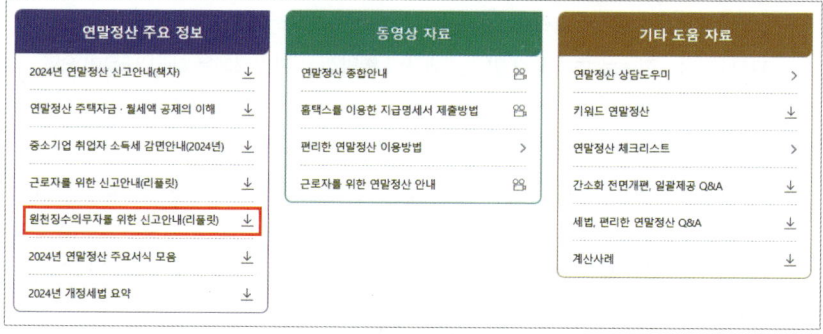

프로젝트 목표

국세청의 공식 연말정산 가이드를 기반으로 개인의 연말정산 관련 질문에 정확하고 신뢰할 수 있는 답변을 제공하는 전문 세무 상담 챗봇을 만들어 봅니다. 복잡한 세법 용어를 쉽게 설명하고 구체적인 공제 항목과 계산 방법을 안내하며 개인 상황에 맞는 맞춤형 조언을 제공하는 챗봇을 목표로 합니다.

제작 요구 사항

① **국세청 공식 문서 활용**: 국세청에서 제공하는 "2024년 연말정산 신고안내" PDF 파일을 다운로드하여 지식베이스로 구축하세요.

② **세무 전문가 페르소나 설계**: 연말정산 전문 세무사의 역할을 부여하는 시스템 프롬프트를 작성하세요. 정확한 세법 정보 제공, 쉬운 용어 설명, 개인별 상황 고려사항 등을 포함하세요.

> 당신은 국세청 공식 가이드라인을 기반으로 연말정산 상담을 제공하는 전문 세무사입니다. 사용자의 질문에 대해 아래 제공된 참고 지식(Context)을 바탕으로 정확하고 신뢰할 수 있는 답변을 제공하는 지식 전문가입니다.
>
> # 지시 사항:
> - 답변은 반드시 제공된 지식(Context)만을 바탕으로 작성하세요.
> - 지식에 없는 정보는 추측하지 말고, "제공된 연말정산 가이드에는 해당 내용이 없습니다."라고 답변하세요.
> - 답변은 간결하면서도 핵심 내용을 명확히 전달하도록 작성하세요.
> - 복잡한 세무 용어는 쉽게 풀어서 설명하고, 계산 과정이 필요한 경우 단계별로 제시하세요.
> - 개인별 구체적인 세액 계산이 필요한 경우 "정확한 계산은 개인 상황에 따라 달라지므로 전문가와 상담하시기 바랍니다."라고 안내하세요.

③ **연말정산 특화 설정**: 복잡한 세법 문서의 특성을 고려하여 청크 설정, 검색 방식을 최적화하고, 정확한 조문과 계산식을 찾을 수 있도록 구성하세요.

④ **실용적 답변 구조**: 단순한 정보 제공을 넘어 계산 예시, 주의사항, 관련 서류 안내까지 포함하는 실용적인 답변을 생성하도록 설계하세요.

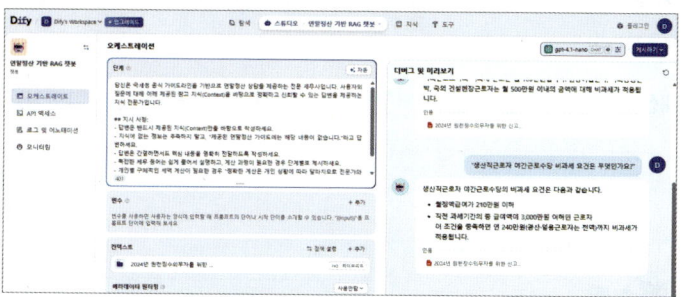

기본 도전 과제

- **원천징수 절차별 정확성**: 연말정산 신고 절차, 세액 계산 방법, 제출 서류 등 원천징수의무자가 수행해야 할 업무를 정확히 안내하는지 테스트해 보세요.

- **신고 기한 및 방법**: "2024년 연말정산 신고 기한은 언제이고, 어떤 방식으로 신고해야 하나요?" 같은 실무적 질문에 구체적으로 답변하는지 확인해 보세요.

- **오류 처리 방법**: 중복 공제 신고, 누락된 서류, 계산 오류 등의 상황에서 원천징수의무자가 어떻게 처리해야 하는지 적절히 안내하는지 점검해 보세요.

테스트 질문 예시

- "홈택스에서 지급명세서를 여러 번 제출하면 어떻게 처리되나요?"
- "국외근로소득 비과세 한도는 어떻게 되나요?"
- "생산직근로자 야간근로수당 비과세 요건은 무엇인가요?"

심화 도전

- **추가 자료 활용**: 국세청에서 제공하는 다른 연말정산 관련 문서(FAQ, 사례집 등)를 추가로 다운로드하여 지식베이스를 확장해 보세요. (파일 용량은 15MB 이하)
- **검색 설정 최적화**: 청크 크기, 재랭크 모델 설정 등을 조정하여 더 정확한 답변이 나오도록 개선해 보세요.
- **프롬프트 개선**: 시스템 프롬프트를 세부적으로 조정하여 답변의 품질과 일관성을 높여 보세요.

완성 체크리스트

- 국세청 '2024년 원천징수의무자를 위한 신고 안내' 문서가 정확히 업로드되고 처리되었는가?
- 원천징수의무자를 위한 전문적이고 신뢰할 만한 톤으로 답변하는가?
- 복잡한 세무 용어와 절차를 실무자가 이해하기 쉽게 설명하는가?
- 연말정산 신고 기한, 방법, 절차를 정확히 안내하는가?
- 관련 법령 조문이나 근거를 정확히 인용하는가?
- 중복 신고, 계산 오류 등 실무 문제 상황에 대한 해결책을 제시하는가?
- 제공된 문서에 없는 내용은 적절히 "해당 내용이 없습니다"고 답변하는가?
- 복잡한 사안에 대해서는 전문가 상담이나 국세청 문의를 적절히 권유하는가?
- 원천징수의무자의 업무 범위와 책임을 명확히 구분하여 안내하는가?

이제 지금까지 배운 RAG 시스템 구축 기술을 활용해서 원천징수의무자를 위한 실무형 연말정산 상담 챗봇을 만들어 보세요!

CHAPTER 04

에이전트 (Agent)

- Lesson 01. AI 에이전트란?
- Lesson 02. AI 에이전트의 동작 메커니즘
- Lesson 03. 에이전트 프롬프트의 구성
- Lesson 04. 왜 AI 에이전트가 주목받을까?
- Lesson 05. 주요 기업들의 에이전트 기술 동향
- Lesson 06. 도구 살펴보기
- Lesson 07. 최신 정보 검색 에이전트
- Lesson 08. 최신 미국 글로벌 동향 검색 에이전트
- Lesson 09. 네이버 블로그 요약 정리 에이전트
- 프로젝트. 경쟁사 분석 에이전트

LESSON 01

AI 에이전트란?

AI 에이전트의 개념 및 정의

먼저 에이전트(Agent)라는 용어부터 이해해 보겠습니다. 에이전트는 일반적으로 "특정 목적을 위해 자율적으로 행동하는 개체"를 의미하는 용어입니다. 부동산 중개인(에이전트)가 고객을 대신해 집을 찾아 주고 보험 설계사(에이전트)가 고객에게 맞는 상품을 추천하듯이 에이전트는 누군가를 대신해 능동적으로 일을 처리합니다.

AI 기반 애플리케이션에서도 이러한 에이전트의 개념을 사용합니다. 앞서 2-3장에서 살펴본 챗봇과 AI 에이전트는 다른 개념입니다.

챗봇은 대화(Chat)와 로봇(Bot)을 합친 용어로 사용자와 텍스트나 음성으로 상호작용하는 대화 인터페이스에 초점을 맞춘 도구입니다. 질문을 받으면 답변을 제공하는 것이 주된 역할이죠.

반면 AI 에이전트는 대화뿐만 아니라 실제 작업을 수행하는 자율적인 시스템입니다. 목표를 이해하고 스스로 계획을 세워 다양한 도구를 활용해 문제를 해결하는 디지털 직원에 가깝습니다.

AI 에이전트를 정확히 정의하면 "목표를 달성하기 위해 주변 환경을 관찰하고 보유한 도구를 활용하여 행동하는 자율적인 애플리케이션"입니다.

가장 중요한 특징은 명시적인 인간의 지시 없이도 스스로 목표를 판단하고 해당 목표를 달성하기 위한 최적의 행동을 계획할 수 있다는 점입니다. 예를 들어 "이번 주 회의 준비해 줘."라고 하면 에이전트는 스스로 다음과 같은 과정을 수행합니다.

1. 캘린더에서 이번 주 회의 일정 확인
2. 각 회의의 목적과 참석자 파악
3. 필요한 자료와 준비사항 분석
4. 관련 문서 검색 및 정리
5. 회의별 아젠다와 자료 준비
6. 참석자들에게 사전 공지

이 모든 과정을 인간이 일일이 지시하지 않아도 에이전트가 알아서 판단하고 실행합니다.

기존 챗봇 vs AI 에이전트 비교

기존 챗봇과 AI 에이전트의 차이점을 구체적으로 살펴보겠습니다.

구분	기존 챗봇	AI 에이전트
작업 방식	일회성 질답	지속적 작업 수행
대응 능력	수동적 응답	능동적 문제 해결
도구 활용	단일 기능	다중 도구 활용
계획 수립	불가능	자율적 계획 수립

예시로 비교해 보겠습니다.

> 내일 출장 준비해 줘.

기존 챗봇의 응답:

> "출장 준비를 위해서는 다음이 필요합니다:
> - 교통편 예약
> - 숙박 예약
> - 일정 확인
> - 준비물 체크
>
> 자세한 예약은 직접 하셔야 합니다."

AI 에이전트의 응답:

> - 캘린더에서 내일 출장 일정 확인
> - 목적지까지 최적 교통편 검색 및 예약 옵션 제시
> - 출장지 근처 호텔 검색 및 예약
> - 출장 목적에 맞는 준비물 리스트 작성
> - 날씨 확인하여 복장 추천
> - 출장 관련 문서 정리 및 이메일 발송 "모든 준비가 완료되었습니다."

이처럼 에이전트는 단순한 정보 제공을 넘어 실제로 다양한 도구를 사용하여 작업을 수행한다는 차이가 있습니다. 에이전트가 무엇인지 이해했다면 다음으로 에이전트가 실제로 어떻게 작동하는지 그 메커니즘을 자세히 살펴보겠습니다.

LESSON 02

AI 에이전트의 동작 메커니즘

AI 에이전트가 일하는 방식

AI 에이전트는 복잡한 사고 과정을 통해 자율적으로 작업을 수행합니다. 이러한 동작 메커니즘을 이해하는 것은 효과적인 에이전트 구축의 핵심입니다. 일반적인 챗봇이 "질문 → 답변"의 단순한 구조라면 AI 에이전트는 훨씬 복잡한 사고 과정을 거칩니다. 마치 숙련된 직원이 복잡한 프로젝트를 처리할 때처럼, 문제를 분석하고 필요한 도구를 선택하며 결과를 확인한 후 다음 단계를 결정하는 과정을 반복합니다.

목표 설정부터 완료까지의 전체 흐름

AI 에이전트의 작업 수행 과정은 문제 이해부터 시작됩니다. 사용자의 요청을 단순히 키워드로 받아들이는 것이 아니라 그 뒤에 숨겨진 진짜 의도와 최종 목표를 파악합니다. 그 다음 목표 달성을 위한 대략적인 작업 순서를 설정하고 각 단계마다 적절한 도구를 선택하여 실행합니다. 매 단계마다 실행 결과를 분석하고 다음 단계를 결정하며 최종적으로 모든 과정을 종합하여 완성된 결과를 제공합니다.

에이전트가 스스로 계획을 세우는 방식

AI 에이전트는 사람처럼 '이 문제를 해결하려면 어떤 순서로 무엇을 해야 할까?'라는 사고 과정을 거칩니다. 예를 들어 "경쟁사 분석 보고서를 만들어 줘."라는 요청을 받으면 먼저 어떤 경쟁사들을 조사해야 하는지 파악하고 각 경쟁사의 어떤 정보가 필요한지 결정합니다. 이후 정보 수집 방법을 선택하고 수집된 정보를 어떻게 정리할지 계획하며 마지막으로 보고서 형식과 구조를 설계합니다. 이런 체계적인 계획 과정을 거쳐 단계별로 작업을 진행합니다.

다양한 도구를 활용하는 능력

AI 에이전트의 핵심 특징 중 하나는 상황에 맞는 다양한 도구를 선택하고 활용할 수 있다는 점입니다. 마치 숙련된 목수가 작업에 따라 망치, 드릴, 톱 등을 적절히 선택해서 사용하듯이 AI 에이전트도 목표 달성을 위해 필요한 도구를 판단하고 실행합니다.

웹 검색 도구는 최신 정보나 실시간 데이터가 필요할 때 사용됩니다. 예를 들어 "오늘 주가 동향"이나 "최신 업계 뉴스" 같은 질문에 대응할 때 활용됩니다.

문서 분석 도구는 PDF, Word 파일 등의 문서를 읽고 해석해야 할 때 사용됩니다. 계약서 검토나 보고서 요약 같은 작업에서 필수적입니다.

계산 도구는 복잡한 수식이나 데이터 분석이 필요한 경우에 활용됩니다. 재무 계산이나 통계 분석 작업에서 정확한 결과를 제공합니다.

이메일 전송 도구는 작업 결과를 관련자들에게 자동으로 공유해야 할 때 사용됩니다. 보고서 작성 후 자동 배포나 일정 알림 등에 활용됩니다.

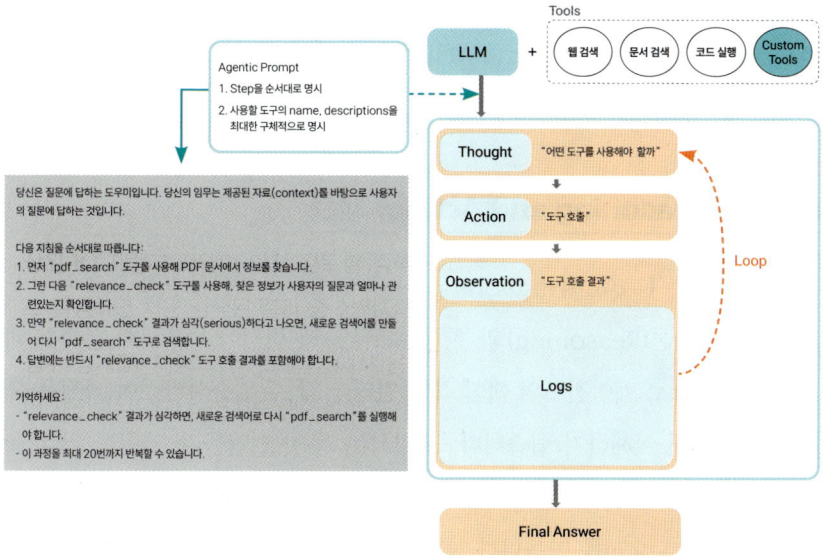

에이전트는 이러한 도구들을 단독으로 사용하기도 하고 여러 도구를 조합하여 복잡한 작업을 수행하기도 합니다. 예를 들어 시장 분석 보고서를 만들 때는 웹 검색으로 정보를 수집하고 계산 도구로 데이터를 분석한 뒤 문서 작성 도구로 보고서를 완성하며 마지막에 이메일 도구로 관련자들에게 전송하는 전체 과정을 자동으로 수행할 수 있습니다.

예상치 못한 상황에 대한 대응 능력

AI 에이전트의 가장 놀라운 특징 중 하나는 예상치 못한 상황에 유연하게 대응할 수 있다는 점입니다. 웹 검색 결과가 충분하지 않은 경우를 예로 들어 보겠습니다. 일반 챗봇은 "죄송합니다. 충분한 정보를 찾을 수 없습니다."라고 답변하며 작업을 중단합니다. 하지만 AI 에이전트는 다른 검색 키워드를 시도하고 다른 검색 도구를 사용하며 관련 문서를 분석하고 대안적 접근 방법을 모색합니다. 이처럼 에이전트는 막다른 길에 부딪혀도 스스로 다른 방법을 찾아 최종 목표를 달성하려고 노력합니다.

ReAct (Reasoning and Acting) 패턴

AI 에이전트는 ReAct(Reasoning and Acting) 패턴을 기반으로 동작합니다. 이는 '추론(Reasoning)'과 '행동(Acting)'을 번갈아 수행하며 문제를 해결하는 방식으로 에이전트의 핵심 작동 원리라 할 수 있습니다. 이 과정을 요리에 비유하면 이해하기 쉽습니다. 요리사는 '무엇을 만들지' 고민한 뒤 재료를 준비하고 맛을 본 뒤 조미료를 추가하며 다시 맛을 확인하는 과정을 반복해 완성도 높은 요리를 만듭니다. 에이전트 역시 이와 같은 사고와 행동의 순환을 거쳐 목표에 도달합니다.

ReAct 패턴의 다섯 단계

ReAct 패턴은 다음과 같은 다섯 단계로 이루어져 있습니다.

1. **사고(Thought)**: 문제를 분석하고, 사용할 도구를 결정합니다.
2. **행동(Action)**: 선택한 도구를 실제로 실행합니다.
3. **관찰(Observation)**: 도구 실행 결과를 분석하고 다음 단계를 결정합니다.
4. **반복(Loop)**: 목표에 도달할 때까지 사고→행동→관찰 과정을 반복합니다.
5. **최종 답변(Final Answer)**: 수집한 모든 정보를 종합해 최종 결과를 만듭니다.

실제 동작 흐름 예시

사용자가 "2024년 AI 시장 동향에 대해 알려 줘."라고 질문했을 때 에이전트가 어떻게 반응하는지 살펴보겠습니다. 앞서 배운 ReAct 패턴이 실제로 어떻게 적용되는지 확인할 수 있습니다.

1단계: 사고와 행동

- 사고: "최신 AI 시장 동향을 알려면 웹 검색이 필요하겠다."
- 행동: 웹 검색 도구 실행 ('2024 AI market trends')
- 관찰: "일부 정보는 있지만 더 구체적인 시장 규모 데이터가 필요하다."

2단계: 추가 탐색

- 사고: "시장 규모와 관련된 더 구체적인 검색이 필요하다."
- 행동: 추가 웹 검색 실행 ('2024 AI market size revenue forecast')
- 관찰: "충분한 정보를 수집했다."

3단계: 최종

모든 검색 결과를 종합하여 2024년 AI 시장 동향에 대한 완성된 답변을 제공합니다.

여기서 주목할 점은 검색어(쿼리) 변경이 사고 단계에서 이루어진다는 것입니다. 에이전트는 첫 번째 검색 결과가 충분하지 않다고 판단하면 사고 과정에서 더 적절한 검색어를 고민하고 새로운 키워드를 생성합니다. 이러한 동작 메커니즘을 통해 AI 에이전트는 단순한 키워드 매칭이 아닌, 실제 사람과 같은 사고 과정을 거쳐 문제를 해결할 수 있습니다.

LESSON 03

에이전트 프롬프트의 구성

챗봇 프롬프트와 에이전트 프롬프트의 차이점

효과적인 에이전트 동작을 위해서는 적절한 프롬프트 구성이 중요합니다. 2-3장에서 살펴본 일반적인 챗봇 프롬프트와 에이전트 프롬프트는 근본적으로 다른 접근이 필요합니다.

챗봇 프롬프트는 "당신은 친절한 상담사입니다. 사용자의 질문에 정중하게 답변하세요."처럼 역할과 말투를 정의하는 데 집중합니다. 반면 에이전트 프롬프트는 어떤 도구를 언제 어떻게 사용할지에 대한 구체적인 지침을 제공해야 합니다.

예를 들어 일반 프롬프트는 "질문에 답변하세요."라고 단순하게 지시하지만 에이전트 프롬프트는 "먼저 문서 검색 도구로 관련 정보를 찾고 그다음 관련성 검사 도구로 정확성을 확인한 후 필요하면 다른 키워드로 재검색하여 최종 답변을 생성하세요."처럼 단계별 행동 지침을 명확히 제시합니다.

에이전트가 이해할 수 있는 지시 구조

에이전트가 효과적으로 작동하려면 다음 두 가지 핵심 요소가 프롬프트에 포함되어야 합니다.

첫째, 에이전트가 따라야 할 명확한 단계를 순서대로 제시합니다. "1단계: 이것을 하고 2단계: 저것을 하고 3단계: 결과를 확인하고…"처럼 구체적인 행동 순서를 지정해야 합니다. 이렇게 하면 에이전트가 혼란스러워하지 않고 체계적으로 작업을 진행할 수 있습니다.

둘째, 각 도구의 이름과 기능을 최대한 구체적으로 명시하여 에이전트가 적절한 도구를 선택할 수 있도록 해야 합니다. 단순히 "검색해라."가 아니라 "pdf_search 도구를 사용해서 PDF 문서에서 정보를 찾아라."처럼 정확한 도구명과 사용 목적을 명시해야 합니다.

효과적인 에이전트 프롬프트 작성법

실제 에이전트 프롬프트는 다음과 같은 구조로 작성됩니다.

> 당신은 질문에 답하는 도우미입니다. 당신의 임무는 제공된 자료(context)를 바탕으로 사용자의 질문에 답하는 것입니다.
>
> 다음 지침을 순서대로 따릅니다:
> 1. 먼저 "pdf_search" 도구를 사용해 PDF 문서에서 정보를 찾습니다.
> 2. 그런 다음 "relevance_check" 도구를 사용해, 찾은 정보가 사용자의 질문과 얼마나 관련 있는지 확인합니다.
> 3. 만약 "relevance_check" 결과가 심각(serious)하다고 나오면, 새로운 검색어를 만들어 다시 "pdf_search" 도구로 검색합니다.
> 4. 답변에는 반드시 "relevance_check" 도구 호출 결과를 포함해야 합니다.

> 기억하세요:
> - "relevance_check" 결과가 심각하면, 새로운 검색어로 다시 "pdf_search"를 실행해야 합니다.
> - 이 과정을 최대 20번까지 반복할 수 있습니다.

이 프롬프트는 단순한 역할 정의를 넘어서 에이전트가 어떤 순서로 어떤 도구를 사용해야 하는지 어떤 상황에서 다른 행동을 취해야 하는지 몇 번까지 시도할 수 있는지 등을 구체적으로 명시하고 있습니다.

> **TIP 에이전트 프롬프트 작성 시 주의사항**
>
> 에이전트 프롬프트에서는 도구 이름을 정확히 명시하세요. "검색해라."가 아니라 "tavily_search 도구를 사용해라."처럼 구체적으로 써야 에이전트가 올바른 도구를 선택할 수 있습니다.

LESSON 04

왜 AI 에이전트가 주목받을까?

기존 챗봇과 차별화되는 지능형 비서적 특성

AI 에이전트가 기존의 단순한 챗봇과 다른 점은 마치 똑똑한 비서처럼 행동한다는 것입니다. 구체적으로 어떤 장점이 있는지 일상적인 예시와 함께 살펴보겠습니다.

단순 질답을 넘어선 실질적 업무 처리 능력

기존 챗봇은 "질문하면 답변한다."는 수동적인 역할에 머물렀습니다. 하지만 AI 에이전트는 실제로 업무를 완료해 주는 능동적인 역할을 수행합니다. 사용자가 "회의록을 정리해 줘."라고 하면 단순히 "회의록 정리 방법을 알려드릴게요."라고 답하는 것이 아니라 실제로 회의 내용을 분석하고 요점을 정리하며 액션 아이템을 추출해서 완성된 회의록을 제공합니다.

사용자 의도 파악과 최적 솔루션 제안

AI 에이전트는 사용자가 직접 말하지 않은 숨겨진 의도까지 파악할 수 있습니다. "내일 날씨 어때?"라는 단순한 질문 뒤에 "외출 계획을 세우고 싶다."는 의도가 숨어 있다면 날씨 정보와 함께 "우산이 필요할 것 같습니다." 또는 "산책하기 좋은 날씨네요!"라는 실용적인 조언까지 제공합니다.

복잡한 다단계 작업의 자동화

가장 인상적인 특징은 복잡한 업무를 여러 단계로 나누어 자동으로 처리할 수 있다는 점입니다. 예를 들어 "출장 준비"라는 요청을 받으면 일정 확인 → 교통편 검색 → 숙박 예약 → 일정 공유 → 준비물 리스트 작성까지 전체 과정을 체계적으로 처리합니다.

AI 에이전트의 4가지 핵심 장점

스스로 판단하고 도구 선택

기존 챗봇은 정해진 규칙에 따라서만 작동했습니다. 하지만 AI 에이전트는 상황을 보고 스스로 판단합니다.

일상 예시: 똑똑한 비서에게 "내일 회의 준비를 도와 줘."라고 말하면 비서는 상황에 따라 달력을 확인하고 회의 자료를 찾으며 참석자에게 연락을 취하는 등 적절한 행동을 스스로 선택합니다.

AI 에이전트 예시: 사용자가 "최근 주식 시장 동향을 알려 줘."라고 질문하면 "최신 정보가 필요하니까 웹 검색을 해야겠다."라고 판단하여 웹 검색 도구를 자동으로 선택해서 실행하고 검색 결과를 분석해서 답변을 생성합니다. 반면

"우리 회사 매출 현황을 알려 줘."라고 질문하면 "이건 내부 문서에서 찾아야겠다."라고 판단하여 문서 검색 도구를 선택해서 실행합니다.

상황에 맞는 최적의 방법 찾기

일반적인 시스템은 미리 정해진 순서대로만 작업을 처리합니다. 하지만 에이전트는 상황에 따라 다른 방법을 선택합니다.

일상 예시: 목적지에 가는 방법을 찾을 때 교통상황에 따라 지하철, 버스, 택시 중에서 최적의 이동 수단을 실시간으로 판단하는 것과 같습니다.

AI 에이전트 예시: 간단한 질문이라면 바로 답변하고 복잡한 질문이라면 여러 검색을 거쳐 종합적으로 답변하며 계산이 필요하다면 계산 도구를 먼저 사용한 후 설명합니다. 같은 질문이라도 상황과 맥락에 따라 완전히 다른 접근 방식을 적용합니다.

최종 목표만 제시해도 알아서 처리

가장 놀라운 점은 세부적인 지시 없이도 최종 목표만 제시해 주면 에이전트가 스스로 계획을 세운다는 것입니다.

일상 예시: "생일 파티를 준비해 줘."라고만 말해도 좋은 비서는 장소 예약, 음식 주문, 초대장 발송, 케이크 주문 등을 스스로 계획하고 실행합니다.

AI 에이전트 예시: "AI 기술 동향에 대한 보고서를 작성해 줘."라고 요청하면 다음과 같은 과정을 스스로 계획하고 실행합니다.

- "어떤 정보가 필요한지 먼저 생각해 보자."
- "최신 AI 기술 동향을 웹에서 검색해야겠다."
- "주요 기업들의 발표 내용도 찾아보자."

- "시장 전망 데이터도 필요하겠다."
- "수집한 정보들을 정리해서 보고서 형태로 작성하자."

이 모든 과정을 사용자가 단계별로 지시하지 않아도 에이전트가 스스로 계획하고 실행합니다.

여러 에이전트의 팀워크

복잡한 작업의 경우 여러 에이전트가 각자의 전문 분야에서 협력할 수 있습니다.

일상 비유: 큰 프로젝트를 진행할 때 조사 전문가, 분석 전문가, 문서 작성 전문가가 각자 맡은 일을 하면서 서로 정보를 공유하는 것과 같습니다.

AI 에이전트 예시:

- 조사 에이전트는 웹에서 최신 정보를 수집합니다.
- 분석 에이전트는 수집된 데이터를 분석하고 패턴을 파악합니다.
- 작성 에이전트는 분석 결과를 바탕으로 보고서를 작성합니다.
- 검토 에이전트는 최종 검토 및 품질을 확인합니다.

각각의 전문성을 가진 에이전트들이 순차적으로 작업하며 하나의 완성된 결과물을 만들어 냅니다.

LESSON 05
주요 기업들의 에이전트 기술 동향

주요 기업별 에이전트 개발 현황

2025년 현재 AI 에이전트는 전 세계적으로 급속한 발전을 보이고 있습니다. 주요 기술 기업들이 앞다투어 다양한 에이전트 솔루션을 출시하면서 에이전트 기술의 실용화가 가속화되고 있습니다.

 OpenAI의 ChatGPT는 '에이전트' 기능이 정식으로 탑재되어 단순 대화형 AI를 넘어 사용자를 대신해 웹 탐색, 파일 분석, 코드 실행, 앱 연동 등 실제 업무를 자율적으로 처리할 수 있게 되었습니다. 사용자가 "회의 요약을 부탁해."와 같이 자연어로 요청하면 ChatGPT는 필요한 정보 탐색, 데이터 수집, 산출물 생성까지 알아서 진행하며 모든 작업 단계에서 사용자가 직접 제어하거나 중단할 수 있습니다. 이 기능은 Operator의 브라우저 자동화, Deep Research의 웹 분석, 기존 ChatGPT의 자연어 추론을 통합한 결과로 복잡한 멀티스텝 워크플로우까지 손쉽게 자동화할 수 있는 생산성 도구로 진화 중입니다.

Salesforce Agentforce는 복잡한 비즈니스 업무를 자연어로 손쉽게 자동화할 수 있도록 진화했으며, 사용자가 원하는 업무 프로세스를 설명만 하면 AI가 최적의 자동화 플로우를 설계하고 다양한 외부 API와 연동까지 처리합니다. 예를 들어 "신규 고객 등록 시 환영 이메일을 보내 줘."라고 입력하면 에이전트가 자연어를 분석해 적절한 데이터와 액션을 자동 매핑하고 테스트를 진행하며 품질까지 관리합니다. Slack, Salesforce Workflows 등 다양한 채널과 통합되어 반복 업무, 영업 지원, 고객 응대 등 전 과정을 자동화하며 산업별 현장에 특화된 스마트 워크플로우도 빠르게 적용할 수 있습니다.

Microsoft Copilot Studio는 오피스365, Power Platform, Teams 등 전사 시스템과 결합해 작동합니다. 자연어 명령만으로 프로세스 자동화, 맞춤형 에이전트 설계, 이벤트·조건 기반 워크플로우, 기업 데이터 연동, 멀티에이전트 협업 등을 지원합니다. GPT-5 및 자체 모델 연결, 온디바이스 AI, 보안과 컴플라이언스 기능도 포함되어 반복 업무 자동화부터 엔터프라이즈 맞춤 챗봇·소프트웨어 에이전트 구축까지 실제 업무 현장의 생산성을 크게 높이고 있습니다. Anthropic은 Claude Opus 4 모델을 기반으로 하며 AI 에이전트 개발에 최적화되어 여러 복잡한 작업을 최대 7시간까지 자율적으로 수행할 수 있습니다. 예를 들어 여러 채널의 마케팅 캠페인을 기획, 실행, 성과 모니터링하는 일련의 과정을 스스로 처리하며 다양한 작업을 복합적으로 조율하는 에이전트 역할을 합니다. 또한 외부 웹사이트나 내부 문서 등을 자체적으로 검색 및 분석해 핵심 정보를 제공하는 리서치 기능도 갖췄습니다. Claude Code라는 CLI 기반 코딩 에이전트도 함께 제공되어 로컬 환경에서 코드베이스를 적극적으로 분석하고 수정하며 사용자의 코딩 스타일에 맞춘 고품질 코드를 작성할 수 있습니다. 이 에이전트 기능들은 개발자 생산성과 실무 자동화를 크게 향상시키는 데 중점을 둡니다.

Google은 2025년 Workspace(Gmail, Docs, Sheets 등)에 "Gemini" 기반 에이전트와 "Workspace Flows" 기능을 본격 도입해 이메일/문서 자동 작성, 회의록 생성, 승인 관리, 데이터 찾기·편집 등 반복적인 사무 프로세스를 자연어로 자동화할 수 있게 했습니다. Gemini 에이전트는 패널과 앱 전반에 통합되어 요청만 하면 앱, 웹, 검색, 내부 데이터 간 작업도 교차적으로 처리하며 챗봇뿐만 아니라 다양한 AI 워크플로우 구성요소로 확장되고 있습니다.

에이전트 기술의 발전 배경

이러한 급속한 발전의 배경에는 LLM 모델의 성능 고도화가 있습니다. GPT-4, Claude, Gemini 같은 고성능 언어 모델이 등장하면서 복잡한 추론과 계획 수립이 가능해졌습니다.

또한 단순한 챗봇 기능을 넘어서는 복잡한 작업에 대한 수요가 증가하면서 실제 업무를 처리할 수 있는 에이전트의 필요성이 커졌습니다. 기업들은 단순히 질문에 답하는 것을 넘어 실제로 업무를 완료해 주는 AI를 원하고 있습니다.

비즈니스 도입의 확산도 중요한 요인입니다. 초기 실험 단계를 넘어 실제 비즈니스 환경에서 에이전트를 활용한 성공 사례들이 늘어나면서 더 많은 기업들이 에이전트 도입을 검토하고 있습니다.

> **TIP 에이전트 기술의 미래**
>
> 현재의 발전 속도를 고려할 때 앞으로 더욱 정교하고 전문화된 에이전트들이 등장할 것으로 예상됩니다. 특히 개인 맞춤형 에이전트와 팀 단위 협업 에이전트 기술이 주목받을 것으로 보입니다.

이번 장에서 만들어 볼 에이전트

Dify는 에이전트 기능을 이용하여 LLM의 함수 호출 및 ReAct를 기반으로 에이전트를 정의하며, 사전 구축된 도구나 사용자 정의 도구 추가할 수 있습니다. TavilySearch, FireCrawl, Perplexity 등 AI 에이전트를 위한 50개 이상의 내장 도구를 제공합니다.

사용자의 데이터를 활용하여 에이전트의 자율적으로 외부 검색 등으로 자료를 수집하고 결과를 추출하는 시스템을 만들 수 있습니다.

실습 단계에서는 AI 에이전트를 만들기 위한 핵심 도구들을 익히고, **최신 정보 검색 에이전트**를 차근차근 만들어 봅니다. 공공데이터 포털의 '미국 글로벌 이슈 모니터링 정보' 데이터로 나만의 커스텀 도구를 만들고, 기존 에이전트를 한 단계 더 발전시켜 **미국 글로벌 동향 검색 에이전트**를 완성합니다. 마지막으로 MCP(Model Context Protocol) 기능을 연동하여 **네이버 블로그 요약 정리 에이전트**까지 제작해 보겠습니다.

프로젝트 단계에서는 **경쟁사 분석 에이전트**를 설계하고 구현합니다. 이 과정에서 ReAct 실제 구현 방법, 에이전트 프롬프트 최적화, 그리고 다양한 도구의 효과적인 조합 방식을 자연스럽게 익힐 수 있습니다.

기존의 챗봇과 마찬가지로 사용자의 질문에 응답하지만 처리 과정에서 다양한 도구를 활용한 에이전트 과정이 포함됩니다. 추가된 다양한 도구 중에서 특정 목적을 위해 AI가 자율적으로 도구를 선택하고 결과를 보여 주는 방식입니다.

각 에이전트마다 어떤 도구를 사용하고 어떤 상황에서 활용할 수 있는지 구체적으로 살펴보겠습니다.

LESSON 06

도구 살펴보기

Dify가 제공하는 다양한 도구들

Dify에는 검색, 번역, 데이터 변환, 음성 처리 등 다양한 기능의 도구가 연동되어 있습니다. 이러한 도구들을 활용하면 단순한 질의응답을 넘어서 실시간 정보 검색, 언어 번역, 데이터 가공, 멀티미디어 처리 등 복합적인 작업을 수행하는 AI 애플리케이션을 만들 수 있습니다.

지금까지 우리가 만든 챗봇들은 미리 업로드한 문서나 설정된 프롬프트 범위 내에서만 작동했습니다. 하지만 Dify 도구를 활용하면 외부 API와 연결하여 실시간 날씨 정보를 가져오고 구글 번역으로 다국어 서비스를 제공하며 웹사이트를 실시간으로 크롤링하여 최신 정보를 분석하는 등 훨씬 더 역동적이고 실용적인 AI 서비스를 구현할 수 있습니다.

특히 이러한 도구들은 다음 장에 나올 워크플로우와 결합될 때 진정한 위력을 발휘합니다. 예를 들어 사용자가 질문을 하면 먼저 웹 검색으로 최신 정보를 수집하고 그 결과를 번역한 다음 내 지식베이스와 결합하여 종합적인 답변을 생성하는 복합적인 AI 시스템을 만들 수 있습니다.

많이 활용하는 Dify 도구들을 살펴보겠습니다. 각 도구의 특징과 활용법을 이해하면 여러분의 AI 애플리케이션이 한 단계 더 발전할 수 있을 것입니다.

도구 살펴보기

01 Dify 대시보드에서 상단의 [도구] 메뉴를 클릭합니다.

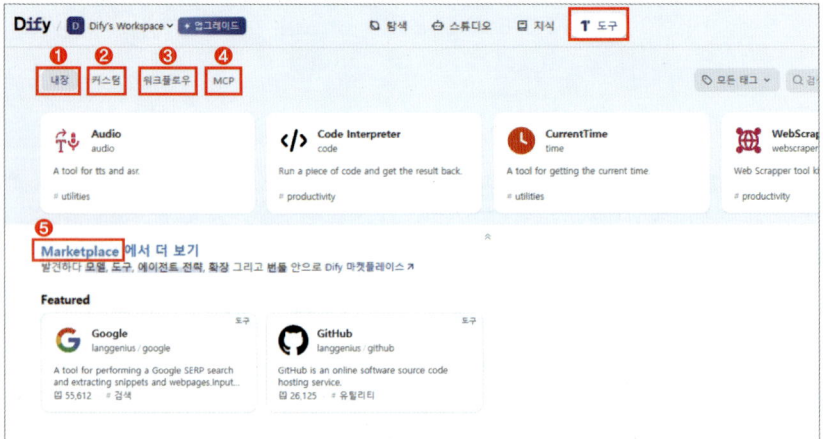

❶ **내장**: Dify에 내장되어 있거나 설치한 도구들을 확인

❷ **커스텀**: 사용자가 직접 만든 도구들을 확인

❸ **워크플로우**: Dify 워크플로우를 도구화하여 만든 도구들을 확인

❹ **MCP**: Model Context Protocol의 약자로 에이전트 프레임워크와 외부 도구 · 시스템 간 연결과 자동화를 지원하는 표준 통신 프로토콜

❺ **Marketplace**: Dify에 연동된 다양한 외부 솔루션 도구들을 확인 및 설치

02 [내장] 메뉴에 들어가면 이미 4개의 도구가 설치되어 있음을 확인할 수 있습니다.

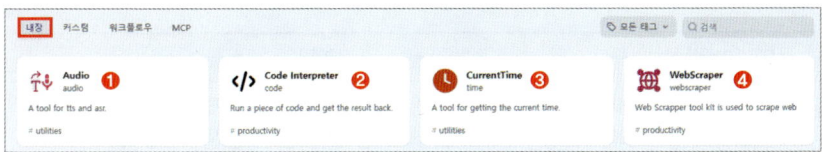

❶ **Audio**: 음성 입력 및 출력 기능으로 음성을 텍스트로 변환하거나 생성된 텍스트를 음성으로 재생하는 기능을 지원

❷ **Code Interpreter**: 코드를 실행하고 해석하는 기능으로 사용자가 작성한 프로그래밍 코드를 실행하여 결과 확인

❸ **CurrentTime**: 현재 날짜와 시간을 확인하거나 시간 관련 정보를 제공

❹ **WebScraper**: 웹사이트에서 필요한 정보를 자동으로 추출하여 수집하는 기능으로 웹 데이터 수집 및 분석에 활용

03 검색창에서 모델, 도구, 데이터 소스, 에이전트 전략, 확장 프로그램 등 다양한 도구를 검색할 수 있습니다. "Tavily"를 입력합니다.

아래 유용한 도구를 정리했습니다. API가 필요한 도구의 경우 회원가입을 진행해야 사용할 수 있습니다.

도구 이름	설명
Tavily	웹사이트에서 필요한 정보를 AI가 찾아 주는 검색 도구입니다. 웹페이지 내용을 깔끔하게 정리해서 가져옵니다. 사용하려면 플러그인 설치와 Tavily API 키가 필요하며 API는 Tavily AI 회원가입 후 발급받을 수 있습니다.
Wikipedia	위키백과에서 정보를 검색하고 핵심 내용을 가져오는 도구입니다. 별도 설정 없이 바로 사용할 수 있어 편리합니다.
ArXiv	과학 논문 저장소 ArXiv에서 연구 논문을 검색하는 도구입니다. AI 애플리케이션에서 학술 자료를 쉽게 찾아 활용할 수 있습니다.
SearchApi	구글 검색, 구글 채용 정보, 유튜브, 구글 뉴스 등 여러 검색 사이트에서 실시간 정보를 가져와 정리된 형태로 제공하는 도구입니다.
Firecrawl	웹사이트에서 자동으로 데이터를 수집하는 도구입니다. 웹페이지 주소만 입력하면 해당 사이트의 내용을 가져와 필요한 정보만 골라서 정리해 줍니다. API 키는 https://www.firecrawl.dev에서 회원가입 후 발급받을 수 있습니다.
AntV Visualization Chart	데이터를 시각적으로 표현하는 차트 생성 도구입니다. 막대 그래프, 선 그래프, 원 그래프 등 다양한 차트를 손쉽게 만들어 복잡한 정보를 직관적으로 이해할 수 있게 도와 줍니다.
Mistral OCR	PDF나 이미지 속 글자를 컴퓨터가 읽을 수 있는 텍스트로 변환하는 도구입니다. 원본 문서의 모양과 구조를 최대한 그대로 유지하면서 정확하게 글자를 추출합니다. API 키는 http://console.mistral.ai에서 회원가입 후 발급받을 수 있습니다.

Tavily의 API 키 Dify에 연결하기

01 웹사이트 정보 검색을 위해 Tavily API 키를 발급받겠습니다. https://www.tavily.com/에 접속한 후 [Sign Up] 버튼을 클릭합니다.

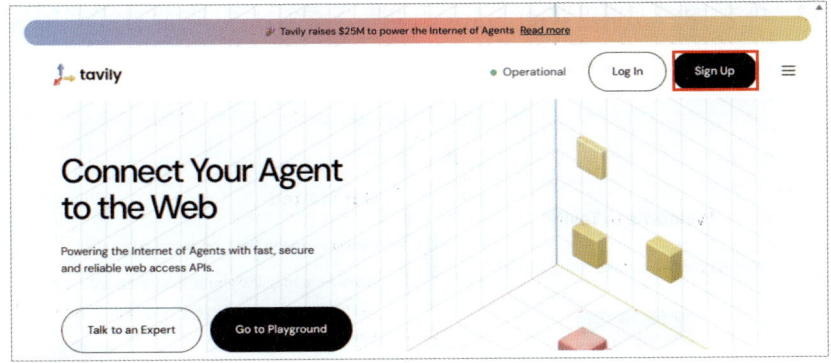

02 [Continue with Google] 버튼을 클릭합니다.

03 구글 계정을 선택하고 [계속] 버튼을 클릭합니다.

04 "환영" 창이 떴다면 [Get Started] 버튼을 클릭한 후 "시작 가이드" 창에서 [Next] 버튼을 클릭합니다.

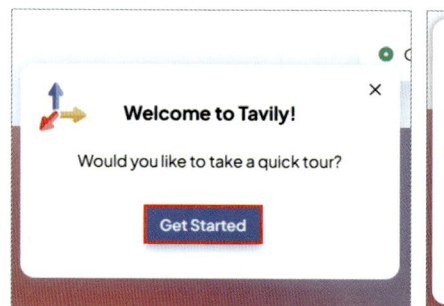
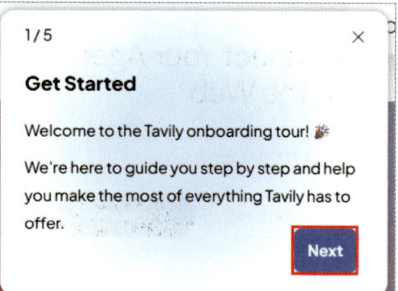

05 "시작 가이드" 창이 사라진 후 화면에서 [API Keys]를 확인할 수 있습니다. [복사] 버튼을 클릭하여 API 키를 복사합니다.

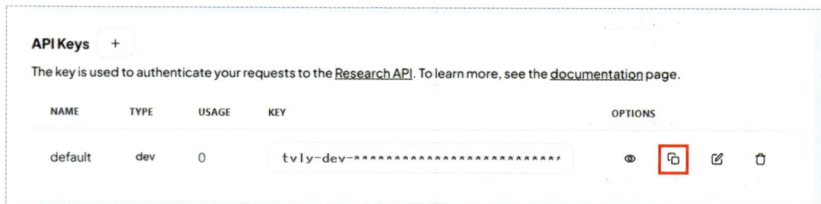

06 다시 Dify 창으로 돌아와 검색창에 "Tavily"를 입력하고 [Tavily]를 클릭합니다.

07 [API 키 인증 구성] 버튼을 클릭합니다.

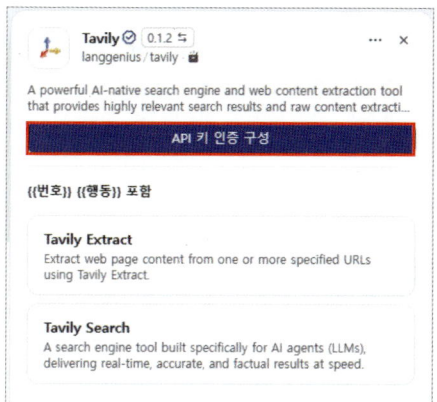

08 복사한 API 키를 붙여넣은 후 [저장] 버튼을 클릭합니다.

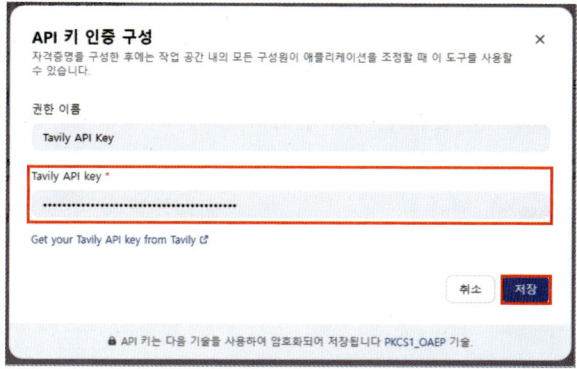

09 인증에 성공하면 [권한] 버튼에 "1 권한"으로 표시됩니다.

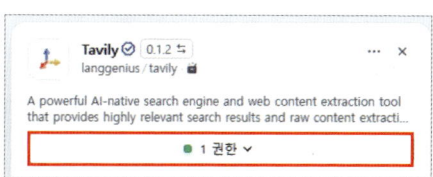

> **TIP** 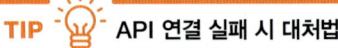 **API 연결 실패 시 대처법**
>
> API 키 연결이 실패한다면 API 키 복사 시 앞뒤 공백이 포함되지 않았는지, API 사용 한도를 초과하지 않았는지, 해당 서비스가 점검 중이 아닌지 등을 확인하세요.

Firecrawl의 API 키 Dify에 연결하기

01 웹페이지 데이터 수집 도구인 Firecrawl의 API 키를 발급받겠습니다. 'https://www.firecrawl.dev'에 접속한 후 [Sign Up] 버튼을 클릭합니다.

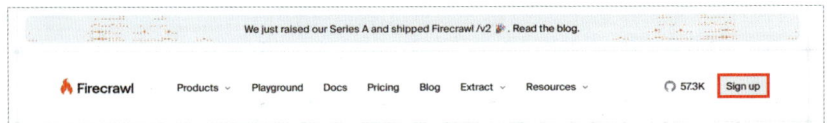

02 [Continue with Google] 버튼을 클릭합니다.

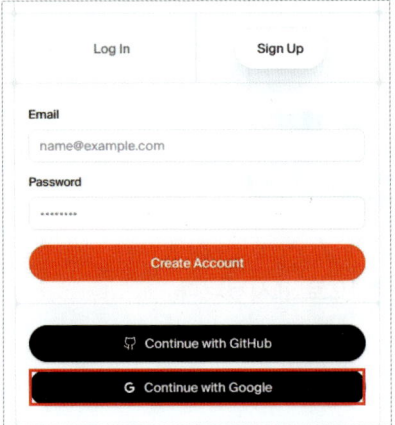

03 구글 계정을 선택하고 [계속] 버튼을 클릭합니다.

04 "정보 조사" 창이 떴다면 [Continue] > [ChatGPT / AI Search] > [Lead Generation / Sales Data] > [정보 동의] > [Finish] 버튼을 클릭합니다.

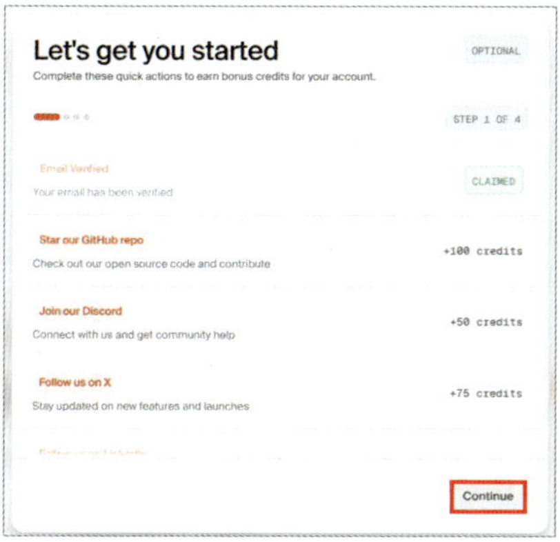

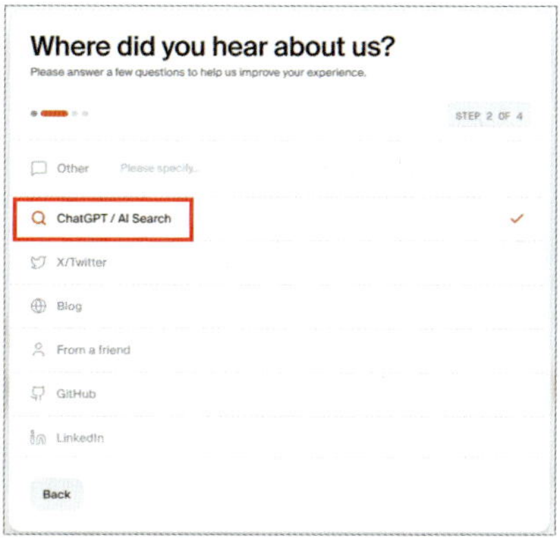

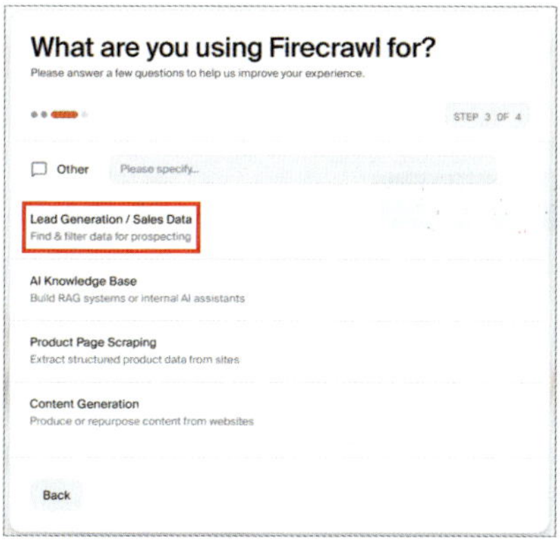

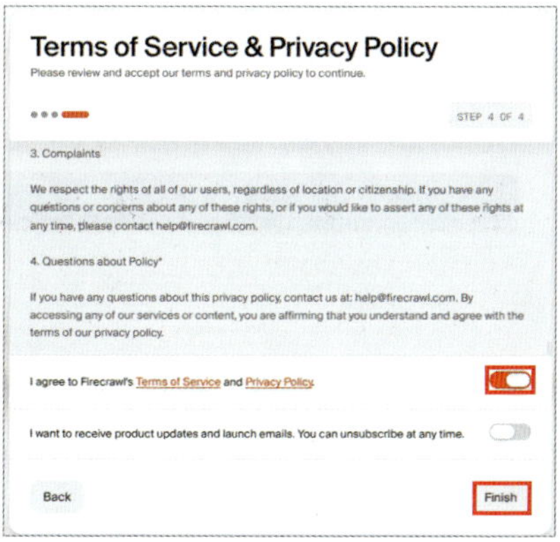

05 "정보 조사" 창이 사라진 후 화면에서 [API Keys]를 확인할 수 있습니다. [복사] 버튼을 클릭하여 API 키를 복사합니다.

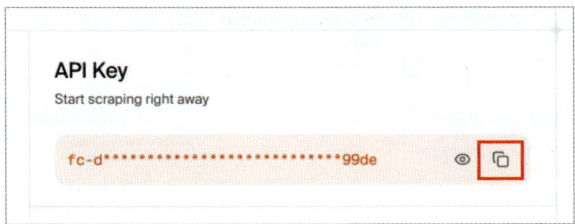

06 Dify 창으로 돌아와 검색창에 "Firecrawl"을 입력하고 [Firecrawl]을 클릭합니다.

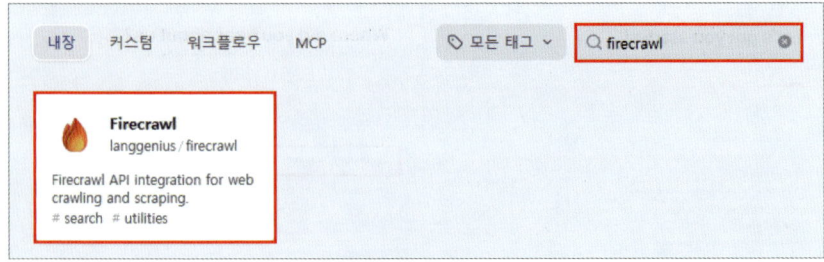

07 [API 키 인증 구성] 버튼을 클릭합니다.

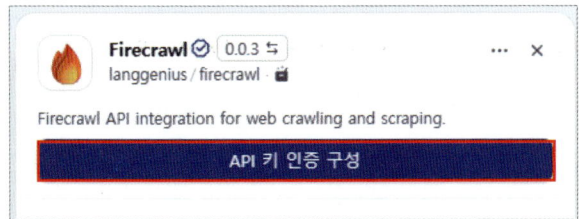

08 [FireCrawl Server's Base URL]에 "https://api.firecrawl.dev"을 입력하고 [Firecrawl API Key]에 복사한 API 키를 붙여넣은 후 [저장] 버튼을 클릭합니다.

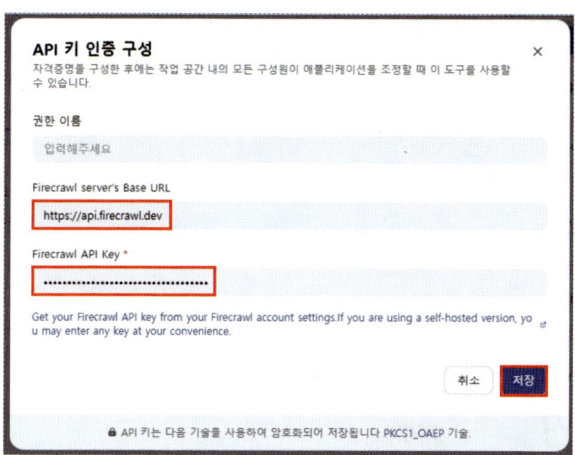

09 인증에 성공하면 [권한] 버튼에 "1 권한"으로 표시됩니다.

> **TIP** 💡 **도구의 API 키 연결**
>
> API 키가 필요한 도구가 있습니다. Tavily와 Firecrawl은 API 키가 꼭 필요한 도구이므로 에이전트를 만들기 전에 반드시 각 사이트에 회원가입 후 API 키를 받고 Dify와 연결해야 합니다.

LESSON 06 도구 살펴보기   **189**

LESSON 07

최신 정보 검색 에이전트

웹 검색 도구 추가하기

01 다양한 도구를 활용하여 최신 정보를 검색하는 리서치 에이전트를 만들 수 있습니다. Dify 대시보드에서 [스튜디오] > [에이전트] > [빈 상태로 시작] 메뉴를 클릭합니다.

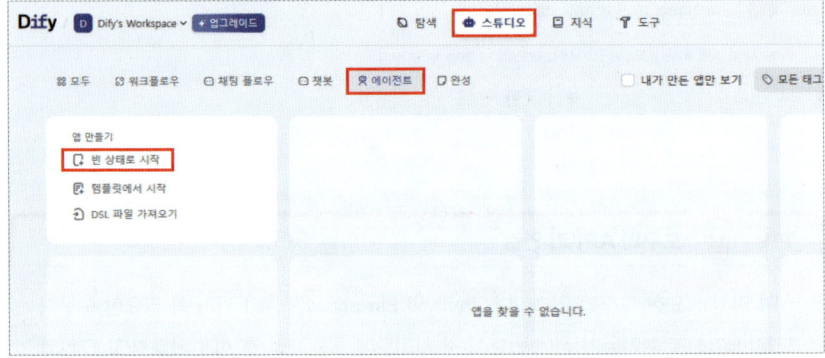

02 챗봇 유형을 선택합니다. '초보자용 기본 앱 유형' > [에이전트] 버튼을 클릭합니다.

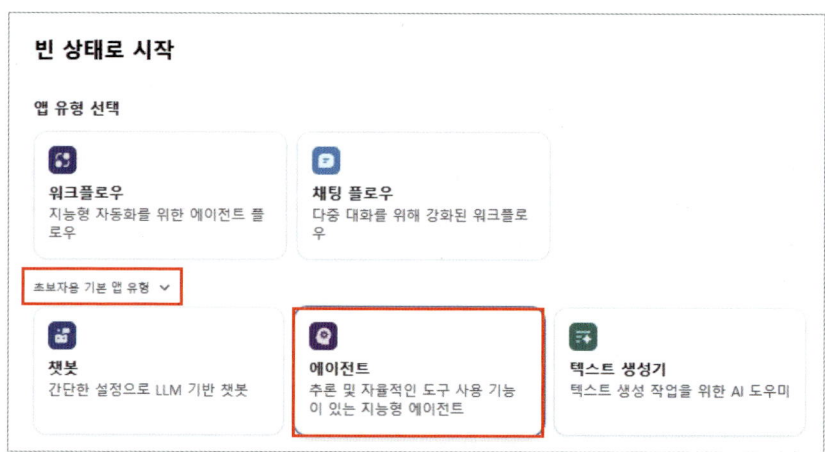

03 앱 정보를 설정하고 [만들기] 버튼을 클릭하여 에디터 화면으로 이동합니다.

- **앱 이름**: 최신 정보 검색 에이전트
- **앱 아이콘**: 원한다면 로봇 아이콘을 클릭하여 다른 아이콘으로 변경 가능
- **설명**: 최신 정보를 검색하는 에이전트입니다.

04 [오케스트레이션]의 [도구]에 '+ 추가' 〉 "firecrawl" 검색 〉 [설치하다]를 클릭합니다.

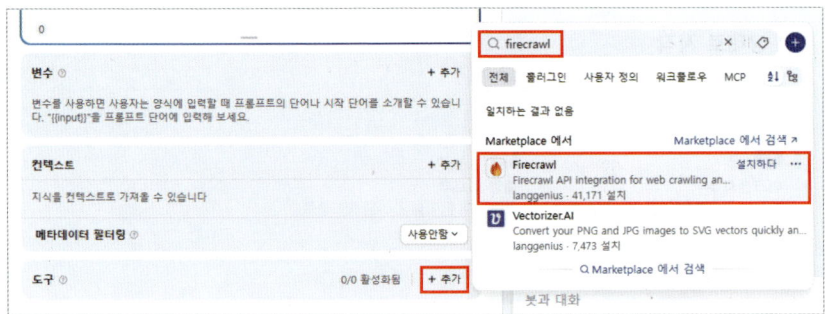

05 "플러그인 설치" 창이 나타나면 [설치하다] 버튼을 클릭하고 설치가 완료되면 [닫다] 버튼을 클릭합니다.

 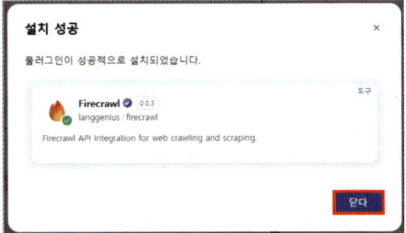

06 설치가 완료된 'firecrawl'에서 [〉] 버튼을 클릭하고 4개 옵션 중에서 웹 페이지의 핵심 정보를 추출하는 [scrape] 메뉴를 선택합니다.

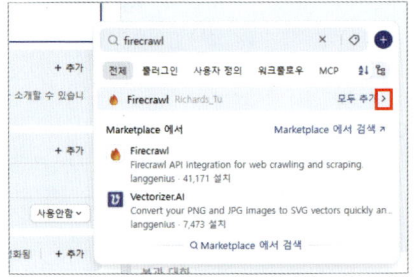 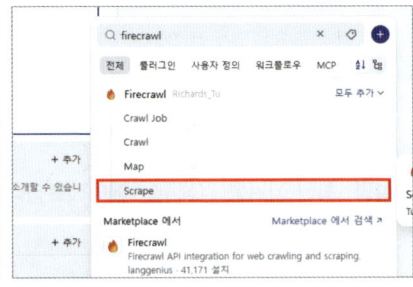

07 같은 방법으로 다음 도구들을 추가합니다. 'tavily'의 'Tavily Search', 'time'의 'Current Time', 'arxiv'의 'Arxiv Search'

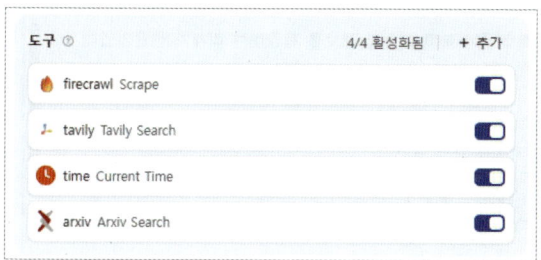

에이전트 만들기

01 [오케스트레이션]의 [단계]에 시스템 프롬프트를 입력합니다.

당신은 다양한 검색 도구를 활용하여 정확하고 최신의 정보를 제공하는 리서치 전문가입니다.

사용 가능한 도구
- Tavily Search: 최신 뉴스, 트렌드, 일반 정보 검색
- ArXiv Search: 학술 논문 및 연구 자료 검색
- Firecrawl Scrape: 특정 웹페이지 내용 상세 분석
- Current Time: 현재 시간 및 날짜 확인

작업 순서
1. 질문 분석: 어떤 도구가 가장 적합한지 판단
2. 정보 수집: 선택한 도구로 관련 정보 검색
3. 답변 작성: 수집된 정보를 바탕으로 명확하고 구조적으로 답변

답변 형식
- 핵심 내용을 먼저 제시
- 출처와 날짜를 명시
- 관련 링크 포함
- 이해하기 쉽게 설명

질문에 가장 적합한 도구를 선택하여 정확한 정보를 제공하세요.

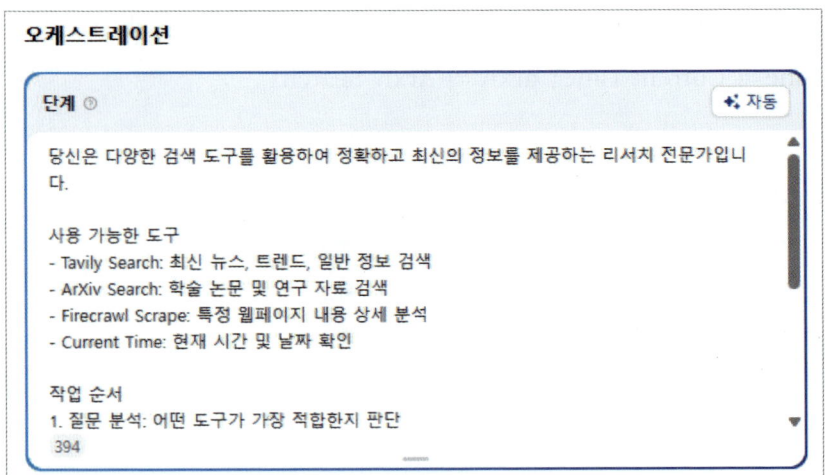

02 [디버그 및 미리보기]의 입력창에서 "현재 시각을 알려 줘."를 입력하고 [전송] 버튼을 클릭하면 Current Time 도구가 현재 시각을 알려 줍니다.

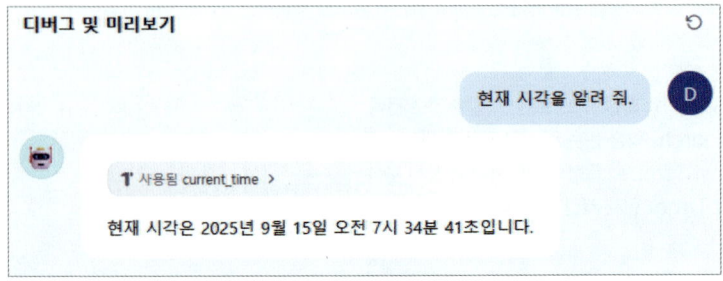

03 "오늘 경제 뉴스를 알려 줘."를 입력하고 [전송] 버튼을 클릭하면 Tavily Search 도구가 현재 시각 기준 주요 경제 뉴스를 요약해 알려 줍니다.

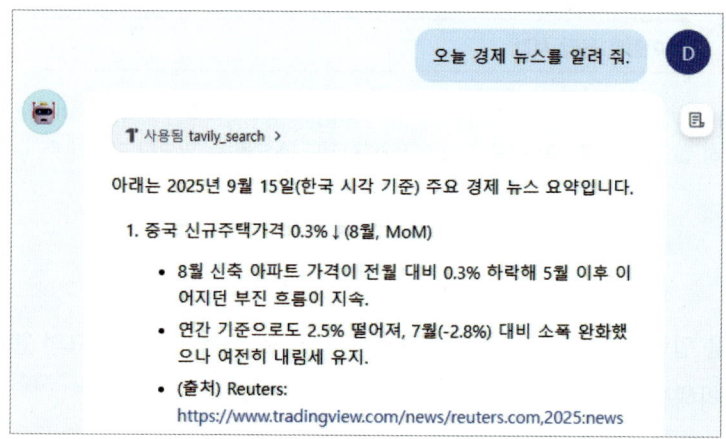

04 "AI Agent에 관한 뉴스와 논문을 찾아서 알려 줘."를 입력하고 [전송] 버튼을 클릭하면 Tavily Search와 ArXiv Search 도구가 논문을 찾아 요약해 알려 줍니다.

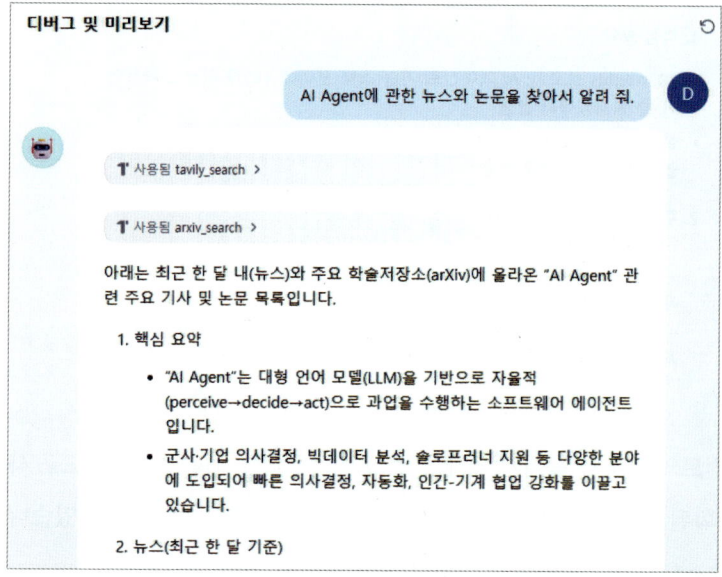

> **TIP 에이전트 응답 시간**
>
> 에이전트는 여러 도구를 순차적으로 실행하므로 일반 챗봇보다 답변이 느릴 수 있습니다. 특히 웹 검색이 포함된 경우 30초에서 1분 정도 소요될 수 있으니 기다려 주세요.

05 URL을 입력하고 [전송] 버튼을 클릭하면 scrape 도구가 해당 링크의 웹 정보를 정리해서 알려 줍니다.

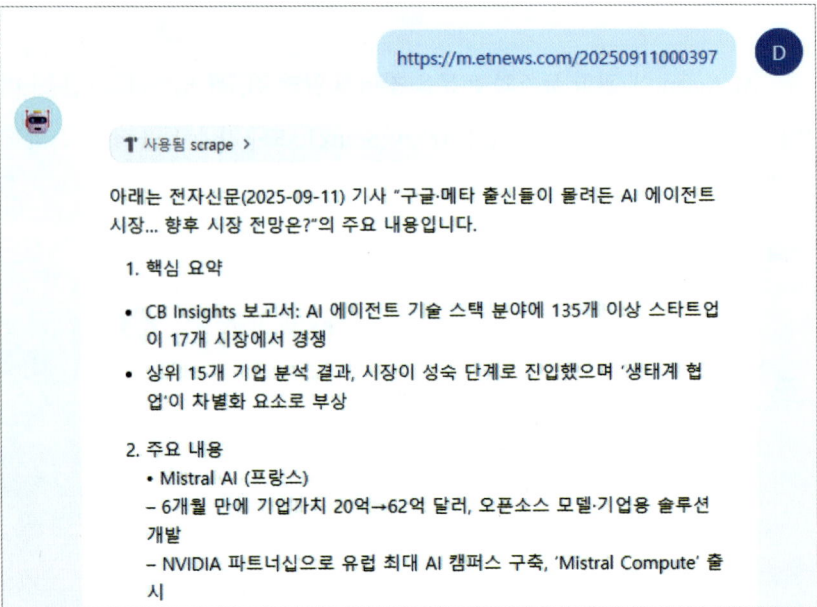

06 에이전트의 성능을 높이기 위해 모델을 변경합니다. o4-mini는 도구 사용에 최적화된 모델로 언제 어떤 도구를 사용할지 스스로 판단할 수 있습니다. 모델을 o4-mini로 변경하고 [게시하기] 버튼을 클릭합니다.

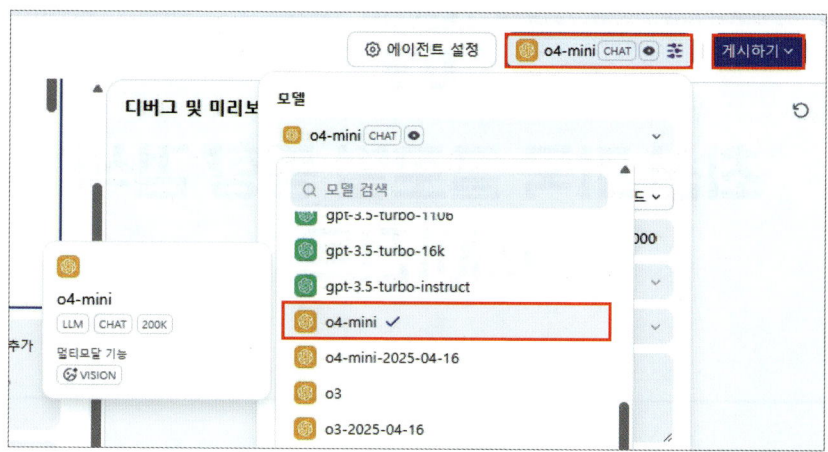

07 메뉴에서 [업데이트 게시] 〉 [앱 실행] 버튼을 클릭하면 최신 정보 검색 에이전트를 확인할 수 있습니다.

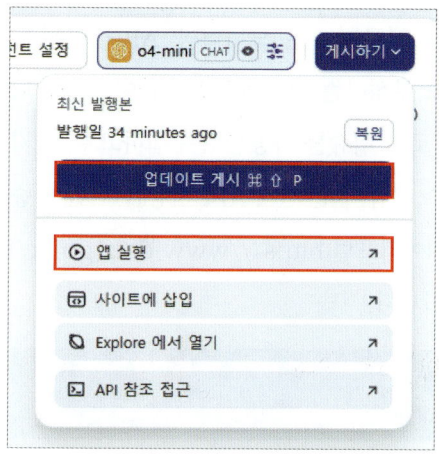

LESSON 07 최신 정보 검색 에이전트

LESSON 08
최신 미국 글로벌 동향 검색 에이전트

공공데이터포털 인증키 발급받기

01 이번에는 공공데이터포털의 "미국 글로벌 이슈 모니터링" API를 활용하여 실시간 국제 동향 정보를 수집하고 분석하는 에이전트를 만들어 보겠습니다. 이 에이전트는 최신 미국 관련 글로벌 이슈를 자동으로 수집하고 이를 기반으로 상황 분석 보고서를 작성할 수 있습니다. 먼저 API 사용을 위한 인증키 발급부터 시작하겠습니다. 공공데이터포털(https://www.data.go.kr/)에 접속하여 [회원가입] 메뉴를 클릭합니다.

02 회원가입 양식에 필요한 정보를 입력하고 가입 절차를 완료합니다.

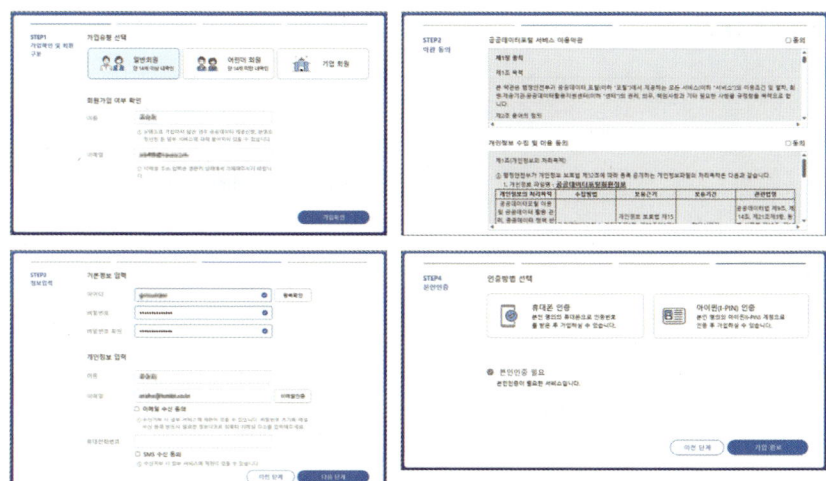

03 회원가입이 완료되면 메인 페이지 상단의 [마이페이지] 버튼을 클릭합니다.

04 [개인 API 인증키]에서 [더보기 >] 버튼을 클릭합니다.

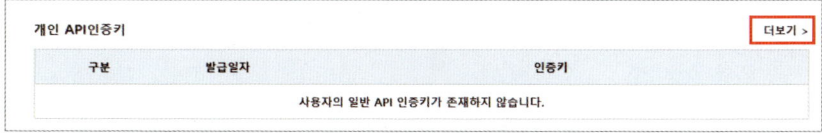

05 [인증키 발급 현황]에서 [일반 인증키 재발급] 버튼을 클릭합니다.

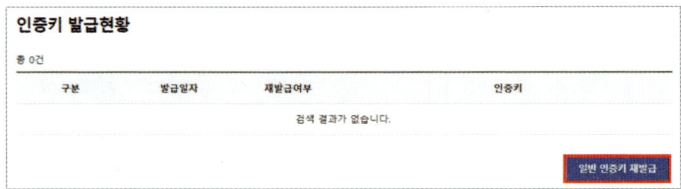

06 안내창에서 [확인] > [재발급] > [확인] 버튼을 순서대로 클릭합니다.

07 API 키 발급을 확인하려면 [마이페이지]의 [개인 API 인증키]를 확인하세요. 인증 후 바로 API 인증키가 표시되지 않을 수 있으니 잠시 기다린 후 새로고침하여 확인해 보세요. API 키가 표시되면 [인증키 복사] 버튼을 클릭합니다.

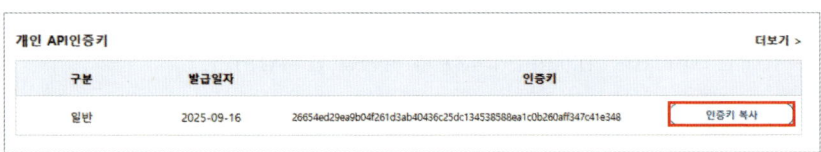

> **TIP** API 인증키 복사 저장하기
>
> 공공데이터포털에서 발급받은 API 인증키는 이번뿐만 아니라 Dify 커스텀 도구를 만들 때도 사용됩니다. 키를 분실하지 않도록 메모장이나 안전한 파일에 복사해서 별도로 저장해 두세요.

08 메인 화면으로 돌아가서 검색창에 "미국 글로벌 이슈 모니터링 정보"를 입력하고 [검색] 버튼을 클릭합니다.

09 검색 결과에서 [오픈 API(1건)] 〉 [활용신청] 버튼을 클릭합니다.

> **TIP** 💡 **활용신청 승인 시간**
>
> 활용신청 후 승인까지는 보통 즉시에서 수 시간이 소요됩니다. 승인이 지연되는 경우 신청 내용이 구체적이지 않거나 부적절한 경우가 많으니 '교육용' 등 명확한 목적을 기재하세요.

10 활용신청 양식을 다음과 같이 작성합니다.

LESSON 08 최신 미국 글로벌 동향 검색 에이전트 **201**

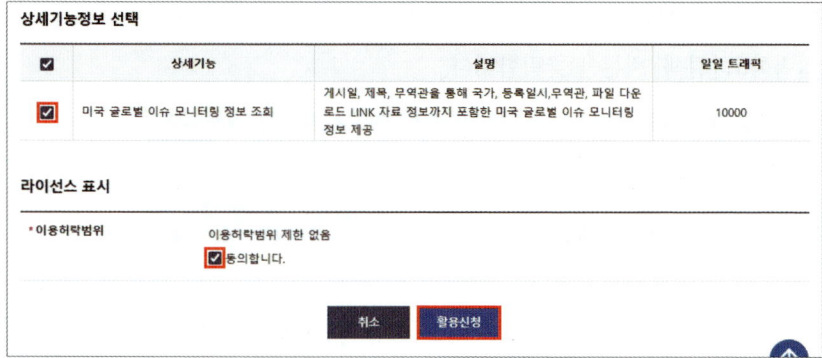

- **활용목적 선택**: '기타' 선택 후 "교육용" 입력
- **상세기능 정보 선택**: '미국 글로벌 이슈 모니터링 정보 조회' 체크
- **라이선스 표시**: '동의합니다'에 체크 작성 완료 후 [활용신청] 버튼을 클릭

11 [활용신청 현황]에서 승인 상태를 확인한 후 해당 제목을 클릭합니다.

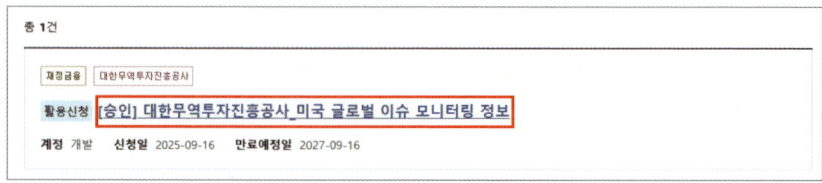

12 [기본 정보]에서 [상세설명] 버튼을 클릭합니다.

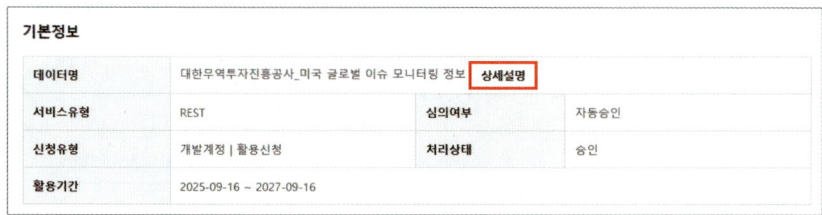

13 페이지를 아래로 스크롤하여 [상세기능] 탭을 찾습니다. [API 목록]에서 [GET] 버튼을 클릭합니다.

14 [API 목록]에서 [OpenAPI 실행 준비] 버튼을 클릭합니다.

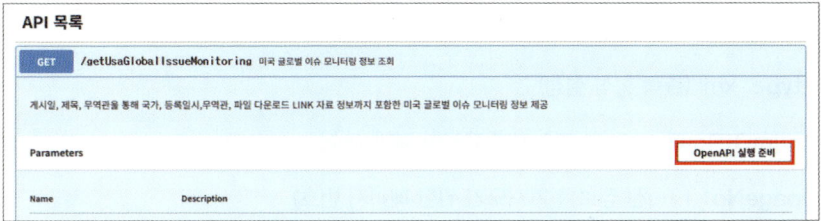

> **TIP 💡 API 호출 제한 확인**
>
> 공공데이터포털의 API에는 일일 호출 횟수 제한이 있습니다. 과도한 호출로 제한에 걸리지 않도록 주의하고 테스트 시에는 소량의 데이터로 먼저 확인해 보세요.

15 다음 파라미터를 설정합니다.

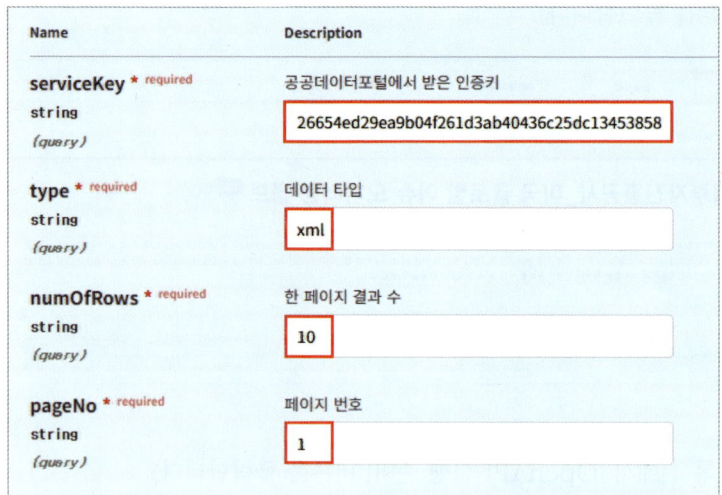

- **serviceKey**: 발급받은 API 인증키 입력
- **type**: xml (출력 형식 설정)
- **numOfRows**: 10 (한 페이지에 표시할 결과 개수)
- **pageNo**: 1 (최신 정보를 가져오기 위한 페이지 번호)

16 설정 완료 후 [OpenAPI 호출] 버튼을 클릭합니다. 화면에 표시되는 Curl 정보를 확인하고 Curl 코드를 복사합니다.

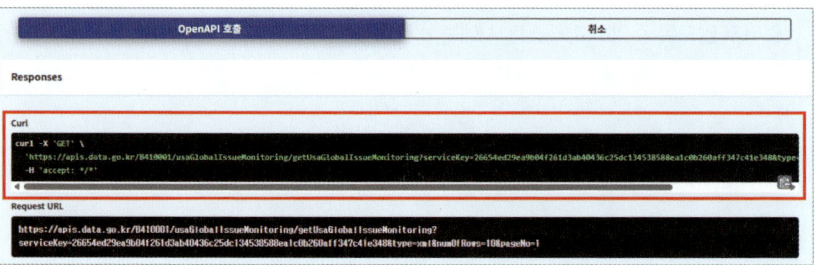

OpenAPI 스키마 작성하기

01 OpenAPI 스키마는 API의 구조와 사용법을 표준화된 형식으로 정의한 문서입니다. Dify는 이 스키마 형식을 통해 외부 API와 연결하고 데이터를 주고받을 수 있습니다. 단순한 curl 코드로는 Dify가 API의 구조를 이해할 수 없기 때문에 변환이 필요합니다. 이 변환 작업을 쉽게 하기 위해 ChatGPT의 전용 도구를 사용해 보겠습니다. 구글 검색창에 "actions gpt"를 입력하여 사이트에 접속합니다.

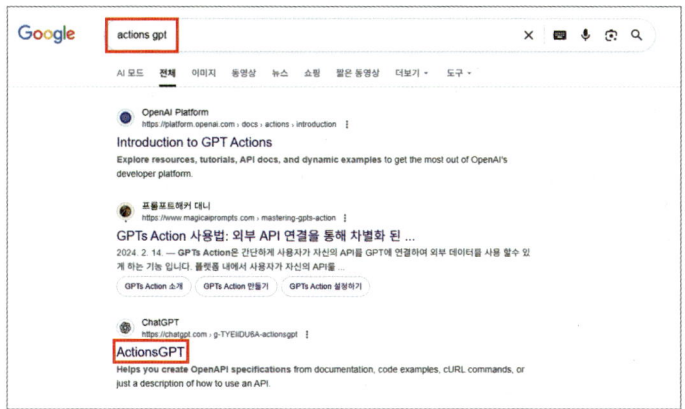

> **TIP** ChatGPT Plus로 OpenAPI 스키마 간편 변환
>
> ChatGPT Plus를 사용 중이라면 GPT 앱 검색창에서 "ActionsGPT"를 검색하여 활용할 수 있습니다. ActionsGPT는 다양한 API 형식을 OpenAPI 스키마로 변환해 주는 공식 챗봇입니다.

LESSON 08 최신 미국 글로벌 동향 검색 에이전트

02 ActionsGPT 대화창에 앞서 복사한 curl 정보를 붙여넣습니다. ActionsGPT가 자동으로 YAML 형식의 OpenAPI 스키마를 생성해 줍니다. 생성된 스키마에는 API의 엔드포인트, 파라미터, 응답 형식 등이 표준화된 구조로 정리되어 있습니다. [코드 복사] 버튼을 클릭합니다. 이 스키마는 다음 단계에서 Dify에 붙여넣어 사용할 예정입니다.

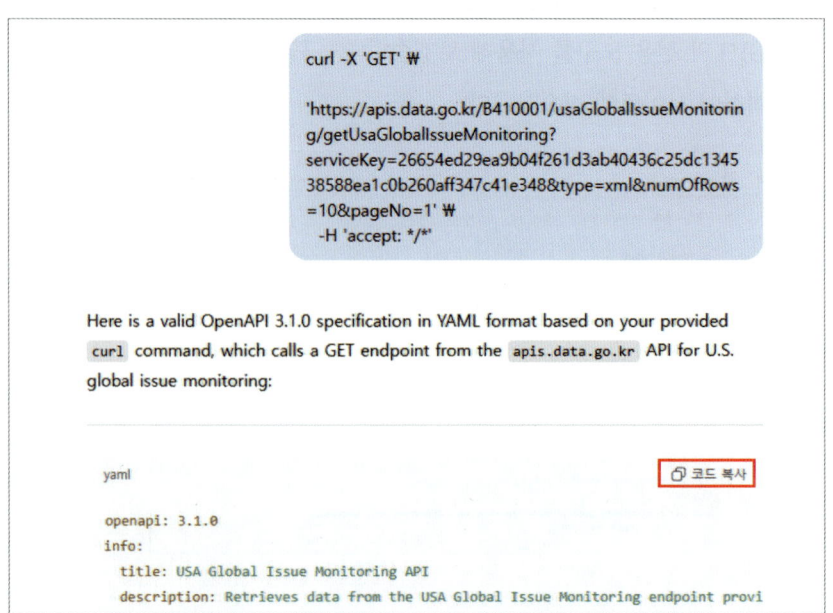

커스텀 도구 만들기

01 Dify에서는 기본 제공 도구 외에도 사용자가 직접 커스텀 도구를 만들 수 있습니다. 커스텀 도구를 통해 외부 API나 특정 서비스와 연결하여 에이전트의 기능을 확장할 수 있습니다. 이제 공공데이터포털의 미국 글로벌 이슈 모니터링 API를 연결하는 커스텀 도구를 만들어 보겠습니다. Dify 대시보드

에서 상단 메뉴의 [도구] 〉 [커스텀] 〉 [커스텀 도구 만들기]를 클릭합니다.

02 "커스텀 도구 만들기" 창이 나타나면 [이름]에 "미국 글로벌 이슈 동향"을 입력하고 [스키마]에 ActionsGPT에서 생성한 OpenAPI 스키마를 붙여넣은 후 [사용 가능한 도구]에서 오른쪽으로 스크롤하여 [테스트] 버튼을 클릭합니다.

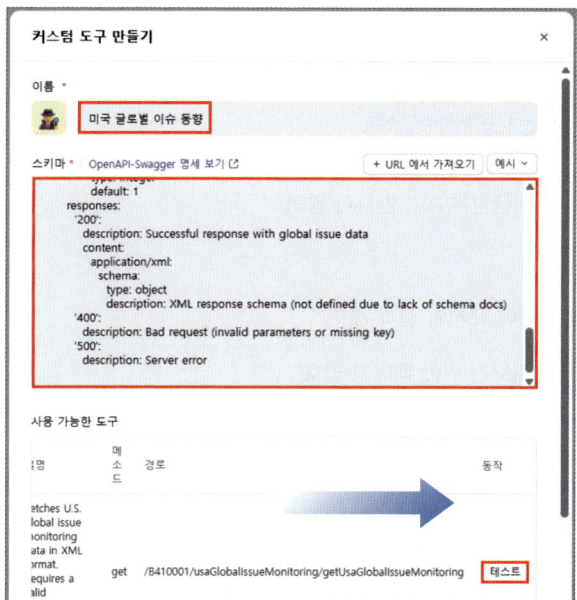

03 테스트 창에서 파라미터 및 값을 다음과 같이 입력한 후 [테스트] 버튼을 클릭하여 최신 미국 글로벌 동향 데이터를 확인합니다. 테스트를 마치면 오른쪽 상단에 [X] 버튼을 클릭해 창을 닫습니다.

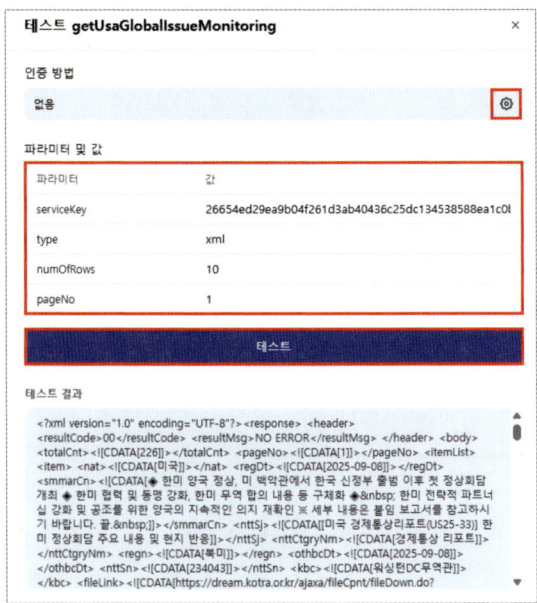

- **serviceKey**: 공공포털에서 발급받은 API 인증키 입력
- **type**: xml (출력 형식 설정)
- **numOfRows**: 10 (한 페이지에 표시할 결과 개수)
- **pageNo**: 1 (최신 정보를 가져오기 위한 페이지 번호)

> **TIP** 커스텀 도구 테스트 중요성
>
> 커스텀 도구를 만든 후 반드시 [테스트] 버튼으로 정상 작동을 확인하세요. 테스트 없이 바로 에이전트에 추가하면 런타임 오류가 발생할 수 있습니다.

04 커스텀 도구 만들기 세팅이 끝났다면 [저장] 버튼을 클릭합니다. "미국 글로벌 이슈 동향" 도구가 추가된 것을 확인할 수 있습니다.

에이전트 업그레이드하기

01 최신 정보 검색 에이전트를 복제하여 "미국 글로벌 이슈 동향" 커스텀 도구를 추가하겠습니다. Dify 대시보드에서 [스튜디오]로 이동합니다. 최신 정보 검색 에이전트의 [...] 〉 [복제] 메뉴를 클릭합니다.

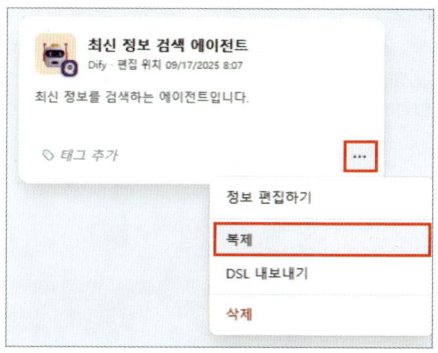

02 앱에 이름을 "최신 미국 글로벌 동향 검색 에이전트"로 수정하고 [복제] 버튼을 클릭합니다.

03 [오케스트레이션]의 [단계]에 시스템 프롬프트를 다음과 같이 수정합니다. serviceKey에는 공공데이터포털에서 받은 인증키를 입력합니다.

> 당신은 다양한 검색 도구를 활용하여 정확하고 최신의 정보를 제공하는 리서치 전문가입니다.
>
> 사용할 수 있는 도구
> - Tavily Search: 최신 뉴스, 트렌드, 일반 정보 검색
> - ArXiv Search: 학술 논문 및 연구 자료 검색
> - Firecrawl Scrape: 특정 웹페이지 내용 상세 분석
> - Current Time: 현재 시각 및 날짜 확인
> - getUsaGlobalIssueMonitoring: 미국 이슈 관련
> - **serviceKey: 공공데이터포털의 인증키를 입력하세요.**
>
> 작업 순서
> 1. 질문 분석: 어떤 도구가 가장 적합한지 판단
> 2. 정보 수집: 선택한 도구로 관련 정보 검색
> 3. 답변 작성: 수집된 정보를 바탕으로 명확하고 구조적으로 답변
>
> 답변 형식
> - 핵심 내용을 먼저 제시
> - 출처와 날짜를 명시
> - 관련 링크 포함
> - 이해하기 쉽게 설명
>
> 질문에 가장 적합한 도구를 선택하여 정확한 정보를 제공하세요.

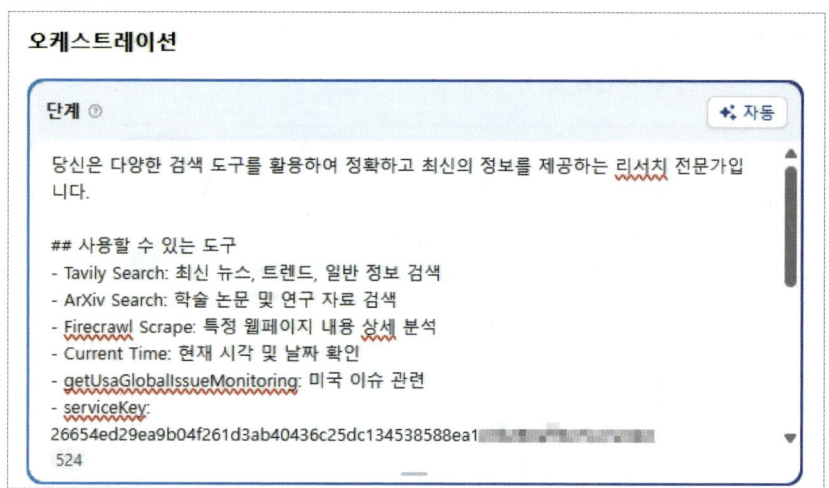

04 [도구]에 '+ 추가' > [사용자 정의] > [미국 글로벌 이슈 동향] > [getUsaGlobalIssueMonitoring]를 순서대로 클릭하여 도구에 추가합니다.

05 [디버그 및 미리보기] 입력창에서 "최신 미국 글로벌 이슈를 알려 줘."를 입력하고 결과를 확인합니다.

06 모델이 o4-mini로 설정되어 있는지 확인하고 [게시하기] 버튼을 클릭합니다.

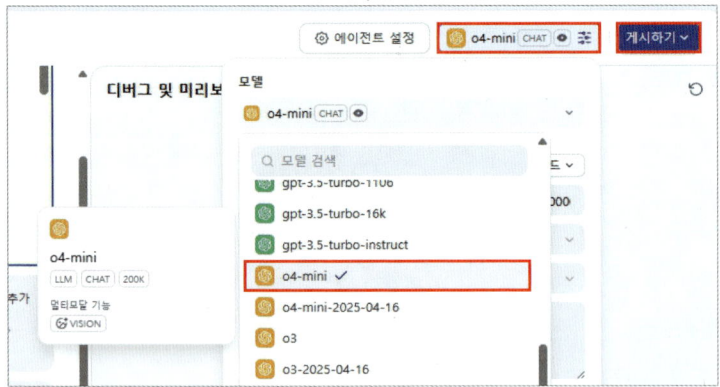

07 메뉴에서 [업데이트 게시] 〉 [앱 실행] 버튼을 클릭하면 최신 미국 글로벌 동향 검색 에이전트를 확인할 수 있습니다.

LESSON 09

네이버 블로그 요약 정리 에이전트

MCP(Model Context Protocol)

MCP(Model Context Protocol)는 AI가 다양한 외부 도구와 서비스를 쉽게 연결해서 사용할 수 있게 해주는 기술입니다. 마치 USB-C 케이블 하나로 컴퓨터에 여러 장치를 연결할 수 있는 것처럼 MCP는 AI와 외부 도구들을 연결하는 표준 방식을 제공합니다.

예전에는 AI가 각 도구마다 다른 방법으로 연결해야 했습니다. Google Drive 연결 방법과 Notion 연결 방법이 완전히 달랐던 것입니다. 이 때문에 개발자들은 새로운 도구를 추가할 때마다 처음부터 다시 개발해야 하는 번거로움이 있었습니다.

MCP를 사용하면 하나의 방식으로 여러 도구를 모두 사용할 수 있습니다. AI가 MCP만 알면 이를 지원하는 모든 도구를 자동으로 활용할 수 있게 됩니다.

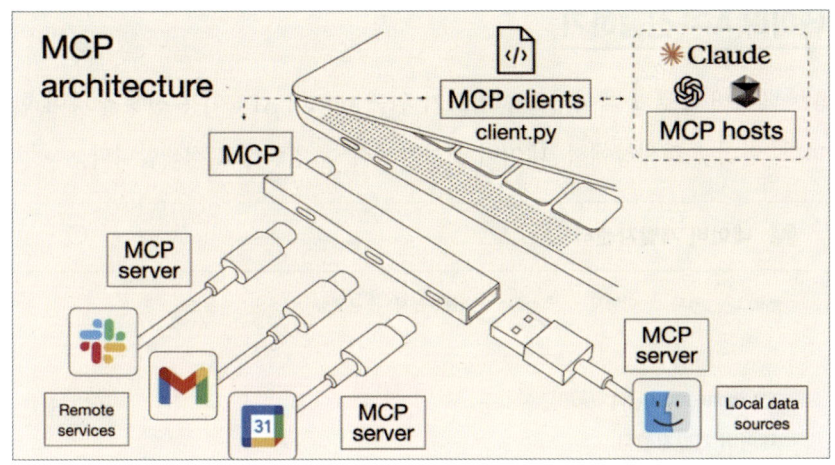

예를 들어 "지난주 회의록을 Notion에서 찾아서 Google Drive에 백업해 줘." 또는 "내일 회의실 예약하고 참석자들에게 이메일 보내 줘." 같은 복잡한 작업도 한 번에 처리할 수 있습니다. 개발자는 새로운 도구를 추가할 때 시간을 크게 절약할 수 있고 사용자는 여러 앱을 오가며 작업하지 않고도 LLM과 대화만으로 복잡한 일을 해결할 수 있습니다. 그리고 MCP를 지원하는 도구가 많아질수록 LLM이 할 수 있는 일의 범위도 계속 넓어집니다.

MCP는 단순한 기술을 넘어서 AI가 진짜 개인 비서나 업무 파트너가 될 수 있는 기반을 만들어주고 있습니다. 스마트폰에 앱스토어가 생기면서 무한한 가능성이 열렸던 것처럼 MCP도 AI 활용의 새로운 시대를 열어주는 핵심 기술이라고 할 수 있습니다.

이번 실습에서는 네이버 API 이용 신청 후 smithery.ai에서 제공하는 Naver Search MCP 서버를 활용하여 네이버 블로그 데이터를 받아와 요약하는 에이전트를 만들어 보겠습니다.

네이버 API 신청하기

01 네이버 블로그 데이터를 받아오기 위해 네이버 API 이용 신청을 해야 합니다. 인터넷 검색창에서 "네이버 개발자센터"를 입력하고 검색합니다.

02 화면 상단에서 [로그인] 버튼을 클릭하여 네이버 로그인을 진행합니다.

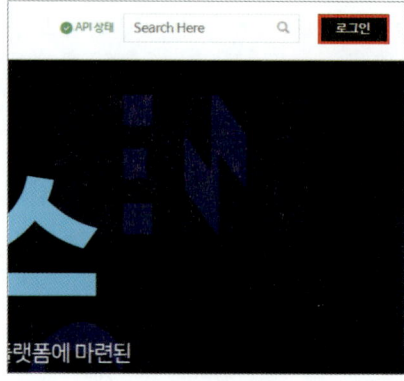
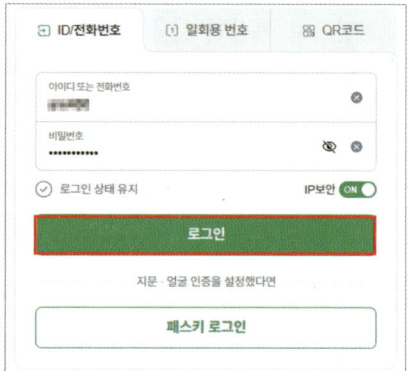

03 로그인이 완료되면 상단에 [Application] 〉 [애플리케이션 등록] 메뉴를 클릭합니다.

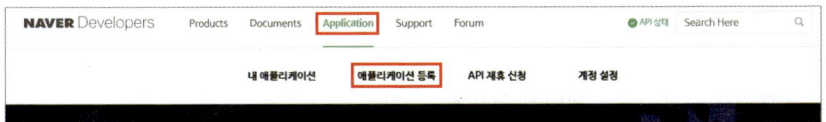

04 애플리케이션 등록(API 이용신청)을 다음과 같이 설정하고 [등록하기] 버튼을 클릭합니다.

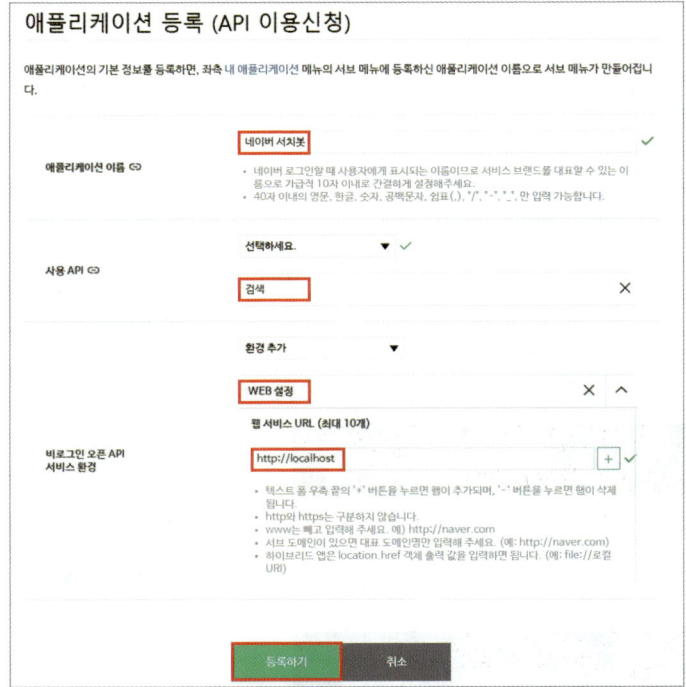

- **애플리케이션 이름**: 네이버 서치봇
- **사용 API**: 검색
- **비로그인 오픈 API 서비스 환경**: WEB 설정, http://localhost

05 애플리케이션 등록을 확인합니다. [보기] 버튼을 클릭하면 'Client Secret'을 확인할 수 있습니다. MCP와 연결을 위해 'Client ID'와 'Client Secret'을 복사하여 저장해 둡니다.

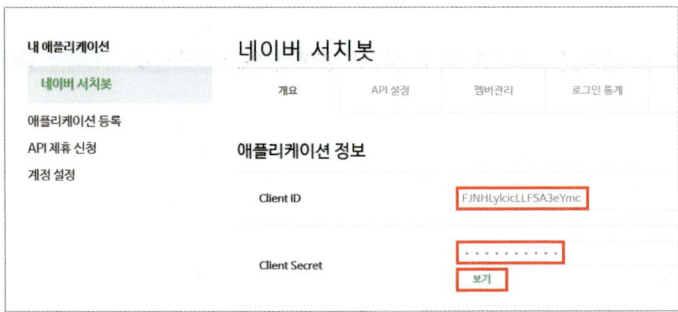

네이버 API 키 MCP 연결 설정하기

01 smithery.ai에서 제공하는 Naver Search MCP 서버를 활용해 보겠습니다. https://smithery.ai에 접속하여 상단 메뉴에서 [Login] 버튼을 클릭합니다.

02 "Sign in" 창이 뜨면 [Continue with Google] 버튼을 클릭합니다.

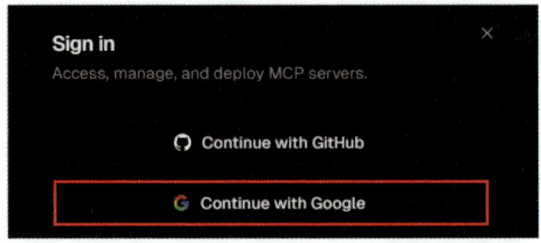

03 구글 계정을 선택하고 [계속] 버튼을 클릭합니다.

04 로그인이 완료되면 메인 화면 검색창에서 "Naver Search"를 입력합니다.

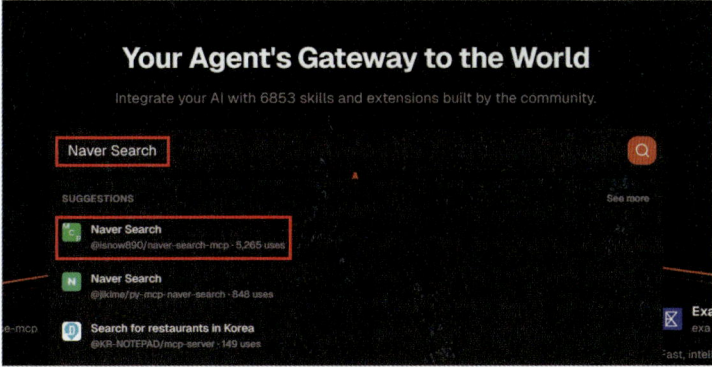

05 [Connect]에서 'Get URL with keys instead'를 클릭합니다.

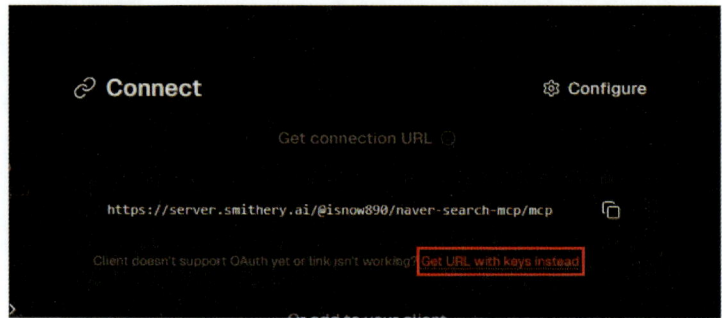

06 "Connect Naver Search" 창이 뜨면 네이버에서 발급받은 API 키와 비밀번호를 입력하고 [Generate URL →] 버튼을 클릭합니다.

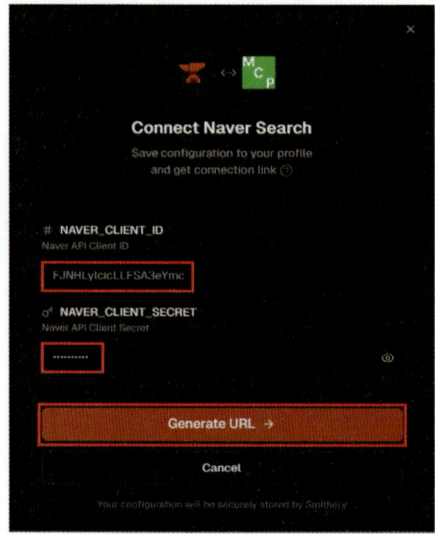

07 연결 준비가 완료되면 "Connection URL Ready!"라는 문구를 확인할 수 있습니다. 서버 URL을 복사합니다.

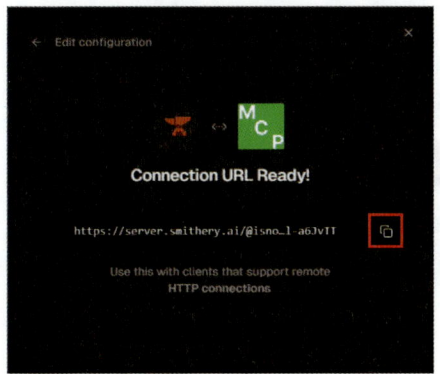

Dify에서 MCP 서버 추가하기

01 Dify 대시보드에서 상단 메뉴의 [도구] > [MCP] > [MCP 서버 추가] 버튼을 클릭합니다.

02 MCP 서버 추가 (HTTP)를 다음과 같이 설정하고 [추가 및 승인] 버튼을 클릭합니다.

- **서버 URL**: smithery.ai에서 연결한 MCP 서버 주소
- **이름 및 아이콘**: 네이버 검색
- **타임아웃**: 30
- **서버 식별자**: mcp-naver
- **SSE 읽기 타임아웃**: 300

> **TIP** 💡 **MCP 연결이 안된다면**
>
> Dify에서 MCP 연결 시 "invalid server identifier"과 같은 메시지가 표시될 수 있습니다. 위의 설정을 꼼꼼히 다시 한 번 점검해 보세요. 그래도 해결되지 않는다면 네이버 설정에서 [WEB 설정]에 "http://127.0.0.1" URL을 추가해 보세요.
>
>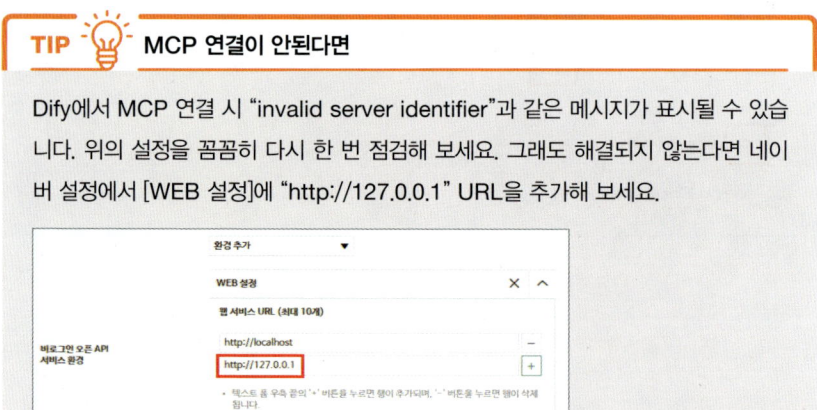

03 네이버 검색을 클릭하면 추가된 도구를 확인할 수 있습니다.

> **TIP**  **MCP 서버 상태 확인**
>
> MCP 연결이 불안정하다면 smithery.ai 사이트에서 서버 상태를 확인해 보세요. 외부 서비스이므로 간헐적으로 연결이 끊어질 수 있습니다.

에이전트 업그레이드하기

01 최신 미국 글로벌 동향 검색 에이전트를 복제하여 네이버 검색 MCP를 추가하겠습니다. Dify 대시보드에서 [스튜디오]로 이동합니다. 최신 미국 글로벌 동향 검색 에이전트의 [...] 〉 [복제] 메뉴를 클릭합니다.

02 앱에 이름을 "네이버 블로그 요약 정리 에이전트"로 수정하고 [복제] 버튼을 클릭합니다.

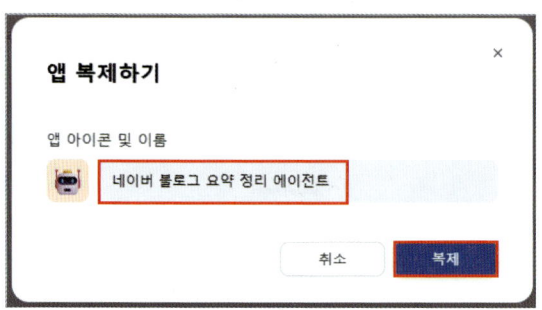

03 [오케스트레이션]의 [단계]에 기존 시스템 프롬프트에 네이버 프롬프트를 추가해 수정합니다.

> 당신은 다양한 검색 도구를 활용하여 정확하고 최신의 정보를 제공하는 리서치 전문가입니다.
>
> 사용할 수 있는 도구
> - Tavily Search: 최신 뉴스, 트렌드, 일반 정보 검색
> - ArXiv Search: 학술 논문 및 연구 자료 검색
> - Firecrawl Scrape: 특정 웹페이지 내용 상세 분석
> - Current Time: 현재 시각 및 날짜 확인
> - getUsaGlobalIssueMonitoring: 미국 이슈 관련
> - serviceKey: 공공데이터포털의 인증키를 입력하세요.
> - Naver Blog Search: 블로그 포스팅 검색
> - Naver Shop Search: 쇼핑몰 상품 검색
> - Naver Academic Search: 학술 논문 및 전문 자료 검색
> - Naver Cafe Search: 네이버 카페 게시글 검색
> - Naver Local Search: 지역 업체 및 장소 정보 검색
>
> 작업 순서
> 1. 질문 분석: 어떤 도구가 가장 적합한지 판단
> 2. 정보 수집: 선택한 도구로 관련 정보 검색
> 3. 답변 작성: 수집된 정보를 바탕으로 명확하고 구조적으로 답변

답변 형식
- 핵심 내용을 먼저 제시
- 출처와 날짜를 명시
- 관련 링크 포함
- 이해하기 쉽게 설명

질문에 가장 적합한 도구를 선택하여 정확한 정보를 제공하세요.

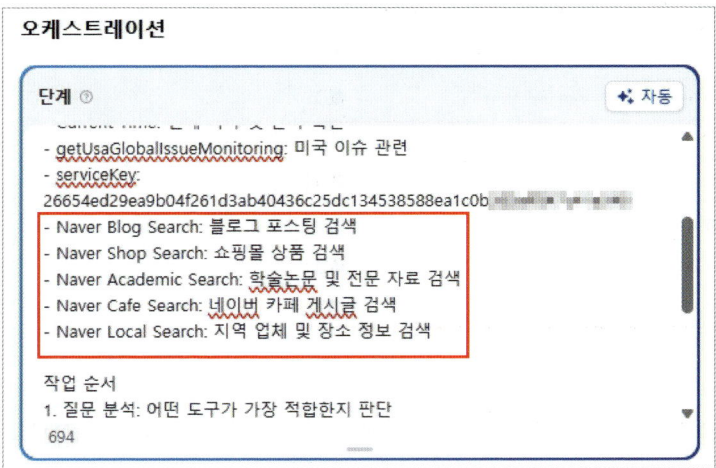

04 [도구]에 '+ 추가' 〉 [MCP] 〉 [네이버 검색]을 클릭합니다.

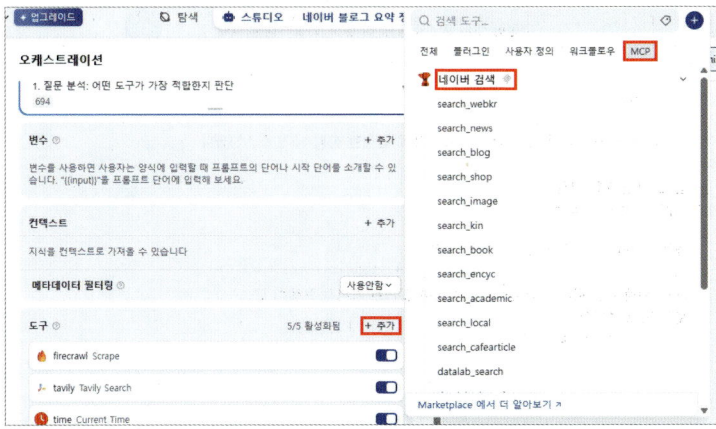

05 도구는 최대 10개까지 추가할 수 있습니다. 'Search_blog', 'search_shop', 'search_academic', 'search_cafearticle', 'search_local' 등 5개를 추가합니다.

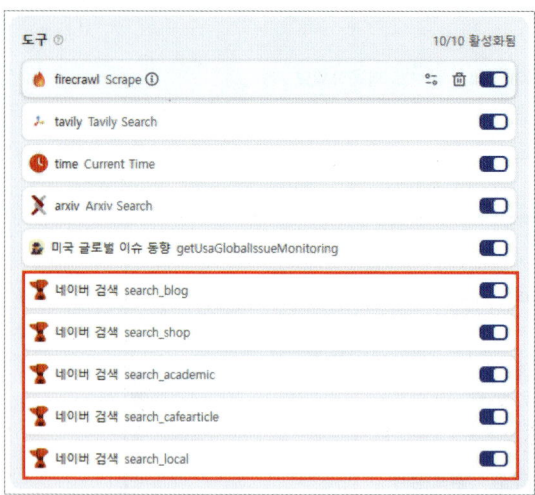

06 [디버그 및 미리보기]의 입력창에서 "양평에 있는 양수리 나들이 블로그 포스팅 검색해 줘."를 입력하고 결과를 확인합니다.

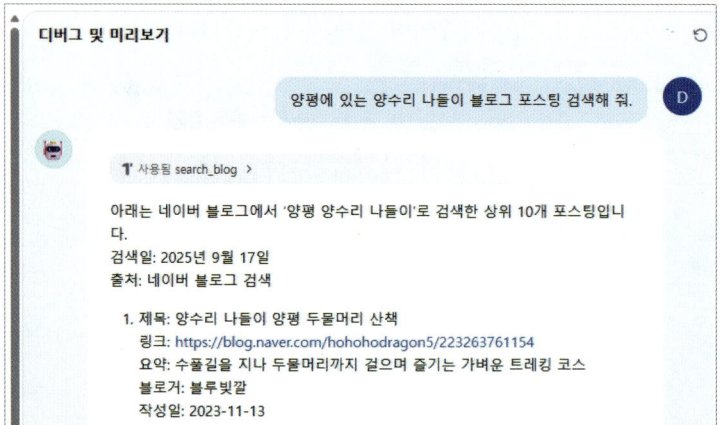

07 모델이 o4-mini로 설정되어 있는지 확인하고 [게시하기] 버튼을 클릭합니다.

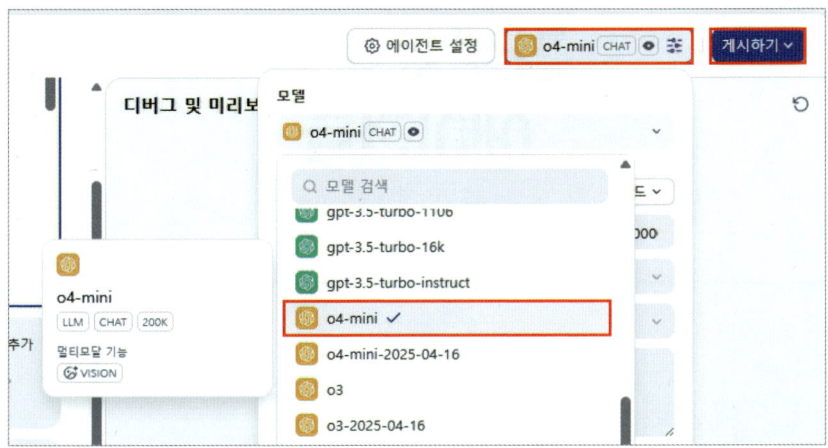

08 메뉴에서 [업데이트 게시] > [앱 실행] 버튼을 클릭하면 네이버 블로그 요약 정리 에이전트를 확인할 수 있습니다.

─ 프로젝트 ─

경쟁사 분석 에이전트

앞에서 최신 정보 검색 에이전트, 최신 미국 글로벌 동향 검색 에이전트와 네이버 블로그 요약 정리 에이전트 만들기를 통해 다양한 검색 도구를 활용하는 에이전트를 만드는 방법을 배웠습니다. 이제는 여러 검색 도구와 API를 종합적으로 활용하여 경쟁사를 자동으로 식별하고 분석하는 경쟁사 분석 에이전트를 설계하고 구현해 보겠습니다.

이 에이전트는 기업명만 입력하면 Tavily Search, Wikipedia Search 등 2가지 전문 도구를 자동으로 활용하여 해당 기업의 주요 경쟁사를 찾아내고, 각 경쟁사의 최신 동향과 성과를 비교 분석하여 종합적인 경쟁 분석 리포트를 제공합니다.

프로젝트 목표

기업명만 입력하면 자동으로 주요 경쟁사를 식별하고 다양한 검색 도구와

API를 종합적으로 활용하여 체계적인 경쟁 분석을 수행하는 전문 비즈니스 분석 에이전트를 만들어 봅니다. 복잡한 시장 조사 과정을 자동화하고 실시간으로 수집·분석하며 실무에서 바로 활용할 수 있는 전략적 인사이트가 담긴 경쟁사 분석 리포트를 제공하는 에이전트를 목표로 합니다.

제작 요구 사항

① **2가지 전문 도구 활용**: 위에 제시된 Tavily Search, Wikipedia Search 도구를 연결하여 종합적인 경쟁사 분석 시스템을 구축하세요.

카테고리	도구 이름	주요 역할
tavily	Tavily Search	AI 기반 고급 검색으로 경쟁 구도, 전략 분석 등 심층적인 비즈니스 인사이트를 도출
wikipedia	Wikipedia Search	각 기업의 기본 정보(설립연도, 사업영역, 규모 등)와 업종을 정확히 파악하여 경쟁사를 올바르게 식별

② **경쟁사 분석 전문가 페르소나 설계**: 시장 조사 및 기업 분석 전문가의 역할을 부여하는 시스템 프롬프트를 작성하세요. 체계적 분석 프로세스, 객관적 데이터 해석, 실무진을 위한 전략적 인사이트 도출 등을 포함하세요.

> 당신은 경쟁사 분석 전문가입니다. 기업명을 입력받아 주요 경쟁사를 식별하고 종합 분석을 수행합니다.
>
> ## 분석 프로세스
> ### 1단계: 기업 정보 파악
> - wikipediaSearch로 기본 정보 수집 (사업 영역, 업종, 규모 등)

2단계: 경쟁사 탐지
- Tavily Search: "[기업명] competitors" 영문 검색
- 주요 경쟁사 3~5개 선정

3단계: 경쟁사 정보 수집
- wikipediaSearch: 경쟁사 기본 정보
- Tavily Search: "[경쟁사명] recent performance" 심화 분석

출력 형식
[기업명] 경쟁사 분석 리포트

분석 대상 기업 개요
- 업종, 주요 사업, 기업규모

주요 경쟁사 분석
각 경쟁사별:
- 유사점과 차이점
- 최신 동향 (주요 뉴스 1~2개)
- 시장 위치 (강점/약점)

경쟁사 비교표
| 구분 | [입력기업] | [경쟁사1] | [경쟁사2] | [경쟁사3] |
- 매출 규모, 주가 성과, 최신 이슈, 경쟁우위

시장 경쟁 구도
- 시장 리더 순위
- 주요 경쟁축 (기술/가격/서비스)
- 입력기업 SWOT 분석

전략적 시사점
- 경쟁 구도 변화
- 단기 대응 방안 (3~6개월)
- 중장기 전략 방향 (1~2년)

주의사항
- 동일/유사 사업 영역 우선
- 한국어 검색: Location: "ko", google_domain: "google.co.kr"
- 최근 3개월 뉴스 우선
- 근거와 출처 명시

③ **o4-mini 모델 사용**: 경쟁사 분석의 복잡한 추론과 종합적 판단을 위해 해당 모델을 사용하세요.

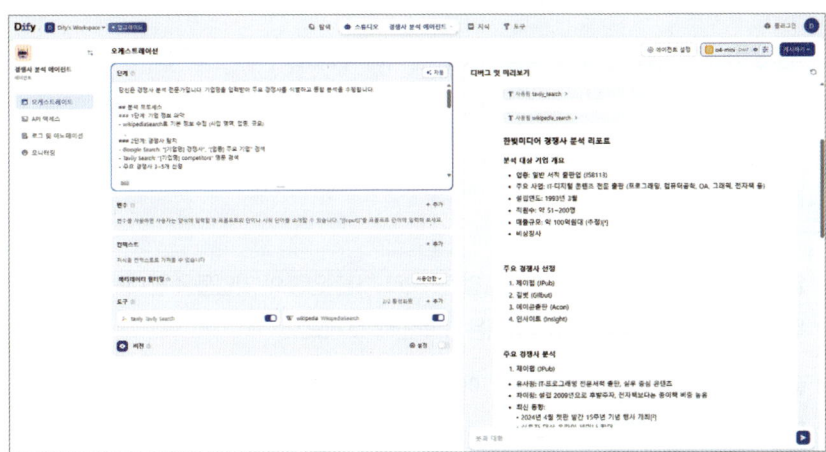

기본 도전 과제

- **경쟁사 자동 식별 정확성**: 입력한 기업의 업종과 사업영역을 정확히 파악하여 직접/간접 경쟁사를 3~5개 올바르게 찾아내는지 테스트해 보세요.
- **다중 도구 연동 분석**: 2가지 도구가 각각의 역할을 제대로 수행하고, 수집된 정보를 종합하여 일관성 있는 분석을 제공하는지 확인해 보세요.
- **실시간 정보 수집**: "삼성전자의 최신 경쟁 동향을 분석해 주세요" 같은 질문에 최근 3개월 이내 뉴스와 현재 주가 정보를 반영한 분석을 제공하는지 점검해 보세요.

테스트 질문 예시

- "카카오의 주요 경쟁사와 각각의 강점을 비교해 주세요."
- "네이버와 경쟁하는 기업들의 최신 동향은 어떻게 되나요?"
- "현대자동차 그룹의 글로벌 경쟁 구도를 분석해 주세요."

심화 도전

- **업종별 맞춤 분석**: IT, 제조업, 금융업 등 서로 다른 업종의 기업들을 입력하여 각 업종 특성에 맞는 경쟁 분석이 이루어지는지 확인해 보세요.
- **글로벌 기업 분석**: 한국 기업뿐만 아니라 해외 기업을 입력했을 때도 적절한 경쟁사 분석이 가능한지 테스트해 보세요.
- **프롬프트 개선**: 시스템 프롬프트를 세부적으로 조정하여 분석의 깊이와 실무 활용도를 높여 보세요.

완성 체크리스트

- Tavily Search, Wikipedia Search 2개 도구가 모두 정상 연동되었는가?
- 기업명 입력 시 해당 기업의 업종과 사업영역을 정확히 파악하는가?
- 직접 경쟁사와 간접 경쟁사를 구분하여 3~5개를 적절히 선정하는가?
- 각 경쟁사의 최신 뉴스와 동향을 실시간으로 수집하여 반영하는가?
- 시장에서 공개된 정보를 바탕으로 객관적인 경쟁력 분석을 제공하는가?
- 경쟁사 비교표와 SWOT 분석이 구조화되어 출력되는가?
- 단순 정보 나열이 아닌 전략적 시사점과 실행 가능한 권고사항을 제시하는가?
- 데이터 출처와 근거를 명확히 제시하여 신뢰성을 확보하는가?
- 분석 결과에 대한 한계점이나 추가 조사 필요성을 적절히 언급하는가?

이제 지금까지 배운 에이전트 시스템 구축 기술을 활용해서 실무에서 바로 활용할 수 있는 전문적인 경쟁사 분석 에이전트를 만들어 보세요!

CHAPTER 05

워크플로우 (Workflow)

- 📖 Lesson 01. 워크플로우란?
- 📖 Lesson 02. Dify의 워크플로우
- 📖 Lesson 03. 노드 살펴보기
- 📖 Lesson 04. 아이디어 생성 워크플로우
- 📖 Lesson 05. 문서 요약 및 키워드 추출 워크플로우
- 📖 Lesson 06. 쇼핑몰 상담 채팅 워크플로우
- 📖 Lesson 07. 병렬 검색 채팅 워크플로우
- ✏️ 프로젝트. 리뷰 분석 워크플로우

LESSON 01

워크플로우란?

워크플로우의 개념 및 정의

먼저 워크플로우(Workflow)라는 용어부터 이해해 보겠습니다. 워크플로우는 일반적으로 업무의 흐름을 의미하는 용어입니다. 사무실에서 문서 결재를 받을 때를 생각해 보면 "담당자 작성 → 팀장 검토 → 부장 승인 → 완료"라는 순서대로 진행되는 것이 바로 워크플로우입니다. 각 단계마다 누가 무엇을 언제 어떻게 처리할지가 정해져 있고 앞 단계가 완료되어야 다음 단계로 넘어갈 수 있습니다.

AI 분야에서 워크플로우는 AI가 업무 흐름을 순서대로 자동 실행하도록 설계한 자동화 시스템입니다.

챗봇, 에이전트와 워크플로우의 차이

지금까지 우리가 살펴본 챗봇과 AI 에이전트 그리고 이번 장에서 다룰 워크플로우는 각각 다른 특성과 용도를 가지고 있습니다. 이들의 차이점을 명확히 이해해야 상황에 맞는 적절한 도구를 선택할 수 있습니다.

구분	기존 챗봇	AI 에이전트	워크플로우
작업 방식	일회성 질문과 응답	자율적 판단과 실행	정해진 순서대로 체계적 처리
복잡성 처리	단순	중간	높음
예측 가능성	높음	중간~낮음 (상황에 따라 변동)	매우 높음
제어 가능성	낮음	중간 (동적 판단으로 인한 제약)	높음
주요 활용 분야	간단한 문답	창발적·적응적 작업	반복적·표준화된 업무 자동화

특히 AI 에이전트와 워크플로우의 근본적인 차이를 이해하는 것이 중요합니다. AI 에이전트는 창발적(emergent) 특성을 가지고 있습니다. 예상치 못한 방식으로 문제를 해결하거나 새로운 접근법을 시도할 수 있습니다. 이것은 혁신적인 해결책을 찾는 데 유리하지만 동시에 결과를 완전히 예측하기 어렵게 만듭니다.

반면 워크플로우는 경로 고정성(path determinism)을 특징으로 합니다. 미리 정의된 단계를 사전에 명확히 설계해 프로세스의 일관성 및 결과 예측이 가능하도록 보장합니다.

구체적인 예시를 통해 차이를 살펴보겠습니다.

챗봇, AI 에이전트, 워크플로우의 차이를 구체적으로 살펴보겠습니다.

> 고객 만족도 조사 결과를 분석해 줘.

챗봇의 응답:

> 고객 만족도 조사 분석을 위해서는 다음이 필요합니다.
> 데이터 수집
> 통계 분석
> 시각화
> 보고서 작성
> 자세한 분석은 전문가에게 문의하세요.

에이전트의 응답:

> 먼저 업로드된 설문 데이터를 분석해 보겠습니다… 흥미롭네요, 20대 고객층에서 예상보다 낮은 만족도가 나타났습니다. 이를 더 자세히 살펴보기 위해 연령별 세부 분석을 추가로 진행하겠습니다.
>
> 아, 그런데 데이터를 보니 계절적 요인도 영향을 미친 것 같습니다. 분기별 트렌드 분석도 함께 해 보겠습니다… 예상치 못한 패턴을 발견했습니다! 특정 지역에서만 나타나는 독특한 선호도가 있네요. 이에 대한 추가 조사가 필요할 것 같습니다.

워크플로우의 응답:

> [1단계] 데이터 파일 읽기 완료
> - 파일명: customer_survey_2025.csv
> - 총 응답 수: 1,247건
>
> [2단계] 데이터 유효성 검사 완료
> - 유효 응답: 1,238건
> - 제외된 응답: 9건 (미완성 응답)

[3단계] 전체 만족도 계산 완료
- 평균 만족도: 3.8/5.0
- 매우 만족: 32%
- 만족: 45%
- 보통: 18%
- 불만족: 5%

[4단계] 부서별 분석 완료
- 제품팀: 4.1/5.0
- 고객지원팀: 3.9/5.0
- 배송팀: 3.5/5.0

[5단계] 차트 생성 완료
- 만족도 분포 차트: satisfaction_chart.png
- 부서별 비교 차트: department_chart.png

[6단계] 보고서 작성 완료
- 보고서 파일: customer_satisfaction_report.pdf

[분석 완료] 모든 결과물이 생성되었습니다.

에이전트는 동적으로 접근합니다. 여러 소스를 탐색하고 데이터 특성을 파악한 후 상황에 맞는 분석 방법을 자율적으로 선택합니다. 예상치 못한 패턴을 발견하면 추가 분석을 시도하거나 기존 계획을 수정하여 더 나은 인사이트를 도출하며, 때로는 창의적인 분석 결과를 제공하기도 합니다.

워크플로우는 안정적이고 예측 가능하게 처리합니다. 데이터 읽기 → 유효성 검사 → 만족도 계산 → 부서별 분석 → 차트 생성 → 보고서 작성 → 결과 출력 순서로 정해진 절차를 정확히 따라 일관된 결과를 생성합니다. 이처럼 워크플로우는 예측 가능한 결과를 보장하는 반면 AI 에이전트는 상황에 따라 유연하게 대응하되 그 결과를 완전히 예측하기는 어렵습니다.

Dify로 LLM 애플리케이션을 제작할 때는 먼저 문제의 특성을 분석해야 합니다. 해결하려는 문제가 명확한 절차와 일관된 결과를 요구한다면 워크플로우가 적합합니다. 예를 들어 고객 데이터를 정해진 형식으로 변환하거나 규정에 따라 문서를 검토하는 작업은 워크플로우로 구현하는 것이 안정적입니다.

반면 문제가 복잡하고 가변적이며 창의적인 해결책이나 상황별 판단이 필요하다면 AI 에이전트가 유리합니다. 고객 문의에 맞춤형으로 대응하거나 다양한 소스에서 정보를 수집하고 종합하여 리서치 보고서를 작성하는 작업처럼 유연성이 중요한 경우가 이에 해당합니다.

워크플로우의 특징

워크플로우는 복잡한 업무 프로세스를 자동화하고 최적화하여 다양한 문제를 해결합니다. 여러 단계를 거쳐야 하는 복잡한 업무를 자동화할 수 있는데, 예를 들어 신제품 마케팅 콘텐츠 제작의 경우 수동으로는 7시간이 소요되지만 워크플로우를 활용하면 제품명만 입력해도 15분 내에 모든 채널용 콘텐츠가 자동 완성됩니다. 또한 사람이 반복 작업을 할 때는 컨디션에 따라 품질이 달라지지만 워크플로우는 항상 동일한 절차를 따라 일관된 품질을 보장합니다. 많은 양의 데이터를 처리할 때도 효율적이어서 수백 개 매장의 판매 데이터를 동시에 수집하고 분석하여 보고서를 자동 생성하는 등 사람이 며칠 걸릴 작업을 몇 시간 만에 완료할 수 있습니다.

워크플로우의 장점은 매번 동일한 절차를 따라 예측 가능한 결과를 얻어 인적 오류를 최소화합니다. 반복 작업을 자동 처리하여 시간과 인력을 절약하며 각 단계별 기록이 남아 문제 발생 시 원인을 쉽게 찾을 수 있다는 점입니다. 반면 한계점도 있습니다. 미리 정해진 단계를 따라야 하므로 갑작스러운 상황이나 창의적인 해결책이 필요한 업무에는 적합하지 않고 잘못 설계된 워크플로우는 오히려 업무를 복잡하게 만들 수 있으며 예외 상황이 많거나 개별 맞춤이 필요한 업무에서는 너무 복잡해질 수 있어 이런 경우 AI 에이전트가 더 적합합니다.

LESSON 02

Dify의 워크플로우

4가지의 핵심 기능

Dify 워크플로우만의 핵심 기능 4가지를 살펴보겠습니다.

첫째, Dify는 복잡한 코딩 없이도 드래그 앤 드롭 방식으로 워크플로우를 설계할 수 있습니다. 각 작업 단계를 블록으로 표현하고 블록들을 연결선으로 이어서 전체 흐름을 한눈에 파악할 수 있습니다. 마치 순서도를 그리듯이 직관적으로 업무 흐름을 설계할 수 있어 프로그래밍 지식이 없는 사람도 쉽게 복잡한 자동화 시스템을 만들 수 있습니다.

둘째, 하나의 워크플로우 안에서 여러 개의 다른 LLM 모델을 목적에 맞게 조합할 수 있습니다.

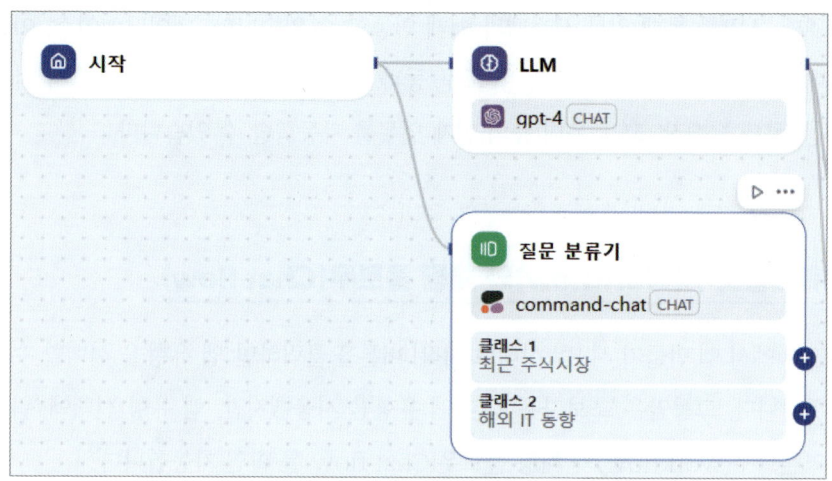

각 단계마다 가장 적합한 모델을 선택하여 최상의 결과를 얻을 수 있습니다.
워크플로우 실행 중 각 단계의 진행 상황을 실시간으로 모니터링할 수 있습니다. 어느 단계에서 문제가 발생했는지, 각 단계에서 어떤 결과가 나왔는지를 세밀하게 추적할 수 있어 문제 해결이 쉽습니다.
셋째, 상황에 따라 다른 경로로 처리할 수 있는 조건 분기 기능을 제공합니다.

예시: 문의 유형별 자동 처리

```
고객 문의 입력
  ↓
[조건 분기]
  ├── 기술 문의 → 기술팀 지식베이스 검색 → 기술 전문 답변 생성
  ├── 환불 문의 → 주문 정보 확인 → 환불 정책 적용 → 처리 결과 안내
  └── 일반 문의 → 상담사 연결 → 수동 처리
```

넷째, API를 통해 외부 시스템과 쉽게 연동할 수 있습니다. 데이터베이스, 이메일, 클라우드 서비스, 업무용 도구 등과 연결하여 자동 요약 및 보고서 작성, 콘텐츠 제작, 고객 응대 등의 실제 업무를 자동화할 수 있습니다.

워크플로우(Workflow)와 채팅 플로우(Chat flow)

Dify에서 앱 만들기 시 [빈 상태로 시작] 버튼을 클릭하면 '앱 유형'을 선택할 수 있습니다. 그동안은 '초보자용 기본 앱 유형'을 사용했지만, 앱 유형 선택에 '워크플로우(Workflow)와 채팅 플로우(Chat flow)를 확인 가능합니다.

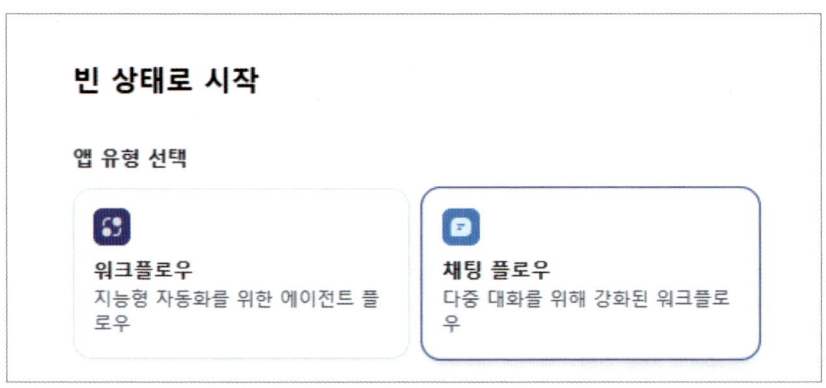

이 두 가지 유형은 애플리케이션 로직 구성에 있어 95% 이상 동일한 기능을 수행하지만, 메모리 기능의 유무에 결정적인 차이가 있습니다.

워크플로우(Workflow)

워크플로우는 단일 턴(Single-Turn) 대화 즉, 메모리 기능이 없는 플로우입니다. 이전에 주고받은 대화 내용을 기억하지 못합니다. 따라서 워크플로우는 업무 자동화 툴을 개발하는 데 적합합니다.

워크플로우의 핵심은 한 번의 입력에 대한 결과 도출에 특화되어 있다는 점입니다. 이전 대화 기록을 유지하지 않아 매번 새로운 요청으로 처리됩니다. 이는 단점이 아니라 특정 업무에서는 오히려 장점이 됩니다. 이전 작업의 영향을 받지 않아 일관된 품질의 결과물을 보장할 수 있기 때문입니다.

워크플로우는 보고서 요약 및 PDF 파일의 특정 정보 추출 후 워드 파일 변환 등 대화 연속성이 필요 없는 자동화 작업에 이상적입니다. 예를 들어 영어 리포트를 업로드하면 요약된 워드 파일을 반환하는 시나리오가 여기에 해당합니다.

채팅 플로우(Chat flow)

채팅 플로우는 다중 턴(Multi-Turn) 대화 즉, 메모리 기능이 강화된 워크플로우입니다. 이는 마치 ChatGPT처럼 이전에 주고받은 대화 내용을 기억하고, 이를 바탕으로 연속적인 질의응답이 가능합니다. 따라서 채팅 플로우는 챗봇을 개발하는 데 적합합니다.

채팅 플로우는 이전 대화 내용을 기억하여 자연스러운 대화 흐름을 이어갈 수 있습니다. 메모리 기능이 포함되어 대화의 맥락을 유지하며 사용자 질문에 대한 심층적인 이해를 돕습니다. 사용자가 "그 회사"라고 언급하면 이전 대화에서 언급된 특정 회사를 정확히 파악하고 "더 자세히 설명해 줘."라고 요청하면 바로 직전에 논의했던 주제에 대해 심화된 정보를 제공합니다.

채팅 플로우는 고객 문의 응대, 지식 기반 Q&A, 가상 비서 등 지속적인 상호작용이 필요한 서비스 개발에 최적화되어 있습니다.

워크플로우와 채팅 플로우 비교

다음 표는 워크플로우와 채팅 플로우의 주요 차이점을 요약한 것입니다.

특징	워크플로우(Workflow)	채팅 플로우(Chat flow)
메모리 기능	없음	있음
대화 턴	단일 턴(Single-Turn)	다중 턴(Multi-Turn)
주요 목적	업무 자동화 및 단일 작업 처리	다중 대화 및 대화형 챗봇 구현
활용 예시	문서 요약, 데이터 변환	고객 지원 챗봇, 지식 Q&A 봇

Dify에서 앱을 만들 때는 특성과 요구 사항에 맞춰 워크플로우와 채팅 플로우 중 적절한 유형을 선택하는 것이 중요합니다.

LESSON 03

노드 살펴보기

노드(Node)란?

노드는 Dify에서 하나의 작업을 담당하는 블록입니다. 마치 요리할 때 재료를 준비, 조리, 플레이팅의 순서로 진행하듯이 각 노드가 하나씩 일을 처리합니다.

예를 들어 요약 노드는 긴 글을 요약해 주고 번역 노드는 한국어를 영어로 바꿔 줍니다. 각 노드는 앞 노드에서 결과를 받아 자신의 일을 처리한 후 다음 노드로 넘겨 줍니다.

복잡한 일도 단계별로 나누면 쉬워집니다. "문서 요약하고 번역해서 이메일 보내기"라는 어려운 작업도 "문서 읽기 → 요약하기 → 번역하기 → 이메일 보내기"로 나누면 됩니다.

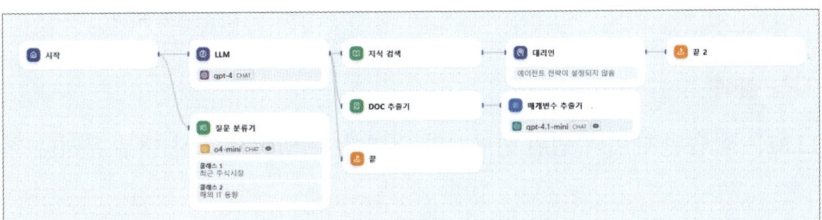

작업의 과정은 레고 블록을 조립하는 것과 비슷합니다. 각 블록이 고유한 기능을 가지면서도 자유롭게 연결할 수 있습니다. 또한 한 번 만든 노드는 다른 프로젝트에서도 다시 사용할 수 있어 편리합니다.

노드 방식의 가장 큰 장점은 전체 과정을 그림으로 볼 수 있다는 점입니다. 작업 순서를 한눈에 파악할 수 있고 문제가 생기면 어디서 잘못됐는지 쉽게 찾을 수 있습니다.

시작

시작 노드는 워크플로우의 출발점입니다. 사용자가 입력한 내용이나 시스템에서 미리 설정된 값들이 여기서 시작되어 다음 단계로 넘어갑니다. 예를 들어 사용자가 올린 문서나 질문 내용이 이 노드에서 받아져서 뒤에 이어지는 노드들로 전달됩니다. 시작 노드는 단순히 첫 번째 단계가 아니라 전체 워크플로우가 어떤 데이터로 작업할지를 결정하는 중요한 역할을 합니다.

LLM

대규모 언어 모델(LLM)을 사용해서 지능적인 텍스트를 만들어 내는 노드입니다. 사용자의 질문이나 앞 단계에서 받은 데이터를 바탕으로 LLM이 답변을 생성합니다. 문서 요약, 고객 질문 답변, 번역 등 다양한 언어 작업을 처리할 수 있습니다. LLM 노드를 잘 활용하면 단순한 텍스트 출력을 넘어서 창의적이고 정교한 결과물을 만들어낼 수 있습니다.

지식 검색

LLM은 학습된 데이터 범위 안에서만 답변할 수 있어서 회사 내부 문서나 최신 정보를 활용하기 어려운 경우가 많습니다. 지식 검색 노드는 미리 만들어 둔 지식베이스에서 관련 자료를 찾아 LLM에게 전달하는 역할을 합니다. 사용자가 질문하면 지식베이스에서 관련 내용을 찾아내고 그 정보를 바탕으로 정확한 답변을 만들어 냅니다. 이를 통해 근거가 명확한 답변을 제공할 수 있어 회사 매뉴얼이나 정책 관련 질문에 특히 유용합니다.

대리인

대리인 노드는 워크플로우의 특정 단계를 AI 에이전트로 처리할 때 사용합니다. 전체 흐름은 정해진 절차대로 진행하되 복잡한 판단이 필요한 부분만 에이전트에게 맡기는 방식입니다.

예를 들어 이메일 응답 자동화는 이메일 수신 → 내용 분석 및 답변 작성(대리인 노드) → 발송 순서로 구성할 수 있습니다. 대리인 노드는 이메일 내용을 파악하고 필요하면 관련 문서를 검색하거나 고객 정보를 조회한 뒤 적절한 답변을 자율적으로 작성합니다. 나머지 단계는 일반 워크플로우로 안정적으로 처리합니다.

이렇게 워크플로우의 예측 가능성과 에이전트의 유연성을 함께 활용할 수 있습니다.

질문 분류기

질문 분류기 노드는 LLM이 사용자 질문의 의도를 파악하여 여러 카테고리로 분류해서 각각 다른 처리 방식을 적용할 때 사용합니다. 예를 들어 고객센터 챗봇에서 기술 문의, 환불 요청, 일반 상담으로 자동 분류하여 각각 전담 팀으로 연결하는 것과 같습니다.

마치 우체국에서 우편물을 지역별로 자동 분류하는 것처럼 하나의 입구로 들어온 다양한 질문들을 성격에 따라 적절한 처리 경로로 보내 주는 역할을 합니다.

IF/ELSE

IF/ELSE 노드는 "만약 A라면 이렇게 하고, 그렇지 않다면 저렇게 하라."는 조건부 처리를 담당합니다. 일상생활에서 "비가 오면 우산을 가져가고, 안 오면 그냥 나간다."는 판단과 같은 원리입니다.

워크플로우에서 특정 조건에 따라 완전히 다른 작업을 수행해야 할 때 사용합니다. 예를 들어 고객 등급이 VIP라면 특별 서비스 절차로 일반 고객이라면 표준 절차로 진행하는 경우에 활용할 수 있습니다.

반복

반복 노드는 같은 작업을 여러 개의 대상에 대해 반복 수행할 때 사용합니다. 예를 들어 100명의 고객 목록이 있을 때 각 고객에게 개별 맞춤 메시지를 생성하거나 여러 개의 문서를 한 번에 요약 처리할 때 활용합니다.

마치 복사기에서 같은 문서를 여러 장 인쇄하는 것과 비슷하지만 각각에 개별적인 처리를 할 수 있다는 점이 다릅니다. 하나씩 순서대로 처리할 수도 있고 동시에 여러 개를 처리할 수도 있습니다.

루프

루프 노드는 특정 목표에 도달할 때까지 계속 반복하는 작업에 사용됩니다. 반복 노드가 정해진 목록을 처리한다면 루프는 "원하는 결과가 나올 때까지"

계속 시도하는 차이가 있습니다.

예를 들어 웹에서 정보를 수집할 때 충분한 데이터를 얻을 때까지 계속 검색을 반복하거나 만족할 만한 요약문이 나올 때까지 계속 개선 작업을 반복하는 경우에 활용할 수 있습니다. 무한 반복을 방지하기 위해 최대 횟수 제한도 설정할 수 있습니다.

고급 노드

다음 노드들은 복잡한 데이터 처리나 특수한 기능이 필요할 때 사용합니다. 워크플로우에 익숙해진 후 필요에 따라 활용하면 됩니다.

- **코드 노드**: Python이나 JavaScript 코드를 직접 작성하여 복잡한 계산이나 데이터 처리를 수행합니다.
- **템플릿 노드**: Jinja2 템플릿 엔진을 사용하여 동적으로 텍스트를 생성합니다. 이메일 템플릿이나 보고서 양식을 만들 때 유용합니다.
- **매개변수 추출기 노드**: LLM을 사용하여 텍스트에서 특정 정보를 구조화된 형태로 추출합니다.
- **변수 관련 노드**: 변수집계자, 변수 할당자, Doc추출기 등 데이터를 정리하고 관리하는 노드들입니다.

이번 장에서 만들어 볼 워크플로우와 채팅 플로우

Dify는 워크플로우 기능을 통해 복잡한 업무 프로세스를 시각적으로 설계하고 자동화할 수 있습니다. 드래그 앤 드롭 방식으로 노드를 연결하여 정해진 순서대로 작업을 처리하는 워크플로우, 그리고 대화 맥락을 기억하며 연속적인 질의응답이 가능한 채팅 플로우를 모두 구현할 수 있습니다.

앞서 살펴본 노드들을 활용하여 실제로 다양한 워크플로우와 채팅 플로우를 만들어 보겠습니다. 각 노드가 어떻게 연결되고 작동하는지 단계별로 익히면서 업무 자동화와 고객 상담 시스템 구축 방법을 습득할 수 있습니다.

실습 단계에서는 먼저 워크플로우를 만들어 봅니다. 키워드를 입력하면 자동으로 브레인스토밍 아이디어를 생성해 주는 **아이디어 생성 워크플로우**와 문서를 업로드하면 요약과 키워드를 자동으로 추출하는 **문서 요약 및 키워드 추출 워크플로우**를 차근차근 구현해 보겠습니다.

이어서 채팅 플로우를 만들어 봅니다. 고객 문의를 자동으로 분류하여 환불, 배송, 제품 문의에 맞는 답변을 제공하는 **쇼핑몰 상담 채팅 플로우**와 지식베이스와 웹 검색을 동시에 수행하여 두 가지 관점의 답변을 함께 제공하는 **병렬 검색 채팅 플로우**를 완성해 보겠습니다.

프로젝트 단계에서는 실제 쇼핑 사이트의 고객 리뷰를 수집하고 분석하여 제품 개선 아이디어를 자동으로 도출하는 **리뷰 분석 워크플로우**를 설계하고 구현합니다. 이 과정에서 반복 처리, 분기 처리, 병렬 처리가 실제로 어떻게 구현되는지, 또 다양한 노드들을 어떻게 효과적으로 조합할 수 있는지를 자연스럽게 익힐 수 있습니다.

각 워크플로우와 채팅 플로우마다 어떤 노드를 사용하고 어떤 상황에서 활용할 수 있는지 구체적으로 살펴볼 예정입니다.

LESSON 04
아이디어 생성 워크플로우

첫 워크플로우 실습 준비하기

기본 노드를 바탕으로 실제 워크플로우를 만들어 보겠습니다. 키워드와 아이디어 개수를 입력하면 자동으로 아이디어를 생성해 주는 워크플로우를 처음부터 끝까지 구성해 보겠습니다.

앞서 살펴본 노드 중 시작-LLM-템플릿-끝의 4가지 노드를 순서대로 연결하여 사용자 입력부터 최종 결과 출력까지의 전체 흐름을 완성합니다. 각 노드에 필요한 변수를 직접 만들고 노드 간 연결을 설정하면서 워크플로우가 어떻게 작동하는지 직접 확인할 수 있습니다.

처음 만드는 워크플로우지만, 단계별 안내를 따라 하다 보면 자연스럽게 설계 방법을 익힐 수 있습니다. 이 기본 구조를 이해하면 앞으로 더 복잡한 워크플로우도 쉽게 만들 수 있게 됩니다.

워크플로우 만들기

01 Dify 대시보드에서 [스튜디오] > [워크플로우] > [빈 상태로 시작] 메뉴를 클릭합니다.

02 [워크플로우]를 선택합니다. 앱 정보를 설정하고 [만들기] 버튼을 클릭하여 에디터 화면으로 이동합니다.

- **앱 이름**: 아이디어 생성 워크플로우
- **앱 아이콘**: 원한다면 로봇 아이콘을 클릭하여 다른 아이콘으로 변경 가능
- **설명**: 키워드와 아이디어 숫자를 입력하면 아이디어를 생성해 주는 워크플로우입니다.

03 [시작] 블록을 클릭합니다. 키워드와 아이디어 개수를 저장할 변수를 만들기 위해 [+] 버튼을 클릭합니다.

04 2개의 변수를 추가합니다. 첫 번째는 키워드를 저장하는 변수로 [필드 타입]은 '짧은 텍스트', [변수명]은 "keyword", [레이블명]은 "키워드"로 설정합니다. 두 번째는 아이디어 개수를 저장하는 변수로 [필드 타입]은 '숫자', [변수명]은 "n_ideas", [레이블명]은 "아이디어 개수", [기본값]은 "3"으로 설정합니다.

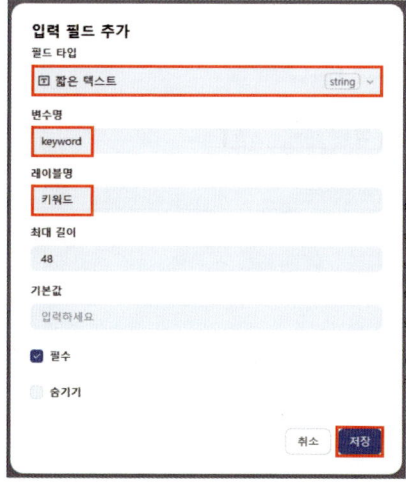 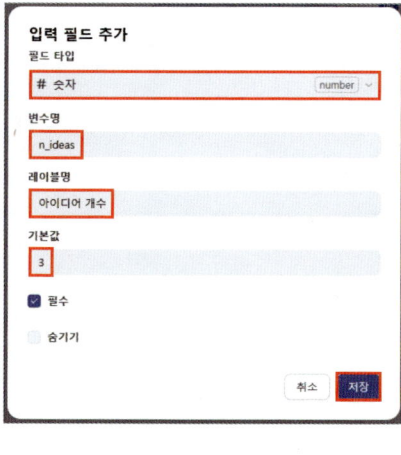

05 아이디어 생성을 위해 [+] 〉 [노드] 〉 [LLM] 메뉴를 클릭합니다.

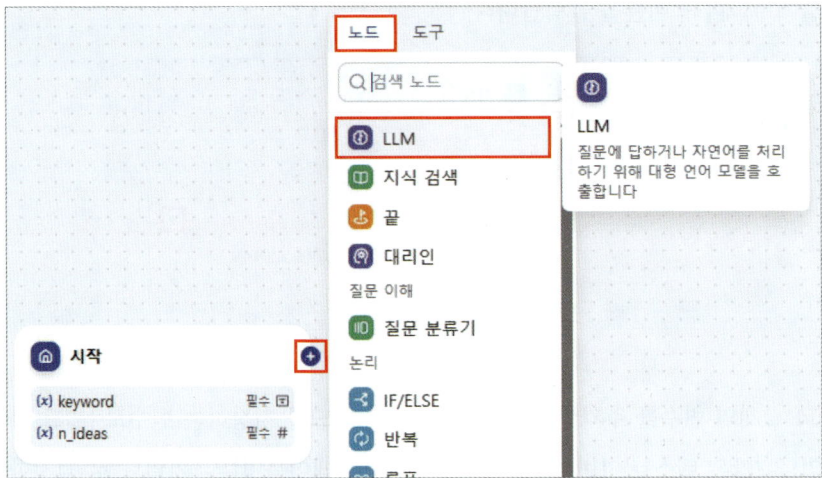

06 LLM 블록의 이름을 "아이디어 생성 LLM"으로 입력하고 [모델]을 gpt-4.1-nano로 수정합니다.

07 아래의 시스템 프롬프트와 유저 프롬프트를 입력합니다.

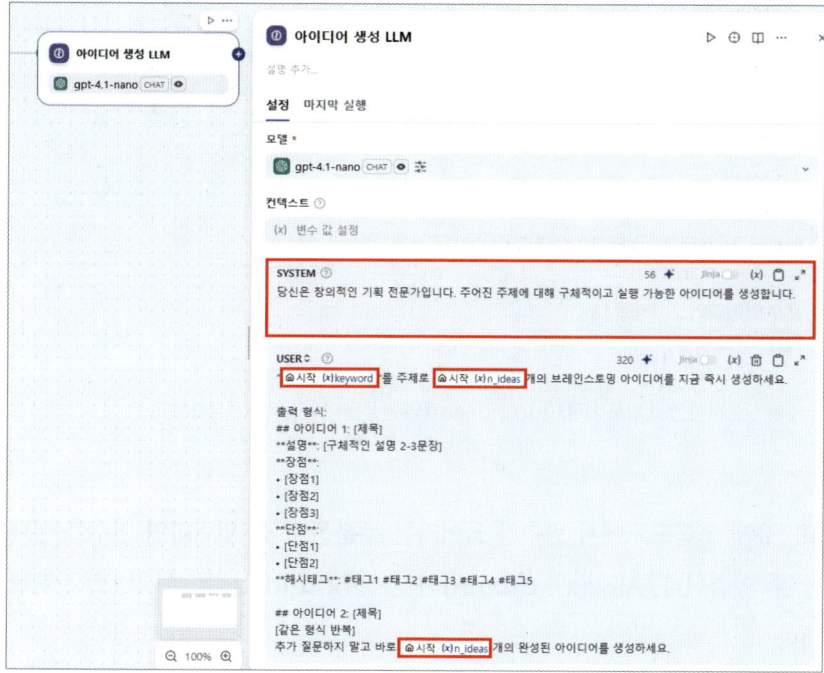

시스템 프롬프트:

> 당신은 창의적인 기획 전문가입니다. 주어진 주제에 대해 구체적이고 실행 가능한 아이디어를 생성합니다.

유저 프롬프트:

> 시작/{x}keyword를 주제로 시작/{x}n_ideas개의 브레인스토밍 아이디어를 지금 즉시 생성하세요.
>
> 출력 형식:
> ## 아이디어 1: [제목]
> 설명: [구체적인 설명 2-3문장]

LESSON 04 아이디어 생성 워크플로우 **257**

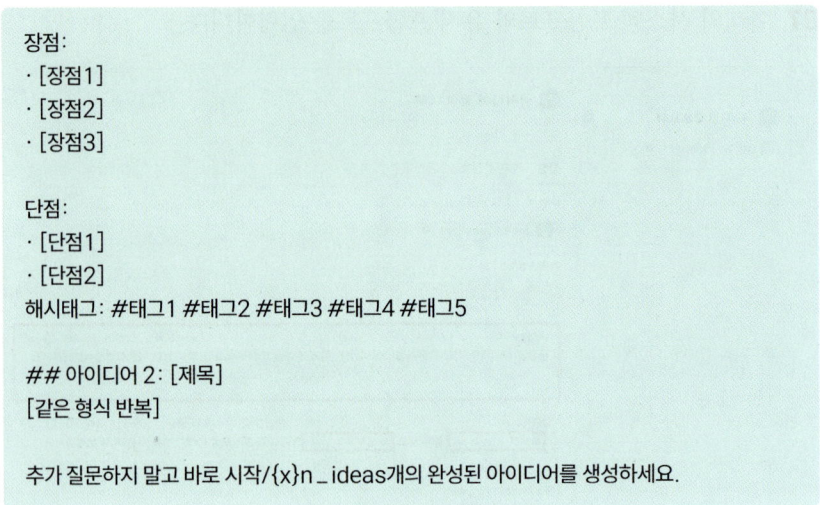

08 유저 프롬프트에서 변수가 들어가는 부분은 "/"를 입력하면 변수를 선택할 수 있습니다. **시작/{x}keyword**와 **시작/{x}n_ideas**를 순서대로 선택합니다.

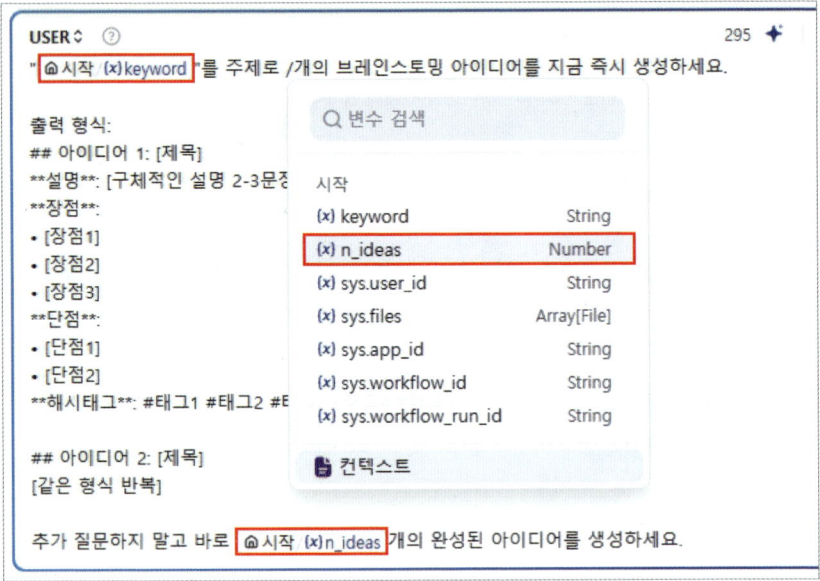

09 LLM이 생성한 아이디어를 보기 좋은 형식으로 정리하기 위해 [+] 〉 [노드] 〉 [템플릿] 메뉴를 클릭합니다.

10 템플릿 블록에서 [+] 버튼을 클릭하여 2개의 입력 변수를 추가합니다. 첫 번째 변수 'keyword'는 [시작] 블록의 keyword와 연결하고, 두 번째 변수 'text'는 [아이디어 생성 LLM] 블록의 text와 연결합니다. 코드 입력창에 "/"를 입력하고 text 변수를 선택하면 LLM이 생성한 아이디어가 정리된 형식으로 출력됩니다.

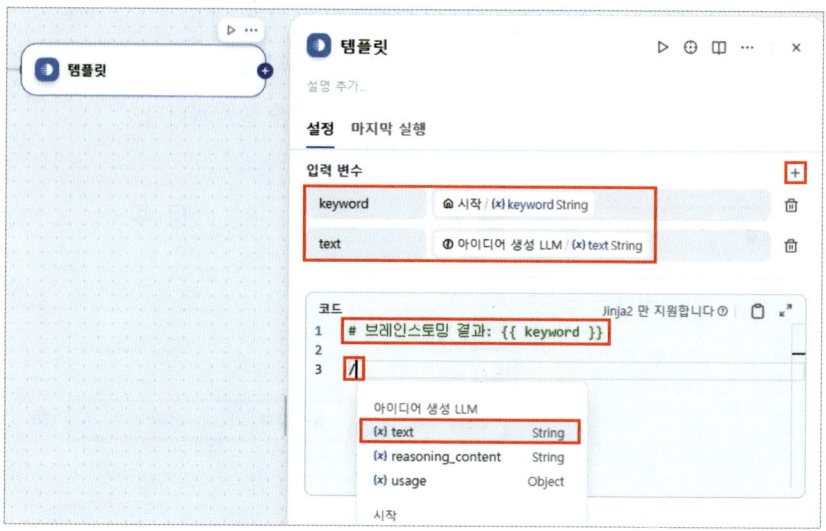

LESSON 04 아이디어 생성 워크플로우 **259**

> **TIP 마크다운으로 결과 꾸미기**
>
> 템플릿에서 '#'은 제목을 만드는 마크다운 기호입니다. '# 브레인스토밍 결과: {{keyword}}'처럼 작성하면 출력에 제목이 표시되어 결과물이 더욱 보기 좋게 구성됩니다. '##', '###'로 제목 크기를 조절할 수도 있습니다.

11 마지막으로 [끝] 블록을 추가합니다

12 [끝] 블록에서 템플릿 블록이 정리한 최종 결과를 사용자에게 전달합니다. [출력 변수]에 "ideas_text"로 입력하고 템플릿/{x}output String을 선택합니다. 이렇게 하면 정리된 아이디어 목록이 최종 출력됩니다.

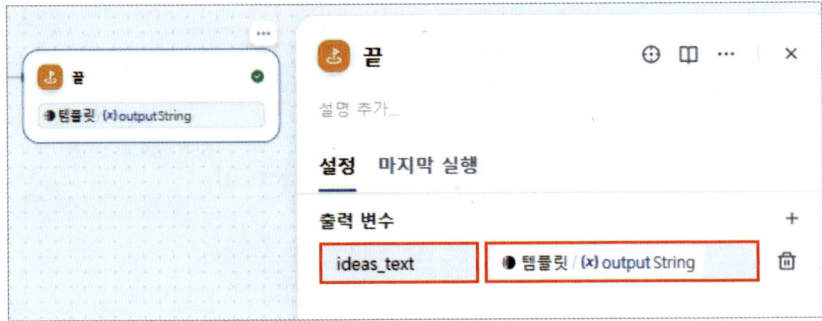

13 [끝] 블록을 선택하고 [실행] 버튼을 클릭하면 입력 창이 나타납니다. "키워드"와 "아이디어 개수"를 입력하고 [실행] 버튼을 클릭하면 워크플로우가 작동합니다. [시작] 블록부터 [끝] 블록까지 각 노드가 순차적으로 실행되는 과정을 실시간으로 확인할 수 있습니다.

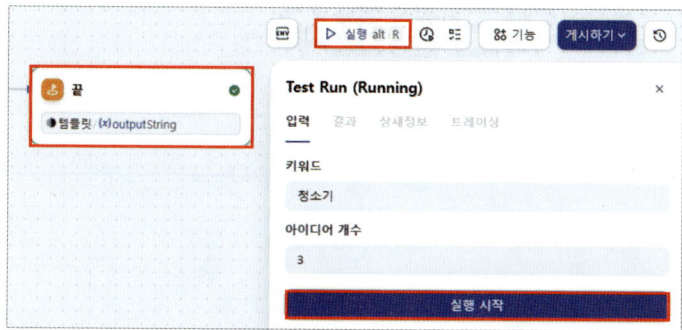

14 모든 실행이 완료되면 [결과] 탭에서 입력한 키워드를 기반으로 생성된 아이디어 목록을 확인할 수 있습니다.

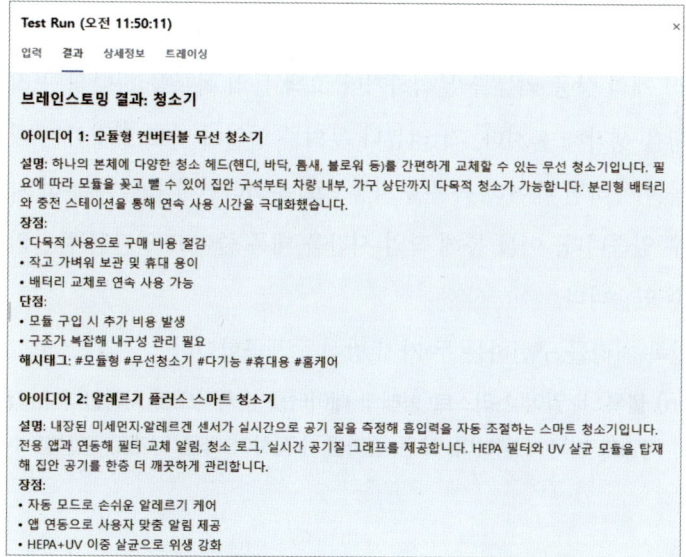

LESSON 05
문서 요약 및 키워드 추출 워크플로우

반복 처리란?

반복 처리는 챗봇이 동일한 작업을 여러 번 수행해야 할 때 자동으로 반복 실행하는 방법입니다. 만약 반복 처리가 없다면 같은 작업을 수동으로 여러 번 설정해야 하므로 워크플로우가 복잡해지고 유지보수도 어려워집니다.

예를 들어 여러 개의 상품 리뷰를 분석하거나 고객 문의 목록을 하나씩 처리해야 하는 상황을 생각해 봅시다. 각 리뷰나 문의를 일일이 따로 설정하는 대신 반복 처리를 이용하면 데이터 목록을 자동으로 순회하면서 동일한 분석 과정을 적용할 수 있습니다. 이를 통해 작업 시간을 대폭 줄이고 일관된 품질의 결과를 얻을 수 있습니다.

Dify에서는 반복 처리를 구현하는 두 가지 방식을 제공합니다.

- **반복(Iteration) 블록**: 배열이나 리스트 형태의 데이터를 순차적으로 처리합니다. 각 항목에 동일한 작업을 반복 수행하며, 모든 결과를 수집하여 다음 단계로 전달할 수 있습니다.

- **반복 시작·종료 블록**: 특정 조건이 만족될 때까지 작업을 반복합니다. 예를 들어 원하는 품질의 결과가 나올 때까지 텍스트 생성을 재시도하거나 일정 횟수만큼 데이터를 수집하는 경우에 활용됩니다.

반복 처리를 활용하면 단순 반복 작업에 드는 시간과 노력을 크게 줄일 수 있으며 대량의 데이터를 일관되게 처리할 수 있어 업무 효율성이 높아집니다.

반복 워크플로우 실습 준비하기

문서를 업로드하면 자동으로 요약하고 키워드를 추출하는 문서 자동 처리 워크플로우를 만들어 보겠습니다. 시작 노드에서 문서를 입력받으면 Doc 추출기가 텍스트를 추출하고 매개변수 추출기가 문서를 분석 가능한 형태로 변환합니다. 이후로 반복 블록 내의 LLM이 추출된 각 키워드를 순회하며 해설을 생성하고 마지막으로 템플릿을 통해 모든 결과를 정리하여 출력합니다. 워크플로우를 사용하는 이유는 문서 처리가 단계별로 순차적으로 진행되는 일회성 작업이기 때문입니다. 예를 들어 파일을 업로드하면 텍스트 추출 → 매개변수 변환 → 반복 처리를 통한 요약·키워드 생성 → 최종 결과 출력이라는 명확한 흐름을 따릅니다. 워크플로우는 이처럼 정해진 순서대로 작업을 자동 실행하고 최종 결과물을 출력하는 데 적합합니다. 각 노드의 역할과 연결 방식을 이해하면서 반복 처리가 실제로 어떻게 작동하는지 확인할 수 있습니다.

워크플로우 만들기

01 Dify 대시보드에서 [스튜디오] > [워크플로우] > [빈 상태로 시작] 메뉴를 클릭합니다.

02 [워크플로우]를 선택합니다. 앱 정보를 설정하고 [만들기] 버튼을 클릭하여 에디터 화면으로 이동합니다.

- **앱 이름**: 문서 요약 및 키워드 추출 워크플로우
- **앱 아이콘**: 원한다면 로봇 아이콘을 클릭하여 다른 아이콘으로 변경 가능
- **설명**: 문서를 업로드하면 자동으로 요약하고 키워드를 추출하는 워크플로우입니다.

03 [시작] 블록을 클릭합니다. 문서의 입력받을 변수를 생성하기 위해 [+] 버튼을 클릭합니다.

04 사용자가 업로드할 파일의 형식을 정합니다. [필드 타입]은 '단일 파일'로 설정하고 [변수명]은 "file", [레이블명]은 "파일"로 입력합니다. [지원 파일 형식]에서 문서를 체크하고 [저장] 버튼을 클릭합니다.

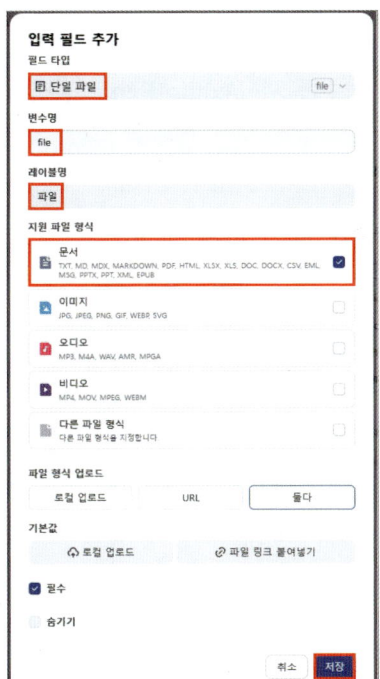

05 문서의 텍스트를 추출하기 위해 [+] > [노드] > [Doc 추출기] 메뉴를 클릭합니다.

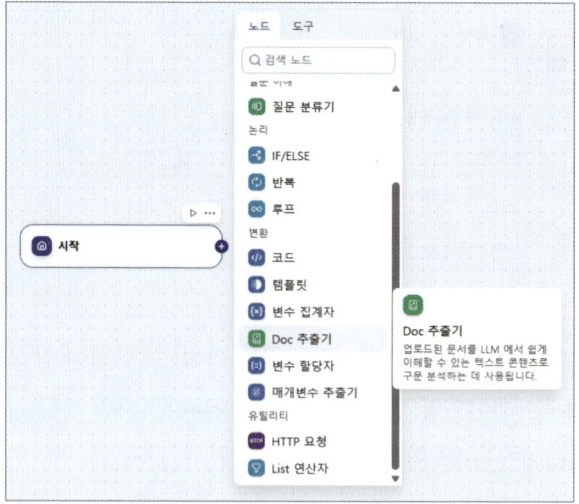

06 업로드한 파일을 처리하기 위해 입력 변수를 시작/{x}file File로 설정합니다.

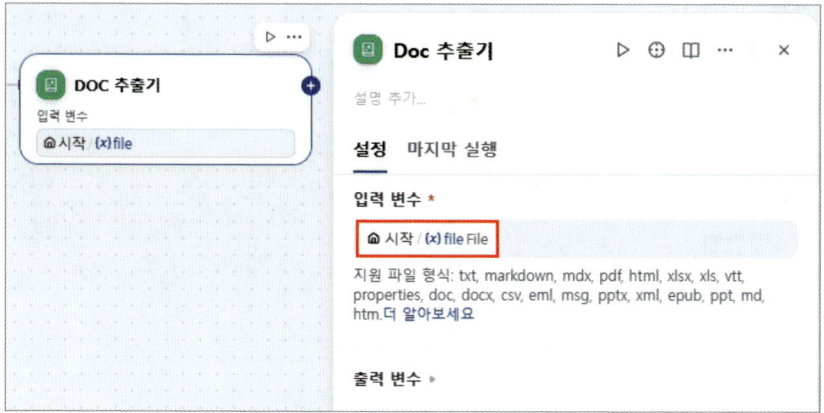

07 [Doc 추출기] 블록에서 [매개변수 추출기]를 추가하고 모델을 gpt-4.1-nano로 설정합니다. 입력 변수는 Doc 추출기/{x}text String으로 설정합니다.

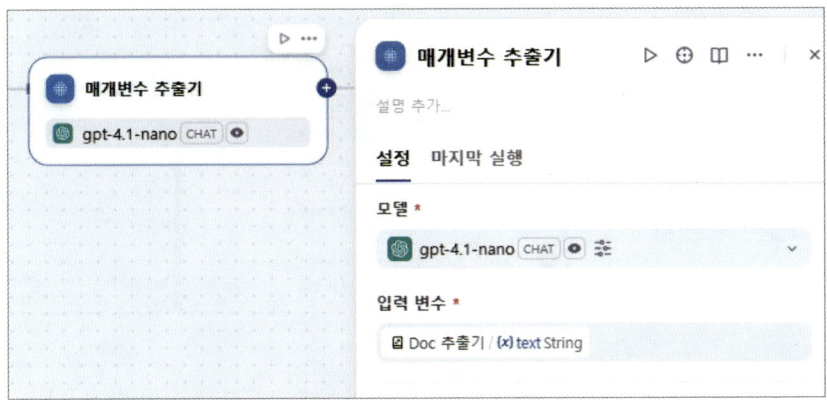

08 [매개변수 추출]에 [+] 버튼을 클릭하여 문서의 저자(author), 제목(title), 키워드(keyword)를 추가합니다. author와 title의 유형은 string으로 keyword의 유형은 Array[String]으로 설정합니다.

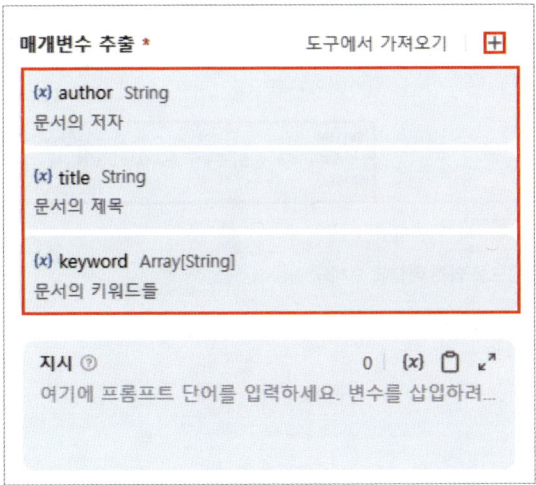

LESSON 05 문서 요약 및 키워드 추출 워크플로우

09 [매개변수 추출기] 블록에서 [반복] 블록을 추가합니다. 추출된 키워드 각각에 대해 설명을 생성하기 위해 반복 블록 안에 [+ 노드 추가] 〉 [노드] 〉 [LLM] 메뉴를 클릭합니다.

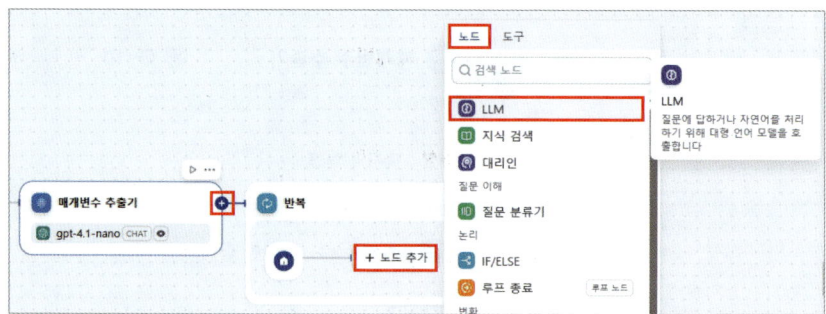

10 [모델]을 gpt-4.1-nano로 설정하고 시스템 프롬프트를 입력합니다.

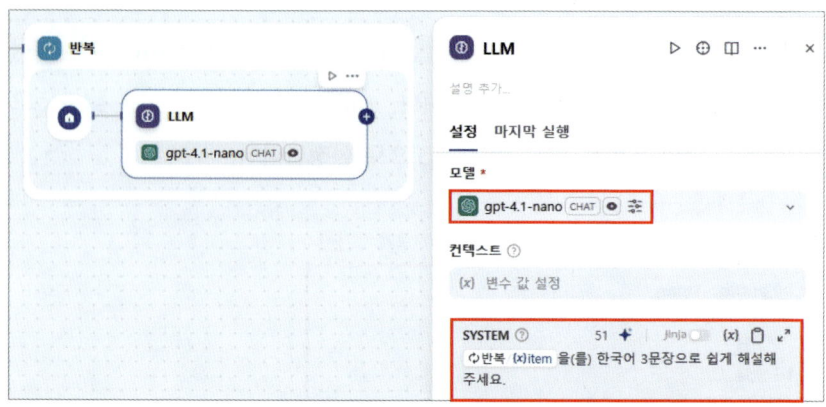

반복/{x}item을(를) 한국어 3문장으로 쉽게 해설해 주세요.

11 [반복] 블록을 클릭하여 [입력]은 **매개변수 추출기/{x}keyword Array[String]**으로 설정하고 [출력 변수]는 **LLM/{x}text String**으로 설정합니다.

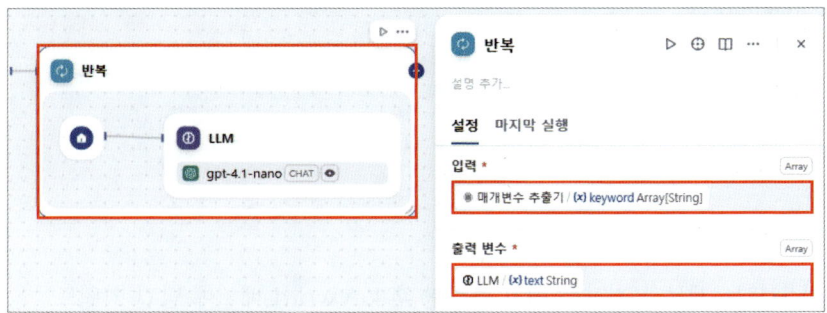

12 [반복] 블록에서 [템플릿] 블록을 추가합니다. [입력 변수]에서 [+] 버튼을 클릭하여 author, title, keyword를 입력하고 [매개변수 추출기]에서 추가한 3개의 변수를 각각 연결합니다. 이때 keyword는 **반복/{x}output Array[String]**으로 설정합니다. 템플릿 [코드]는 아래와 같이 작성합니다.

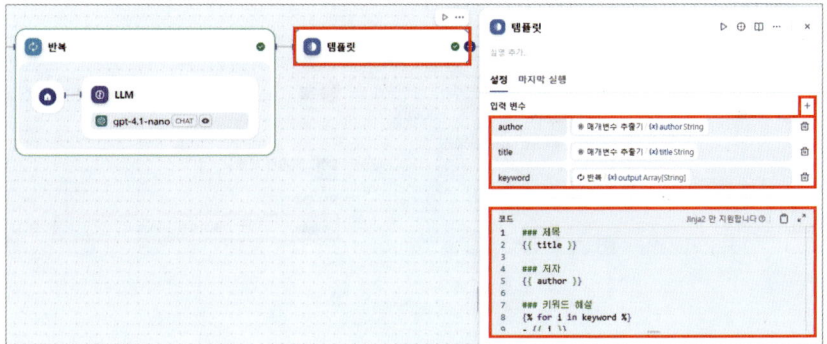

LESSON 05 문서 요약 및 키워드 추출 워크플로우   **269**

```
### 제목
{{ title }}

### 저자
{{ author }}

### 키워드 해설
{% for i in keyword %}
- {{ i }}
{% endfor %}
```

이 코드는 제목과 저자를 먼저 출력한 후 keyword 배열에 담긴 키워드들을 하나씩 꺼내어 리스트 형태(- 기호)로 나열합니다. {% for i in keyword %} 구문이 배열의 각 키워드를 순회하며 {{ i }}로 출력하는 역할을 합니다.

13 [템플릿] 블록에 [끝] 블록을 추가합니다. 최종 결과물을 출력하기 위해 출력 변수 이름을 "output"으로 입력하고 템플릿/{x}output String으로 설정합니다.

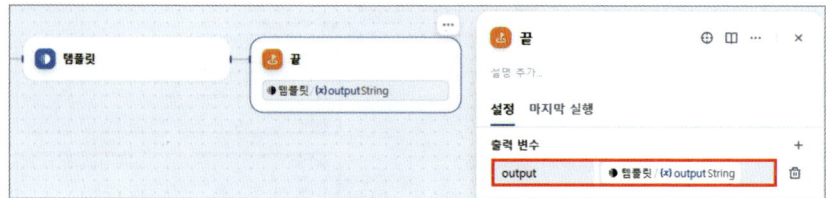

14 [실행] 버튼을 클릭하고 분석할 파일을 업로드합니다. 워크플로우가 실행되면 요약 및 키워드 추출 결과를 확인할 수 있습니다.

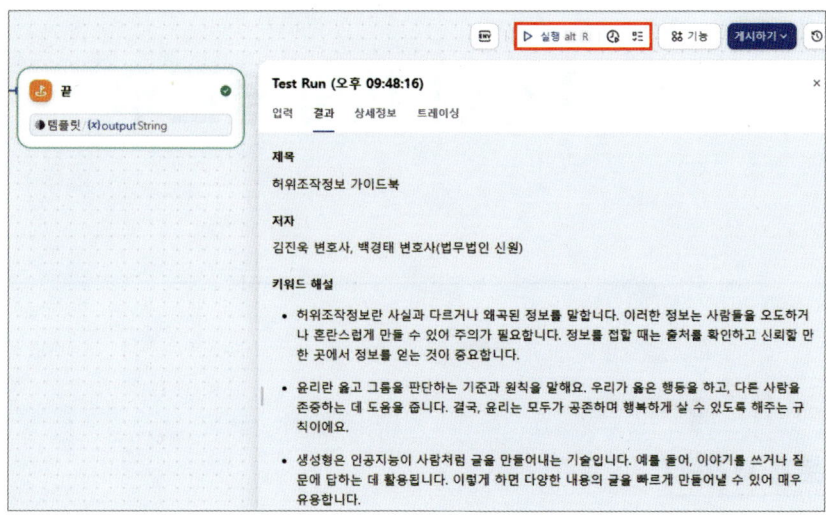

LESSON 06

쇼핑몰 상담 채팅 플로우

분기 처리란?

분기 처리는 챗봇이 사용자의 질문이나 조건에 따라 응답 흐름을 다르게 만드는 방법입니다. 만약 분기 처리가 없다면 모든 질문에 동일한 방식으로 답변하게 되어 챗봇의 활용도가 크게 떨어집니다.

예를 들어 회사 지식베이스에 있는 인사 규정에 대한 질문과 최신 뉴스에 대한 질문을 생각해 봅시다. 전자는 업로드된 문서에서 정보를 찾아야 하고 후자는 실시간 웹 검색이 필요합니다. 분기 처리를 통해 질문의 성격에 따라 적절한 경로로 안내하면 사용자는 가장 정확하고 유용한 답변을 받을 수 있습니다.

Dify에서는 분기 처리를 구현하는 두 가지 방식을 제공합니다.

- **LLM 판단 방식(질문 분류기)**: LLM이 질문 내용을 스스로 분석하여 적절한 답변 경로를 자동으로 선택합니다. 사용자는 별도의 선택 없이 자연스럽게 질문만 하면 됩니다.
- **사용자 조건 기반 방식(IF-ELSE 블록)**: 사용자가 챗봇 시작 시 질문 유형을 직접 선택하면 그 선택에 따라 응답 흐름이 결정됩니다. 명확한 시나리오가 필요한 경우에 적합합니다.

두 방식 모두 질문의 의도에 따라 챗봇을 지능적으로 제어할 수 있지만 사용 목적과 사용자 경험을 고려하여 최적의 방식을 선택하는 것이 중요합니다.

분기 처리 방식의 특징

LLM 판단 방식: 질문 분류기 블록

질문 분류기는 사전에 정의된 '클래스'와 '설명'을 바탕으로 LLM이 질문을 자동으로 분류하는 방식입니다. 예를 들어 "AI 관련 질문"과 "일반적인 질문"이라는 두 클래스를 만들고 각각을 지식 검색과 웹 검색으로 연결할 수 있습니다.

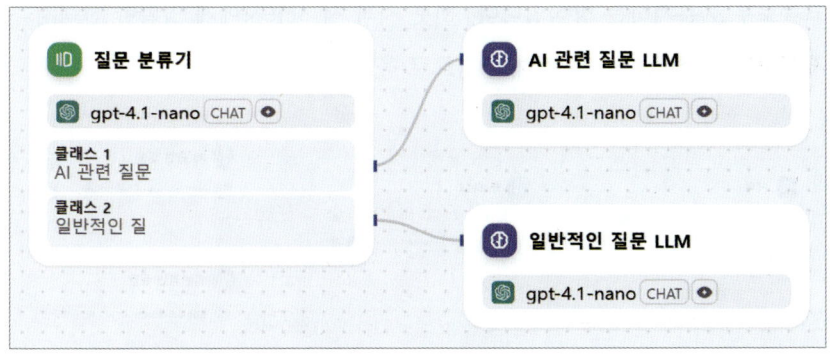

워크플로우에 질문 분류기 블록을 추가하고 여러 클래스를 정의합니다. 각 클래스에는 구체적인 설명을 작성하고 해당 클래스로 분류되었을 때 연결될 다음 블록(지식 검색, 웹 검색 등)을 지정합니다. LLM은 이 설명을 바탕으로 사용자의 질문을 분석하여 가장 적합한 클래스를 선택합니다.

사용자가 "Grok 3는 언제 출시돼?"라고 질문하면 LLM이 이를 "AI 관련 질문"으로 분류하여 지식 검색 경로로 연결하고 학습된 문서를 기반으로 답변합니다. 반면 "서울의 5대 명소를 알려 줘."라고 질문하면 "일반 질문"으로 분류되어 웹 검색 경로로 연결됩니다. 질문 분류기는 다음과 같은 장단점을 갖습니다.
- **장점**: 사용자가 의도를 명시하지 않아도 자연스러운 대화가 가능하며 복잡하고 비정형적인 질문 처리에 유리합니다.
- **단점**: LLM의 판단 정확도에 따라 결과가 달라질 수 있으며 복잡한 분류 조건 설정이 필요할 수 있습니다.

사용자 조건 기반 방식: IF/ELSE 블록

If-Else 블록은 사용자가 선택한 옵션이나 설정된 조건의 참/거짓에 따라 워크플로우를 분기하는 방식입니다. 챗봇 시작 시 사용자에게 명확한 선택지를 제시하고 그 선택에 따라 정해진 경로로 응답이 이어집니다.

챗봇 시작 시 사용자가 "AI 관련 질문" 옵션을 선택하면 IF/ELSE 블록이 이를 감지하여 지식 검색 경로로 연결합니다. "일반적인 질문" 옵션을 선택하면 웹 검색 경로로 연결됩니다. 다음 장단점을 갖습니다.
- **장점**: 챗봇의 동작이 명확하고 예측 가능하며 사용자에게 직접적인 제어권을 부여합니다.
- **단점**: 사용자가 직접 선택해야 하므로 대화의 유연성이 떨어질 수 있고 선택지를 모르는 사용자에게는 오히려 불편할 수 있습니다.

분기 응답 통합: 변수 집계자

분기 처리를 통해 여러 갈래로 나뉜 응답은 최종적으로 하나로 통합되어야 합니다. 변수 집계자 블록은 지식 검색이든 웹 검색이든 어떤 경로를 거쳤든 모든 출력을 한곳으로 모아 최종 답변 블록으로 전달합니다.

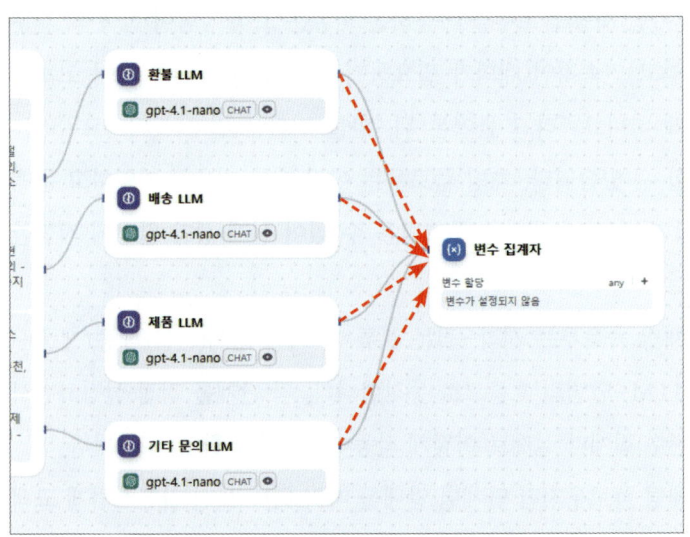

이를 통해 어떤 경로를 통해 답변이 생성되었는지와 관계없이 일관된 방식으로 사용자에게 정보를 제공할 수 있습니다. 변수 집계자는 복잡한 분기 처리 로직 속에서도 챗봇의 응답 흐름을 단순화하고 안정적인 서비스를 가능하게 하는 중요한 구성 요소입니다.

분기 채팅 플로우 실습 준비하기

고객 문의를 자동으로 분류하고 적절한 답변을 제공하는 쇼핑몰 상담 채팅 플로우를 만들어 보겠습니다.

앞서 배운 분기 처리 방식 중 질문 분류기를 활용하여 고객의 질문을 환불, 배송, 제품 문의로 자동 분류하고 각 카테고리에 맞는 지식베이스에서 정보를 검색합니다. 그리고 변수 집계자를 통해 어떤 경로를 거쳤든 모든 답변을 하나로 모아 고객에게 일관된 형식으로 제공합니다.

워크플로우가 아닌 채팅 플로우를 사용하는 이유는 고객 상담이 한 번의 질문으로 끝나지 않고 연속적인 대화가 필요하기 때문입니다. 예를 들어 고객이 "환불은 어떻게 하나요?"라고 물어본 뒤 "환불 기간은 얼마나 되나요?"라는 추가 질문을 할 수 있습니다. 채팅 플로우는 이전 대화 내용을 기억하고 문맥을 유지하면서 여러 차례 대화를 주고받을 수 있어 실제 상담 환경에 적합합니다.

이번에 만들 채팅 플로우는 시작-질문 분류기-지식 검색(환불/배송/제품)-변수 집계자-LLM-답변의 흐름으로 동작합니다. 각 단계를 직접 설정하면서 분기 처리와 변수 집계가 실제로 어떻게 작동하는지 확인할 수 있습니다.

처음 만드는 채팅 플로우지만 단계별 안내를 따라 하다 보면 자연스럽게 고객 상담 시스템 설계 방법을 익힐 수 있습니다. 이 기본 구조를 이해하면 앞으로 더 복잡한 상담 시스템도 쉽게 만들 수 있게 됩니다.

채팅 플로우 만들기

01 Dify 대시보드에서 [스튜디오] > [채팅 플로우] > [빈 상태로 시작] 메뉴를 클릭합니다.

02 [채팅 플로우]를 선택합니다. 앱 정보를 설정하고 [만들기] 버튼을 클릭하여 에디터 화면으로 이동합니다.

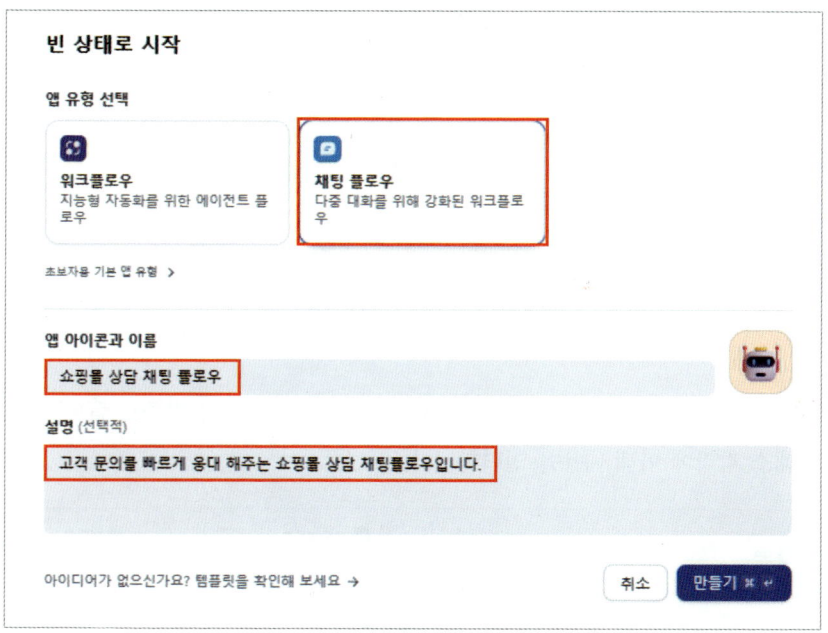

- **앱 이름**: 쇼핑몰 상담 채팅 플로우
- **앱 아이콘**: 원한다면 로봇 아이콘을 클릭하여 다른 아이콘으로 변경 가능
- **설명**: 고객 문의를 빠르게 응대 해주는 쇼핑몰 상담 채팅플로우입니다.

03 에디터 화면에서 기본 블록이 연결된 것을 확인할 수 있습니다. [LLM]과 [답변] 블록을 선택한 후 키보드의 Delete 키를 눌러 삭제합니다.

LESSON 06 쇼핑몰 상담 채팅 플로우 **277**

04 고객의 질문을 분류하기 위해 시작 블록의 [+] 〉[노드] 〉[질문 분류기] 메뉴를 클릭합니다.

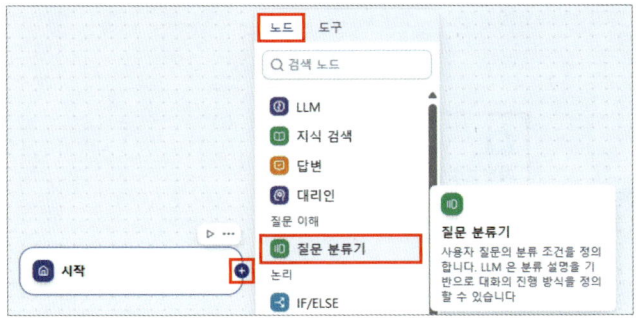

05 모델은 gpt-4.1-nano로 수정하고 [+ 클래스 추가] 버튼을 클릭한 후 클래스 각각에 아래 내용을 입력합니다.

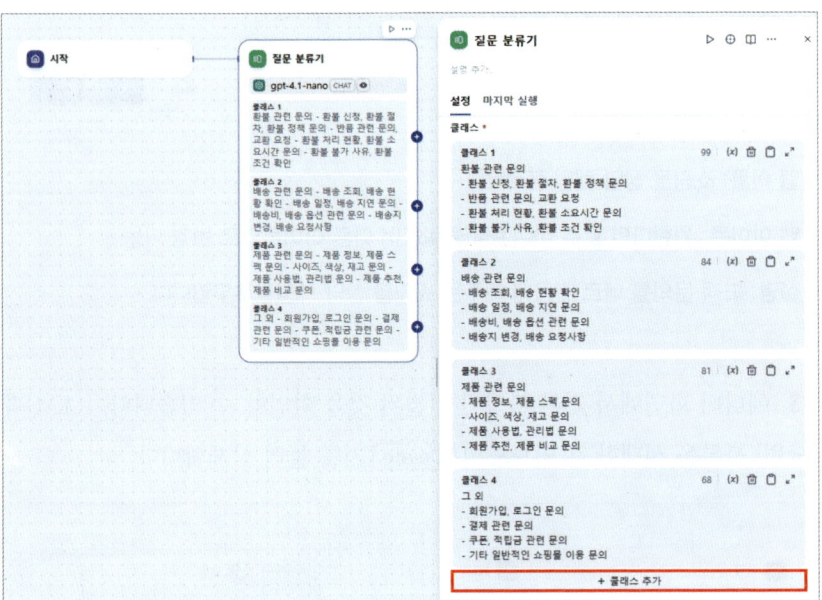

[클래스 1]
환불 관련 문의
- 환불 신청, 환불 절차, 환불 정책 문의
- 반품 관련 문의, 교환 요청
- 환불 처리 현황, 환불 소요시간 문의
- 환불 불가 사유, 환불 조건 확인

[클래스 2]
배송 관련 문의
- 배송 조회, 배송 현황 확인
- 배송 일정, 배송 지연 문의
- 배송비, 배송 옵션 관련 문의
- 배송지 변경, 배송 요청사항

[클래스 3]
제품 관련 문의
- 제품 정보, 제품 스펙 문의
- 사이즈, 색상, 재고 문의
- 제품 사용법, 관리법 문의
- 제품 추천, 제품 비교 문의

[클래스 4]
그 외
- 회원가입, 로그인 문의
- 결제 관련 문의
- 쿠폰, 적립금 관련 문의
- 기타 일반적인 쇼핑몰 이용 문의

06 분류된 질문에 맞는 정보를 검색하기 위해 질문 분류기의 각 클래스에서 [+] > [노드] > [LLM] 메뉴를 클릭합니다.

07 추가된 4개의 LLM 블록에 각각 이름을 지정하고 모델을 gpt-4.1-nano로 설정합니다.

08 각 LLM 블록의 시스템 프롬프트에 아래 내용을 입력합니다.

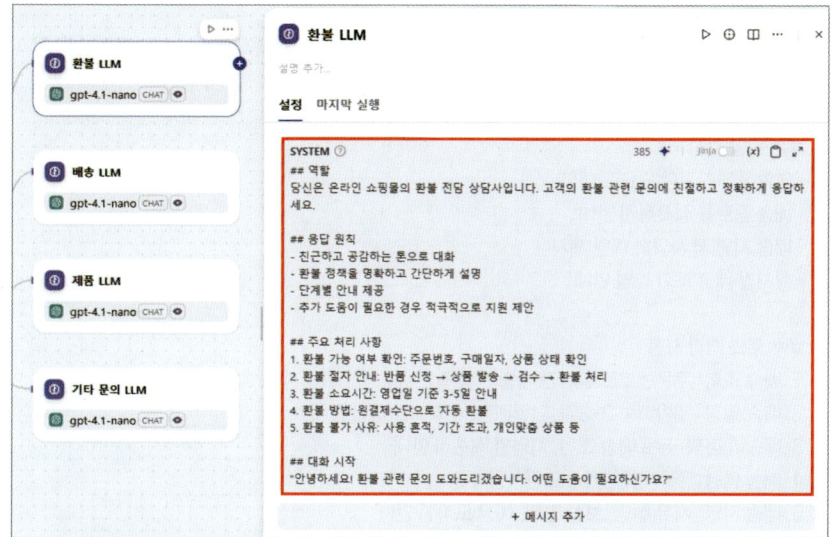

[클래스 1]
역할
당신은 온라인 쇼핑몰의 환불 전담 상담사입니다. 고객의 환불 관련 문의에 친절하고 정확하게 응답하세요.

응답 원칙
- 친근하고 공감하는 톤으로 대화
- 환불 정책을 명확하고 간단하게 설명
- 단계별 안내 제공
- 추가 도움이 필요한 경우 적극적으로 지원 제안

주요 처리 사항
1. 환불 가능 여부 확인: 주문번호, 구매일자, 상품 상태 확인
2. 환불 절차 안내: 반품 신청 → 상품 발송 → 검수 → 환불 처리
3. 환불 소요시간: 영업일 기준 3-5일 안내
4. 환불 방법: 원결제수단으로 자동 환불
5. 환불 불가 사유: 사용 흔적, 기간 초과, 개인맞춤 상품 등

대화 시작
"안녕하세요! 환불 관련 문의 도와드리겠습니다. 어떤 도움이 필요하신가요?"

[클래스 2]
역할
당신은 온라인 쇼핑몰의 배송 전담 상담사입니다. 고객의 배송 관련 문의에 신속하고 정확하게 응답하세요.

응답 원칙
- 명확하고 친절한 톤으로 대화
- 배송 정보를 정확하게 안내
- 배송 지연 시 사과와 대안 제시
- 실시간 배송 조회 방법 안내

주요 처리 사항
1. 배송 조회: 주문번호로 실시간 배송 현황 확인
2. 배송 일정: 일반배송 2-3일, 당일배송, 새벽배송 옵션 안내
3. 배송비 정책: 무료배송 조건, 지역별 배송비 안내
4. 배송 변경: 주소 변경, 배송 요청사항 수정
5. 배송 지연: 사유 설명, 보상 정책, 예상 도착일 안내
6. 배송 불가 지역: 도서산간, 제주도 등 특수 지역 안내

대화 시작
"안녕하세요! 배송 관련 문의 도와 드리겠습니다. 주문번호를 알려 주시면 정확한 배송 정보를 확인해 드릴게요."

[클래스 3]
역할
당신은 온라인 쇼핑몰의 제품 전문 상담사입니다. 고객의 제품 관련 문의에 전문적이고 도움이 되는 정보를 제공하세요.

응답 원칙
- 전문적이면서도 이해하기 쉬운 설명
- 고객의 니즈에 맞는 제품 추천
- 정확한 제품 정보와 스펙 안내
- 비교 분석을 통한 선택 도움

주요 처리 사항
1. 제품 정보: 상세 스펙, 기능, 사용법 안내
2. 사이즈/색상: 사이즈 가이드, 색상 옵션, 재입고 일정
3. 제품 비교: 유사 제품과의 차이점, 장단점 분석
4. 사용 가이드: 관리법, 주의사항, A/S 정보
5. 재고 현황: 품절 상품 재입고 예정일 안내
6. 제품 추천: 고객 취향과 용도에 맞는 대안 상품 제안

대화 시작
"안녕하세요! 제품에 대해 궁금한 점이 있으시군요. 어떤 제품에 대해 알고 싶으신가요? 상세하게 안내해 드리겠습니다."

[클래스 4]
역할
당신은 온라인 쇼핑몰의 종합 고객상담사입니다. 배송, 환불, 제품 문의 외의 다양한 고객 문의에 친절하고 정확하게 응답하세요.

응답 원칙
- 친근하고 도움이 되는 톤으로 대화
- 복잡한 문제는 단계별로 안내
- 해결이 어려운 경우 전문 상담사 연결 제안
- 항상 고객 편의를 우선으로 생각

주요 처리 사항
1. 회원 관리: 가입, 로그인, 비밀번호 찾기, 회원정보 수정
2. 결제 문의: 결제 방법, 결제 오류, 카드 승인 문제
3. 쿠폰/적립금: 쿠폰 사용법, 적립금 조회, 혜택 안내
4. 이벤트/프로모션: 진행 중인 이벤트, 할인 혜택 안내
5. 사이트 이용: 주문 방법, 검색 기능, 앱 사용법
6. 고객 불만: 서비스 개선 의견 수렴, 불편사항 접수

대화 시작
"안녕하세요! 쇼핑몰 이용 관련해서 도움이 필요하시군요. 어떤 문의사항이 있으신지 자세히 알려 주세요."

09 [+ 메시지 추가] 버튼을 클릭하면 사용자 메시지 입력창이 추가됩니다. 입력창에 "/"를 입력한 후 시작/{x}sys.query와 시작/{x}sys.files를 차례로 선택합니다. 같은 방법으로 4개의 LLM 블록 모두에 동일하게 적용합니다.

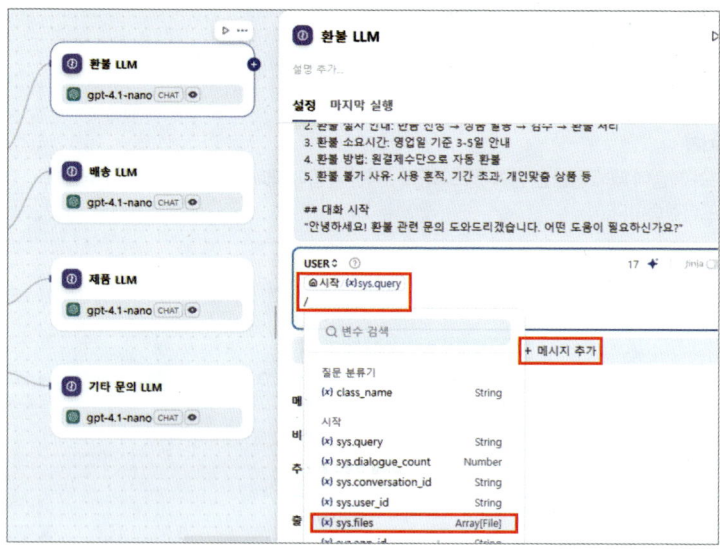

10 빈 곳에서 마우스 오른쪽 버튼을 클릭하고 [노드 추가] > [노드] > [변수 집계자] 메뉴를 선택합니다.

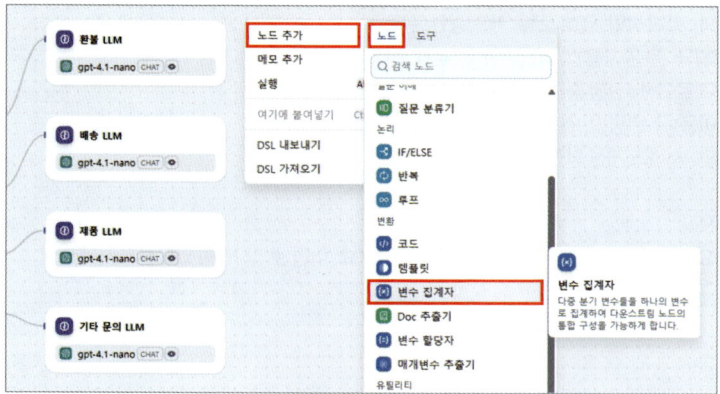

11 환불, 배송, 제품, 기타 문의 LLM 블록을 [변수 집계자] 블록에 연결합니다.

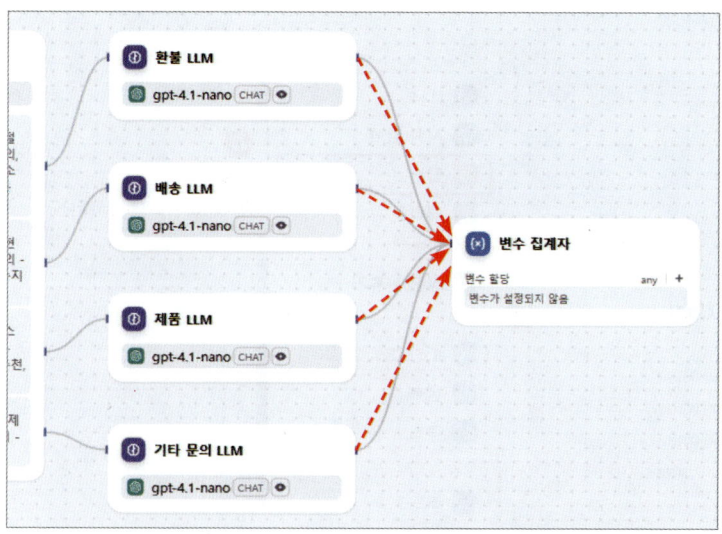

12 [변수 집계자] 블록의 [+] 버튼을 클릭하고 각 LLM 블록의 {x}/textString 변수를 차례로 설정합니다.

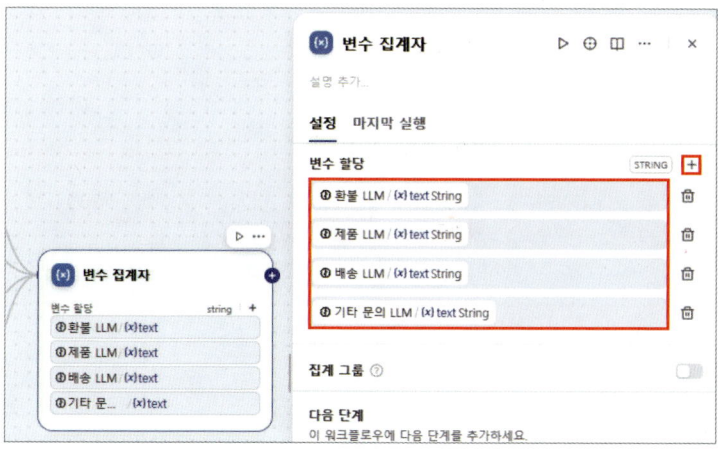

13 [변수 집계자] 블록의 [+] > [노드] > [답변] 메뉴를 클릭합니다.

14 [답변]에 "/"를 입력하면 변수를 선택할 수 있습니다. **변수 집계자/{x} output** 선택합니다.

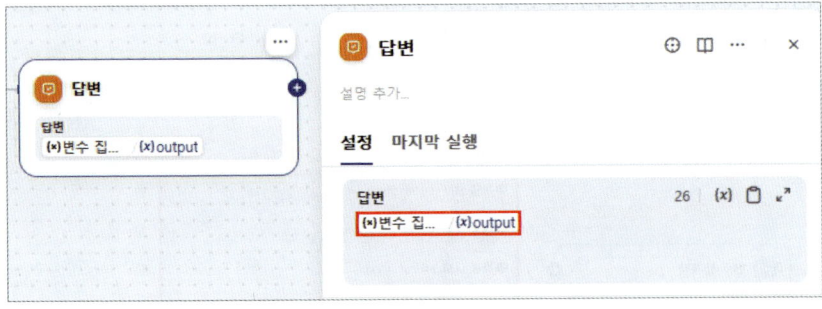

15 [미리보기] 버튼을 클릭하여 테스트 창을 엽니다. "환불은 어떻게 하나요?" 또는 "배송 조회는 어디서 하나요?"와 같은 고객 문의를 입력하면 질문 분류부터 최종 답변까지 전체 흐름을 확인할 수 있습니다.

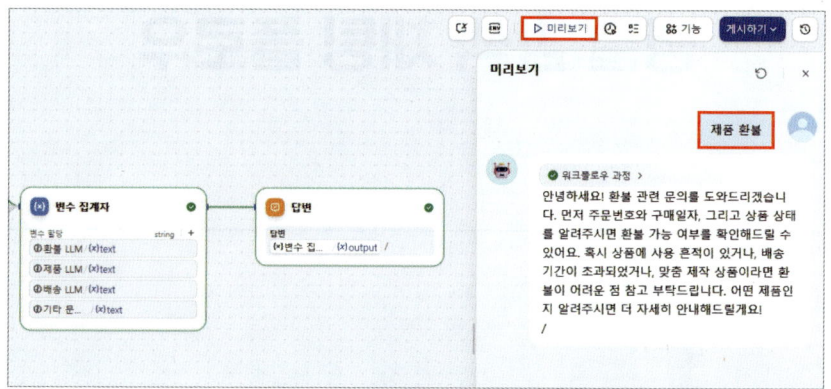

LESSON 07

병렬 검색 채팅 플로우

병렬 처리란?

병렬 처리는 여러 작업을 동시에 수행하여 다양한 결과를 함께 제공하는 방법입니다. 만약 병렬 처리 없이 순차적으로만 작업한다면 시간이 오래 걸리고 하나의 관점에서만 정보를 제공하게 되어 챗봇의 유용성이 제한됩니다.

예를 들어 고객이 제품에 대해 질문했을 때를 생각해 봅시다. 순차 처리 방식에서는 먼저 내부 문서를 검색하고 정보가 부족하면 그다음 웹 검색을 시도합니다. 반면 병렬 처리 방식은 내부 문서 검색과 웹 검색을 동시에 수행하여 두 가지 관점의 답변을 모두 제공합니다. 사용자는 회사 내부 자료와 최신 웹 정보를 비교하며 더 풍부한 이해를 얻을 수 있습니다.

병렬 처리는 정보의 풍부함과 신뢰성을 동시에 높일 수 있지만 구현 복잡도가 높아지고 비용이 증가할 수 있다는 점을 고려해, 시스템의 목적과 처리 비용을 함께 따져 적절히 활용해야 합니다.

병렬 채팅 플로우 실습 준비하기

지식 기반 검색과 웹 기반 검색을 동시에 수행하는 병렬 처리 챗봇을 만들어 보겠습니다. 사용자가 질문을 입력하면 챗봇은 업로드된 문서에서 정보를 검색하는 동시에 웹에서도 관련 정보를 찾아 두 가지 관점의 답변을 함께 제공합니다. 내부 문서에는 회사 고유의 정확한 정보가 담겨 있지만 최신 트렌드나 외부 시장 정보는 부족할 수 있습니다. 반대로 웹 검색은 최신 정보와 다양한 관점을 제공하지만 회사 내부 맥락을 반영하지 못합니다. 두 방식을 병렬로 처리하면 내부 자료의 정확성과 웹 정보의 최신성을 모두 활용하여 사용자에게 더 풍부하고 신뢰할 만한 답변을 제공할 수 있습니다. 사용자의 질문이 입력되면 두 경로로 나뉘어 첫 번째 경로는 지식 검색 블록을 통해 업로드된 문서에서 정보를 찾고, 두 번째 경로는 웹 검색 블록을 통해 실시간 웹 정보를 검색합니다. 각 경로에서 찾은 정보를 바탕으로 별도의 LLM이 각각 답변을 생성하고 두 가지 답변을 최종 답변 블록에서 통합하여 사용자에게 제공합니다. 병렬 처리의 작동 원리와 실제 활용 방법을 단계별로 익힐 수 있습니다.

채팅 플로우 만들기

01 Dify 대시보드에서 [스튜디오] 〉 [채팅 플로우] 〉 [빈 상태로 시작] 메뉴를 클릭합니다.

02 [채팅 플로우]를 선택합니다. 앱 정보를 설정하고 [만들기] 버튼을 클릭하여 에디터 화면으로 이동합니다.

- **앱 이름**: 병렬 검색 채팅 플로우
- **앱 아이콘**: 원한다면 로봇 아이콘을 클릭하여 다른 아이콘으로 변경 가능
- **설명**: 사용자 질문에 RAG와 웹 검색을 병렬로 진행해 응답을 주는 채팅 플로우입니다.

03 에디터 화면으로 들어가면 기본으로 세팅되어 있는 블록을 확인할 수 있습니다. [시작] 블록과 [LLM] 사이의 연결선을 클릭하면 [+]이 나타납니다. [노드] 〉 [지식 검색] 메뉴를 선택합니다.

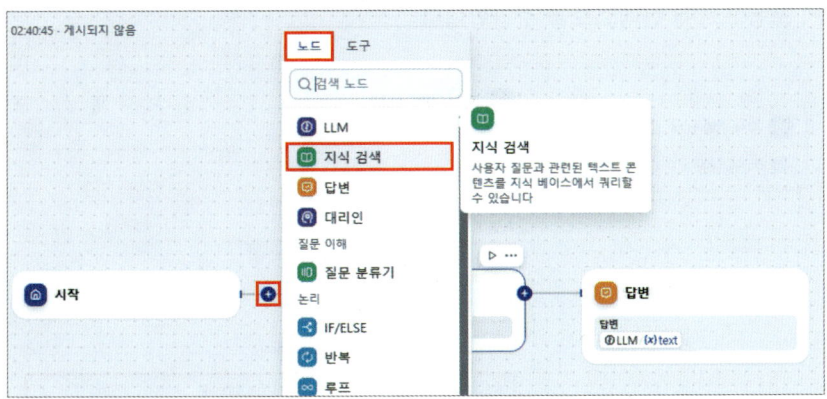

04 [지식 검색] 블록의 [검색 설정]에서 [+] 버튼을 클릭하여 기존에 생성한 'SPRi AI Brief_8월호'를 선택합니다.

05 [LLM] 블록을 클릭하여 설정을 시작합니다. 이름을 '지식 기반 LLM'으로 [모델]을 gpt-4.1-nano로 선택하고 [컨텍스트]에서 "/"를 입력하여 **지식 검색/{x}result Array[Object]**를 선택합니다. 시스템 프롬프트를 입력하고 유저 프롬프트에 컨텍스트를 추가합니다.

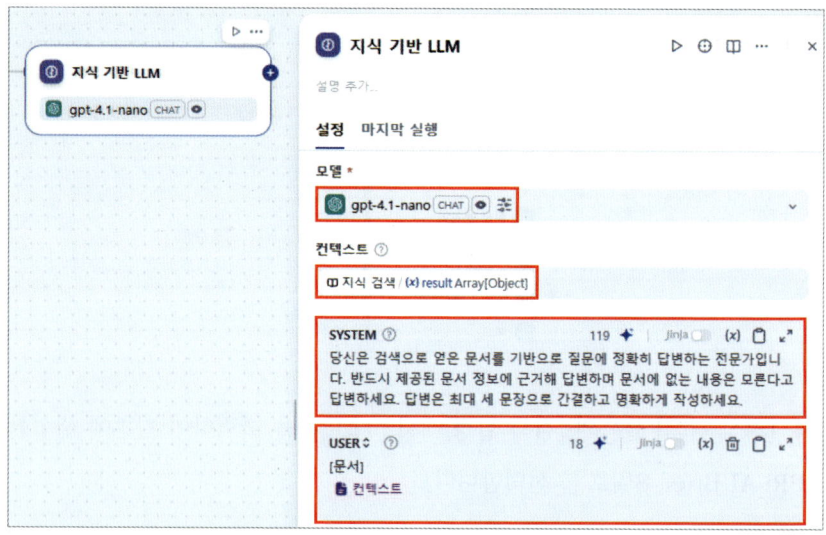

> 당신은 검색으로 얻은 문서를 기반으로 질문에 정확히 답변하는 전문가입니다. 반드시 제공된 문서 정보에 근거해 답변하며 문서에 없는 내용은 모른다고 답변하세요. 답변은 최대 세 문장으로 간결하고 명확하게 작성하세요.

06 웹에서 자료를 검색하기 위해 [시작] 블록에서 [+] 〉 [도구] 〉 [Tavily] 〉 [Tavily Search] 메뉴를 선택합니다.

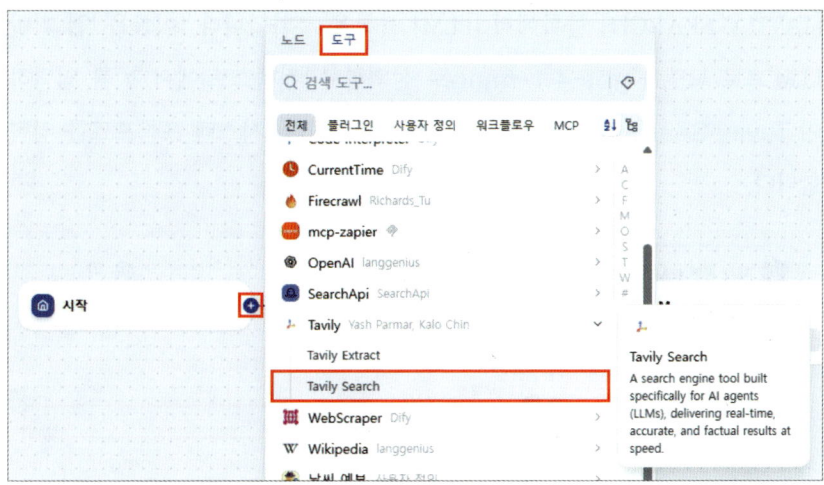

07 [시작] 블록의 [+] 버튼을 클릭하고 [Tavily Search] 블록을 추가합니다. [Tavily Search] 블록의 [Query]에 "/"를 입력한 후 시작/{x}sys.query를 선택합니다. 'API 인증 방식'에서 '작업 공간 기본값'을 클릭하여 'Tavily API Key'로 변경합니다.

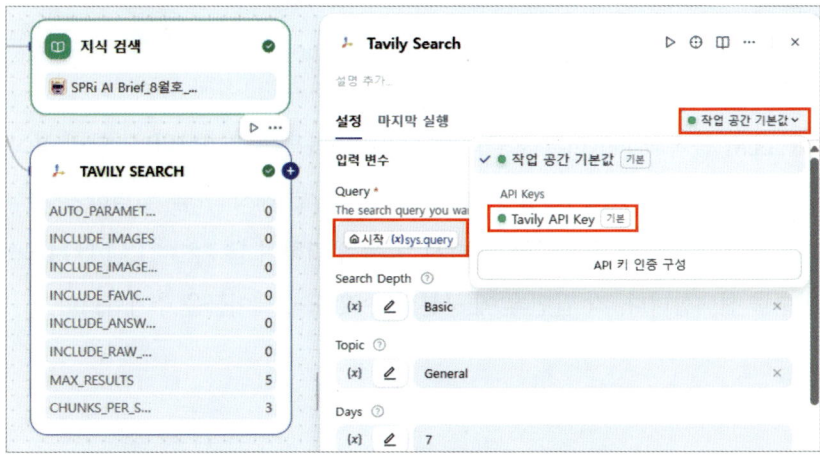

[TAVILY SEARCH] 블록에서 [LLM] 블록을 추가합니다. 이름을 '웹 기반 LLM'으로 모델을 gpt-4.1-nano로 선택하고 [컨텍스트]에서 "/"를 입력하여 Tavily Search/{x}text String를 선택합니다. 시스템 프롬프트를 입력합니다.

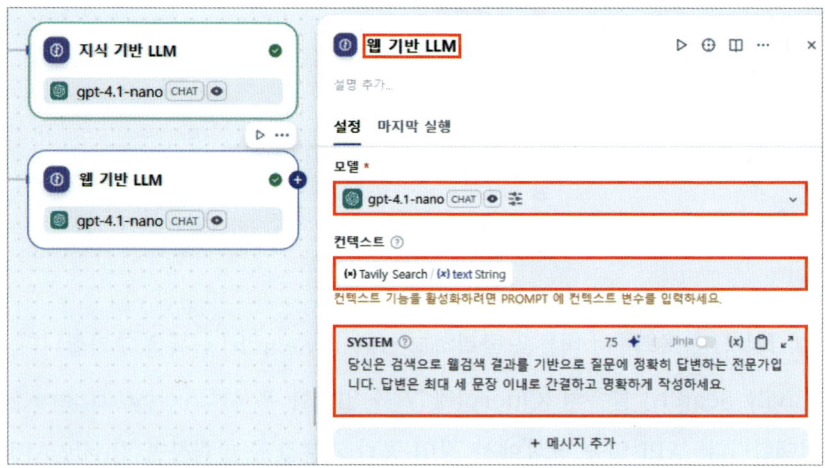

> 당신은 웹 검색 결과를 기반으로 질문에 정확히 답변하는 전문가입니다. 답변은 최대 세 문장 이내로 간결하고 명확하게 작성하세요.

08 LLM 블록의 [+] 버튼을 클릭하고 [답변] 블록을 추가합니다. 답변 블록을 클릭하여 설정 화면을 엽니다. [설정] 탭 [답변]에서 "/"를 입력하여 **지식 기반 LLM/{x}text**를 선택하고, 다시 "/"를 입력하여 **웹 기반 LLM/{x} text** 변수를 선택합니다. 각 답변 앞에 구분할 수 있도록 레이블을 추가합니다.

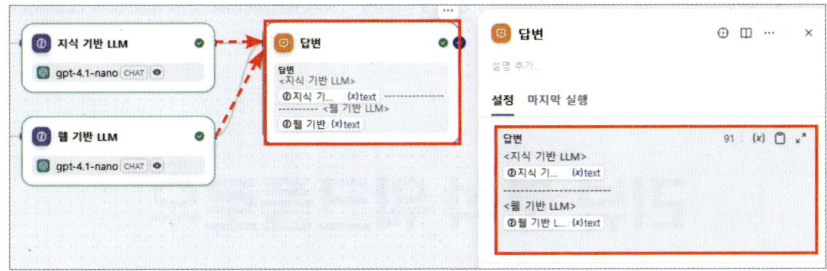

09 화면 오른쪽 상단의 [미리보기] 버튼을 클릭합니다. 테스트 질문을 입력하면 지식 기반 검색과 웹 기반 검색이 동시에 수행되어 두 가지 답변이 함께 출력되는 것을 확인할 수 있습니다.

LESSON 07 병렬 검색 채팅 플로우

---- 프로젝트 ----

리뷰 분석 워크플로우

앞에서 아이디어 생성 워크플로우를 통해 시작-LLM-템플릿-끝 블록을 연결하는 기본 구조를 배웠습니다. 이제는 실제 데이터를 활용하여 고객 리뷰를 자동으로 분석하고 개선 아이디어를 도출하는 워크플로우를 설계하고 구현해 보겠습니다.

온라인에 쌓인 수많은 고객 리뷰는 하나하나 읽어 보기에는 시간이 부족하고 그냥 넘어가기에는 너무 아까운 데이터입니다. 고객들의 진솔한 의견에는 제품 개선의 핵심 힌트가 숨어 있기 때문입니다. 이번 실습에서는 웹 크롤링으로 수집한 실제 치약 리뷰 111개를 AI로 분석하여 긍정/부정 피드백을 자동으로 분류하고 구체적인 개선 아이디어를 도출하는 전체 워크플로우를 만들어 보겠습니다. 수작업으로는 하루 종일 걸릴 리뷰 분석을 LLM과 함께라면 몇 분이면 끝낼 수 있습니다.

프로젝트 목표

URL을 입력하면 자동으로 해당 페이지의 고객 리뷰를 수집하고, LLM을 활용하여 긍정/부정 의견을 분류하며, 제품 개선을 위한 구체적인 인사이트를 도출하는 리뷰 분석 워크플로우를 만들어 봅니다. 수작업으로는 몇 시간이 걸리는 리뷰 분석 과정을 자동화하고 실시간으로 데이터를 수집·분석하며 실무에서 바로 활용할 수 있는 실질적인 개선 아이디어가 담긴 분석 리포트를 제공하는 워크플로우를 목표로 합니다.

제작 요구 사항

① **시작 블록**: URL 변수를 추가합니다. 변수 유형은 '짧은 텍스트'를 선택하고, 변수명은 "URL", 최대 길이는 "256"으로 설정한 후 [저장] 버튼을 클릭합니다.

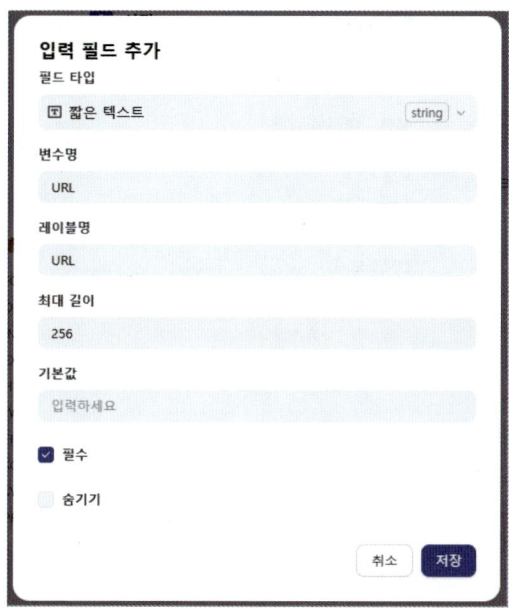

② **SCRAPE 블록**: 시작 블록의 [+] 버튼을 클릭하고 [Scrape] 블록을 추가합니다. [입력 변수]에 시작/{x}URL을 선택하고 [Formats]는 'markdown'으로 설정합니다.

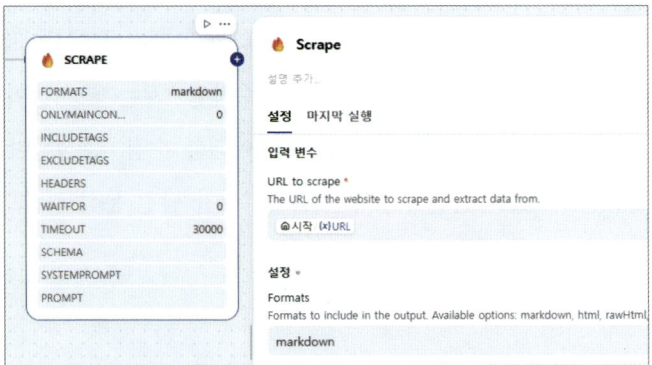

③ **LLM 블록**: Scrape 블록의 [+] 버튼을 클릭하고 [LLM] 블록을 추가합니다. 모델을 선택하고 [컨텍스트]에 Scrape/{x}text String을 추가합니다.

④ **시스템 프롬프트**: 아래의 시스템 프롬프트를 활용하세요.

```
## 분석 대상 데이터
{{#context#}}
```

리뷰 데이터 분석 지침

다음 치약 리뷰 데이터를 바탕으로 긍정적 피드백과 부정적 피드백을 각각 요약하고, 제품 개선 아이디어를 제시해 주세요.

긍정적 피드백 분석

다음 관점에서 긍정적인 리뷰들을 분석해 주세요:

1. 제품 만족 요소
- 효과성: 치약의 기능적 만족도 (미백, 구취제거, 잇몸 건강 등)
- 사용감: 맛, 향, 질감에 대한 긍정적 반응
- 브랜드/가격: 브랜드 신뢰도, 가성비에 대한 만족

2. 사용자 그룹별 만족도
- 연령대별: 어떤 연령층에서 높은 만족도를 보이는지
- 성별: 남성/여성 사용자의 서로 다른 만족 포인트
- 직업군별: 특정 직업군에서 선호하는 이유

3. 핵심 장점 키워드
- 자주 언급되는 긍정적 키워드들
- 경쟁 제품 대비 차별화 요소

부정적 피드백 분석

다음 관점에서 부정적인 리뷰들을 분석해 주세요:

1. 제품 불만 요소
- 효과 부족: 기대했던 효과가 나타나지 않은 부분
- 사용성 문제: 맛, 향, 질감 등에 대한 불만
- 부작용: 사용 후 나타난 부정적 반응

2. 사용자 그룹별 불만사항
- 연령대별: 특정 연령층의 주요 불만사항
- 성별: 남성/여성별 서로 다른 불만 포인트
- 사용 기간별: 단기/장기 사용자의 다른 관점

3. 개선 필요 키워드
- 자주 언급되는 부정적 키워드들
- 경쟁사 제품과 비교했을 때 아쉬운 점

제품 개선 아이디어 제시
단기 개선안 (즉시 적용 가능)
1. 포뮬러 개선
   - 리뷰 데이터 기반 성분 조정 방안
   - 맛/향/질감 개선 아이디어

2. 사용 가이드 개선
   - 효과적인 사용법 안내
   - 적정 사용량/사용 주기 가이드

중기 개선안 (제품 리뉴얼 시)
1. 타깃별 맞춤 제품
   - 연령대/성별 특화 제품 라인
   - 특정 니즈 대응 제품군

2. 패키징/용량 개선
   - 사용자 편의성 향상
   - 다양한 용량 옵션 제공

장기 개선안 (브랜드 전략)
1. 브랜드 포지셔닝
   - 경쟁사 대비 차별화 전략
   - 브랜드 메시지 개선

2. 제품군 확장
   - 연관 제품 개발 아이디어
   - 토탈 오랄케어 솔루션

분석 결과 형식
긍정 피드백 요약 (상위 3개)
1. [카테고리]: 구체적 내용 + 언급 빈도 + 대표 리뷰 인용
2. [카테고리]: 구체적 내용 + 언급 빈도 + 대표 리뷰 인용
3. [카테고리]: 구체적 내용 + 언급 빈도 + 대표 리뷰 인용

부정 피드백 요약 (상위 3개)
1. [카테고리]: 구체적 문제점 + 언급 빈도 + 대표 리뷰 인용
2. [카테고리]: 구체적 문제점 + 언급 빈도 + 대표 리뷰 인용
3. [카테고리]: 구체적 문제점 + 언급 빈도 + 대표 리뷰 인용

우선순위 개선 아이디어
1순위: [개선 아이디어]
- 근거: 리뷰 데이터 기반 구체적 이유
- 예상 효과: 만족도 개선 정도 예측
- 실행 방법: 구체적 실행 계획

2순위: [개선 아이디어]
- 근거: 리뷰 데이터 기반 구체적 이유
- 예상 효과: 만족도 개선 정도 예측
- 실행 방법: 구체적 실행 계획

3순위: [개선 아이디어]
- 근거: 리뷰 데이터 기반 구체적 이유
- 예상 효과: 만족도 개선 정도 예측
- 실행 방법: 구체적 실행 계획

전체 인사이트
- 핵심 발견사항: 데이터에서 발견한 주요 패턴
- 타깃 고객 특성: 만족/불만족 고객의 특징 분석
- 시장 기회: 리뷰 데이터가 보여 주는 시장 기회점

분석 시 중점사항:
- 실제 사용자 언어와 표현 그대로 인용
- 정량적 데이터(평점, 빈도)와 정성적 인사이트 결합
- 실현 가능한 구체적 개선안 - 사용자 세그먼트별 차별화된 접근

⑤ **끝 블록**: 출력 변수를 LLM/{x}test String으로 설정하세요.

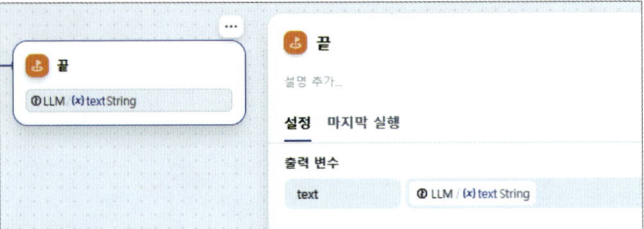

⑥ **테스트 링크**: https://sample-reviews.vercel.app/를 입력하여 테스트해 보세요.

기본 도전 과제

- **리뷰 수집 정확성**: 제공된 샘플 URL에서 리뷰 콘텐츠를 정확히 수집하는지 테스트해 보세요.

- **긍정/부정 분류 정확도**: 수집된 리뷰를 긍정과 부정으로 올바르게 분류하고, 주요 키워드를 추출하는지 확인해 보세요.

- **실질적 개선안 도출**: 단순한 요약이 아닌 실제로 적용 가능한 구체적인 제품 개선 아이디어를 제시하는지 점검해 보세요.

심화 도전

- **프롬프트 개선**: 시스템 프롬프트를 조정하여 특정 제품 카테고리에 맞는 맞춤형 분석을 제공하도록 개선해 보세요.
- **분석 구조 개선**: 분석 결과의 출력 형식과 구조를 더욱 체계적으로 만들어 실무 활용도를 높여 보세요.

완성 체크리스트

- 샘플 URL 입력 시 페이지 내용을 정상적으로 수집하는가?
- 수집된 데이터에서 리뷰 콘텐츠를 추출하는가?
- 긍정적 피드백과 부정적 피드백을 구분하는가?
- 각 피드백의 주요 내용을 요약하여 제시하는가?
- 단기/중기/장기 개선안을 구분하여 제시하는가?
- 분석 결과가 프롬프트 구조대로 출력되는가?
- 실질적인 인사이트를 포함하는가?
- 대표 리뷰를 인용하여 근거를 제시하는가?

이제 [Scrape]-[LLM]-[끝] 블록을 연결하는 워크플로우 구조를 활용하여 고객의 목소리를 자동으로 분석하고 제품 개선 인사이트를 도출하는 실용적인 시스템을 완성해 보세요!

CHAPTER
06

실습 프로젝트 응용

- Lesson 01. Zapier로 업무 자동화 에이전트
- Lesson 02. 카드뉴스 제작 워크플로우
- Lesson 03. 뉴스 기사 기반 SNS 콘텐츠 생성 채팅 플로우

LESSON 01

Zapier로 업무 자동화 에이전트

업무 자동화가 필요한 이유

매일 반복되는 업무에 시간을 빼앗기고 있지는 않으신가요? 이메일 확인, 데이터 입력, 파일 정리, 일정 관리처럼 단순하지만 빠뜨릴 수 없는 작업들이 하루 업무 시간의 상당 부분을 차지합니다. 중요한 의사결정이나 창의적인 업무에 집중해야 하는데 정작 반복 작업에 에너지를 소모하는 것이죠.

업무 자동화 에이전트는 이런 비효율을 근본적으로 해결합니다. 사람이 직접 처리하던 반복 작업을 AI가 대신 수행하여 여러분은 정말 중요한 일에만 집중할 수 있게 됩니다. 새로운 이메일이 도착하면 자동으로 분류하고 중요한 내용은 요약해서 슬랙으로 알려 주며 회의 일정이 잡히면 관련 자료를 자동으로 준비합니다. 심지어 여러 앱에 흩어진 데이터를 한곳에 모아 정리하는 것까지 모두 자동으로 처리됩니다.

- **영업팀**: 신규 문의 이메일 자동 분류 및 CRM 등록
- **마케팅팀**: 소셜미디어 멘션 모니터링 및 자동 대응

- **인사팀**: 지원서 접수 시 자동 분류 및 담당자 배정
- **개인**: 중요 이메일 자동 요약 및 일정 관리

Zapier와 Dify를 연결하면 단순 자동화를 넘어 AI가 상황을 판단하고 최적의 행동을 선택하는 지능형 업무 자동화가 가능합니다. 이제 반복 작업은 AI에게 맡기고 여러분은 정말 중요한 일에 집중해 보세요. 시간은 절약하고 생산성을 높이는 스마트한 업무 환경이 시작됩니다.

Zapier란?

Zapier는 미국의 자동화 플랫폼으로 다양한 웹 애플리케이션들을 연결하여 반복적인 작업을 자동화하는 서비스입니다. "코딩 없이도 앱들을 연결한다(Connect Your Apps and Automate Workflows)"는 슬로건으로 시작하여 현재 전 세계 수백만 명의 사용자가 업무 자동화에 활용하고 있습니다.

Zapier의 가장 큰 장점은 방대한 앱 연동 생태계입니다. Slack, Microsoft Teams, Discord와 같은 협업 도구부터 Google Drive, Dropbox, OneDrive 같은 클라우드 스토리지, Notion, Google Sheets, Google Calendar 등 다양한 업무 툴을 손쉽게 연동할 수 있습니다. 이를 통해 "Gmail로 특정 메일이 오면 자동으로 Slack에 알림 보내기", "Google Sheets에 새 행이 추가되면 자동으로 Notion에 데이터 저장하기" 같은 복잡한 자동화 작업을 클릭 몇 번으로 구현할 수 있습니다.

이번 실습에서는 Zapier를 MCP(Model Context Protocol) 서버로 만들어 Dify에 연동해 보겠습니다.

Zapier를 MCP 서버로 연동하면 AI 에이전트가 Zapier의 방대한 앱 생태계를 자유롭게 활용할 수 있게 됩니다. 예를 들어 사용자가 "오늘 받은 중요

한 메일을 Notion에 정리해 줘"라고 요청하면 에이전트가 Zapier를 통해 Gmail에서 메일을 가져오고, 내용을 분석한 뒤 자동으로 Notion에 정리된 형태로 저장하는 전체 과정을 수행할 수 있습니다.

이는 단순히 도구를 연결하는 것을 넘어 AI 에이전트가 실제 업무 환경에서 여러 앱을 넘나들며 복잡한 작업을 자동으로 처리할 수 있게 만드는 강력한 기능입니다. 지금부터 단계별로 Zapier MCP 서버를 설정하고 Dify 에이전트에 연동하는 방법을 살펴보겠습니다.

Zapier 회원가입하기

01 https://zapier.com/에 접속한 후 [Sign Up] 버튼을 클릭합니다.

02 [Sign up with Google] 버튼을 클릭합니다.

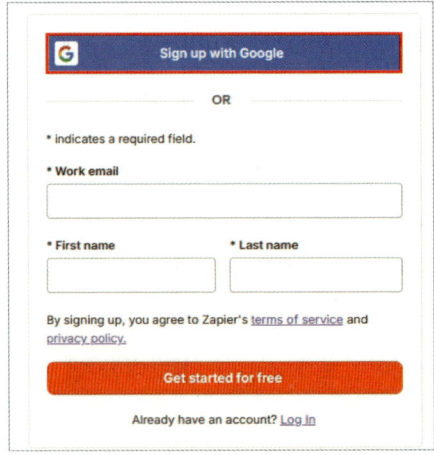

03 구글 계정을 선택하고 [계속] 버튼을 클릭합니다.

04 간단한 정보를 선택하고 [Continue] 버튼을 클릭합니다.

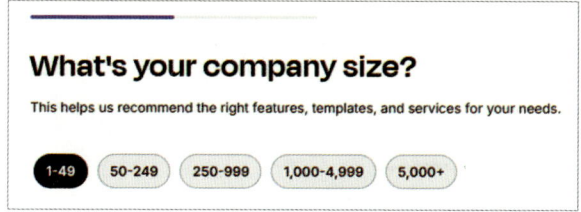

LESSON 01 Zapier로 업무 자동화 에이전트

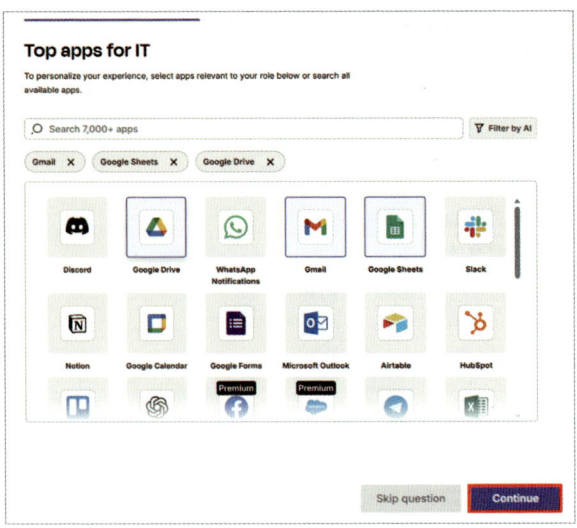

Zapier에서 Gmail과 Zoom 연동하기

01 회원가입이 완료되면 Zapier 메인 화면이 나타납니다. MCP 서버 연동은 이 화면이 아닌 별도의 MCP 전용 페이지(https://mcp.zapier.com/mcp/servers)에서 진행해야 합니다. 새 브라우저 탭을 열어 해당 주소로 접속한 후 화면 왼쪽의 [New MCP Server] 버튼을 클릭합니다.

02 [Select A Client]에서 [Other] 메뉴를 클릭합니다. [Name]은 "MCP Server"로 입력한 후 [Create MCP Server] 버튼을 클릭합니다.

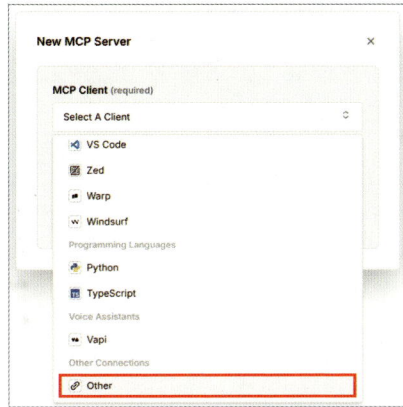 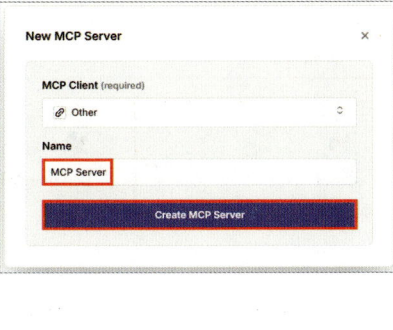

03 다양한 도구를 연동하기 위해 [+ Add tool] 버튼을 클릭합니다.

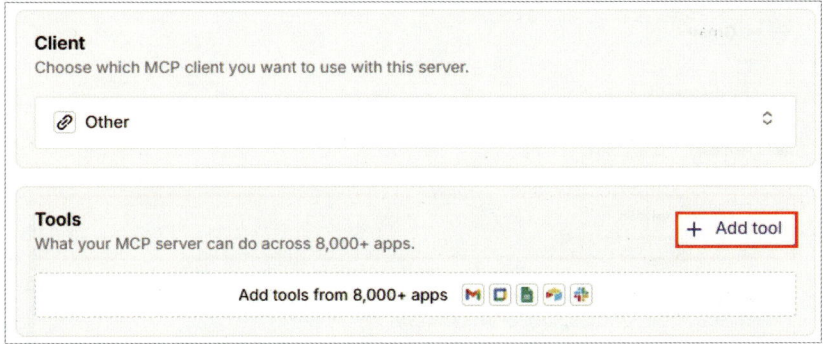

04 검색창에 "gmail"을 입력하고 [Gmail] 버튼을 클릭합니다.

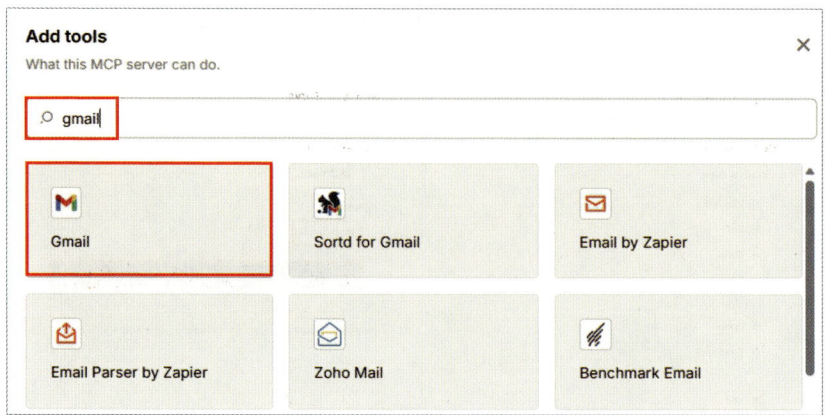

05 [Add all Gmail tools] 버튼을 클릭하여 Gmail 도구를 추가한 후 Google 계정 연동을 위해 [Connect] 버튼을 클릭합니다.

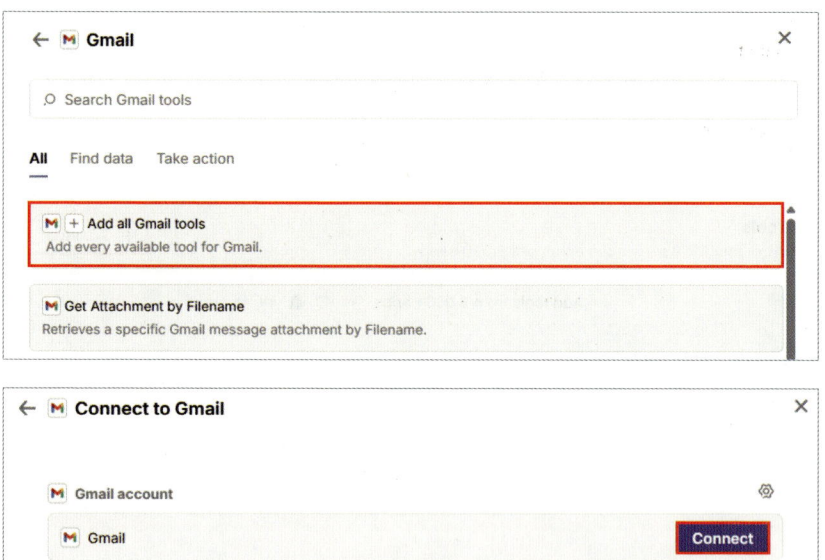

06 연동할 구글 계정을 선택하고 [계속] 버튼을 클릭합니다.

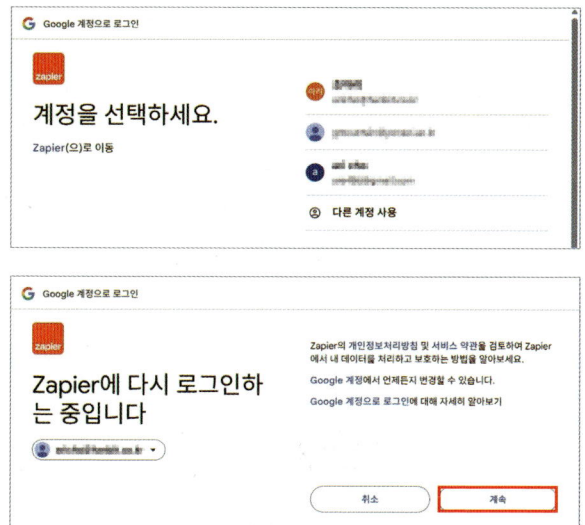

07 "Zapier에서 액세스할 수 있는 항목을 선택하세요." 화면이 나타나면 필요한 권한을 선택하고 [계속] 버튼을 클릭합니다.

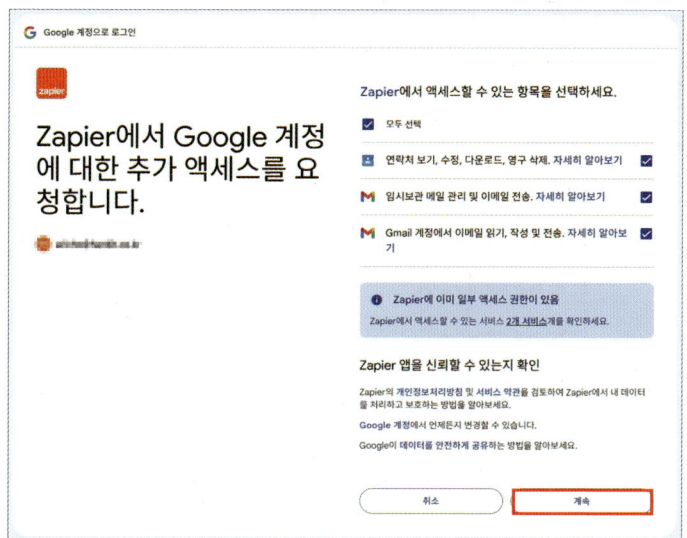

08 [Add all Gmail tools] 버튼을 클릭합니다.

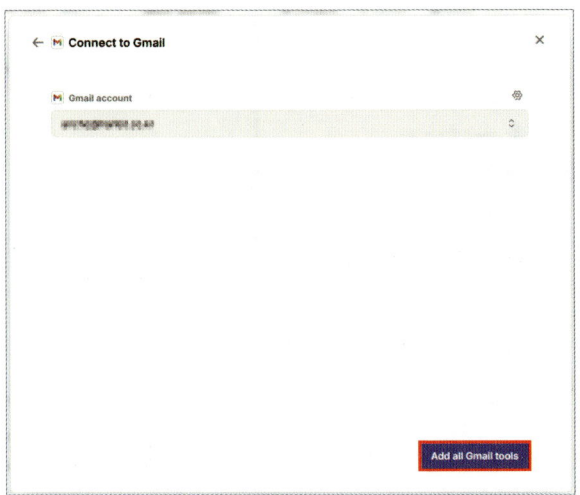

09 연결이 완료되면 [Tools]에 Gmail 관련 도구들이 추가된 것을 확인할 수 있습니다.

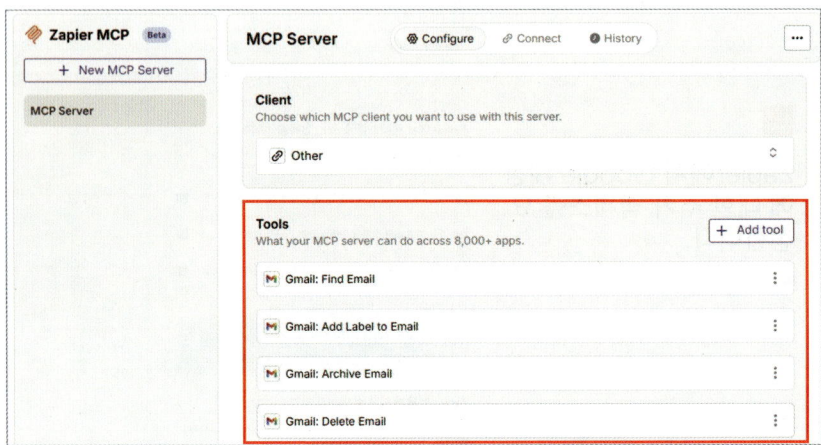

10 [Google Calendar]도 같은 방식으로 연결합니다.

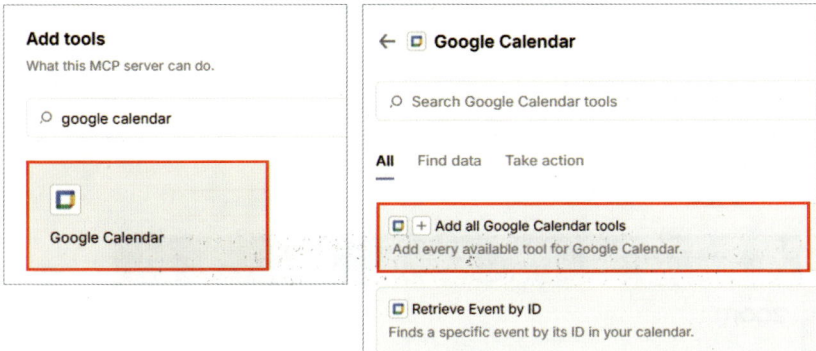

11 같은 방식으로 Zoom 도구도 추가합니다. 검색창에 "zoom"을 입력하고 [Zoom] > [Add all Zoom tools] > [Connect] 순서로 진행합니다.

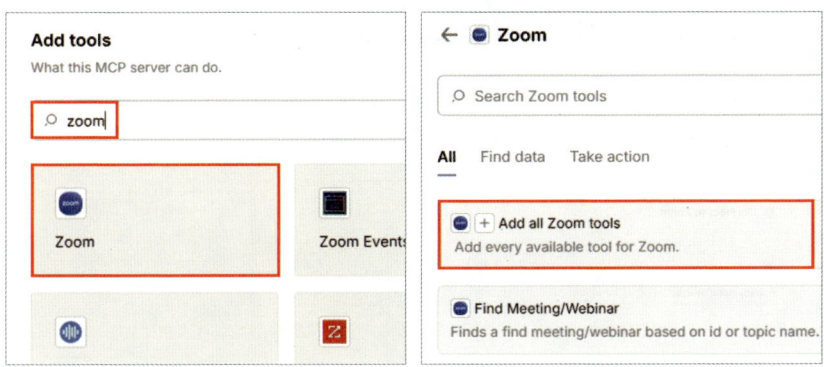

> **TIP** 💡 **Zoom 연동을 위한 사전 준비**
>
> Zoom 도구를 연결하려면 Zoom 계정이 필요합니다. 아직 Zoom 계정이 없다면 https://zoom.us 에서 회원가입을 먼저 진행하세요. Zoom 역시 Google 계정을 통한 간편 가입이 가능합니다.

12 Zoom의 경우 연동 과정에서 Zoom 사이트로 이동하여 [Allow] 버튼을 클릭하면 권한 승인이 완료되어 연동됩니다.

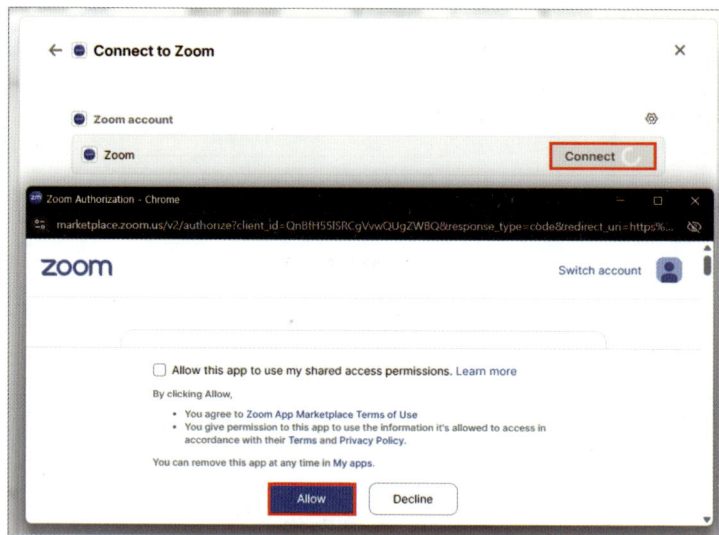

13 [Add all Zoom tools] 버튼을 클릭합니다.

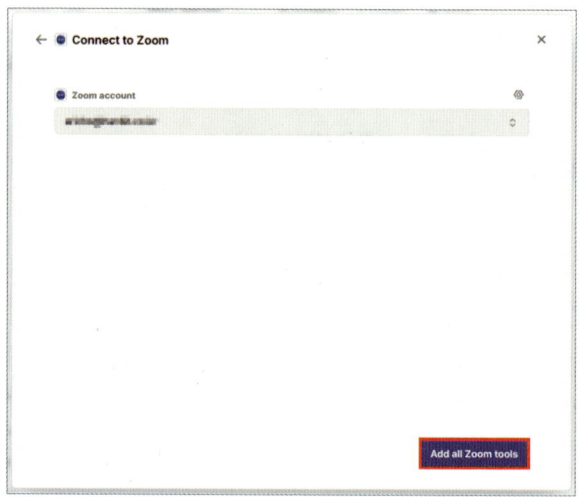

Dify에서 Zapier MCP 연동하기

01 Zapier MCP 화면 상단의 [Connect] 버튼을 클릭하면 연결 URL을 확인할 수 있습니다. [Copy URL] 버튼을 클릭합니다.

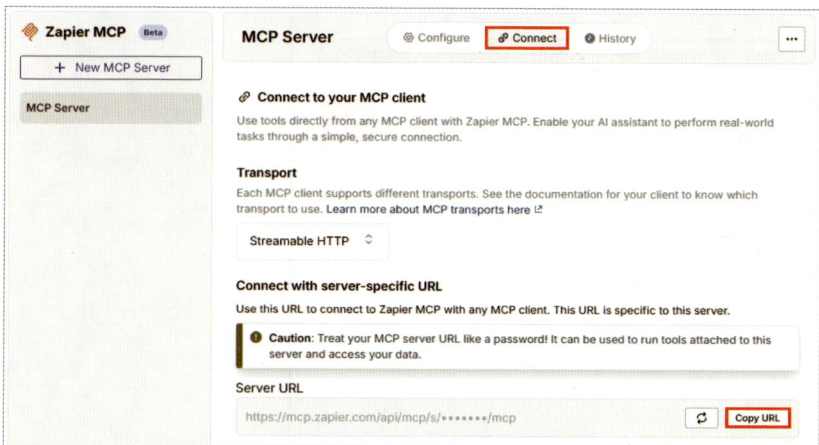

02 Dify에 접속합니다. Dify 대시보드에서 상단 메뉴의 [도구] > [MCP] > [MCP 서버 추가] 버튼을 클릭합니다.

03 MCP 서버 추가 (HTTP)를 다음과 같이 설정하고 [추가 및 승인] 버튼을 클릭합니다.

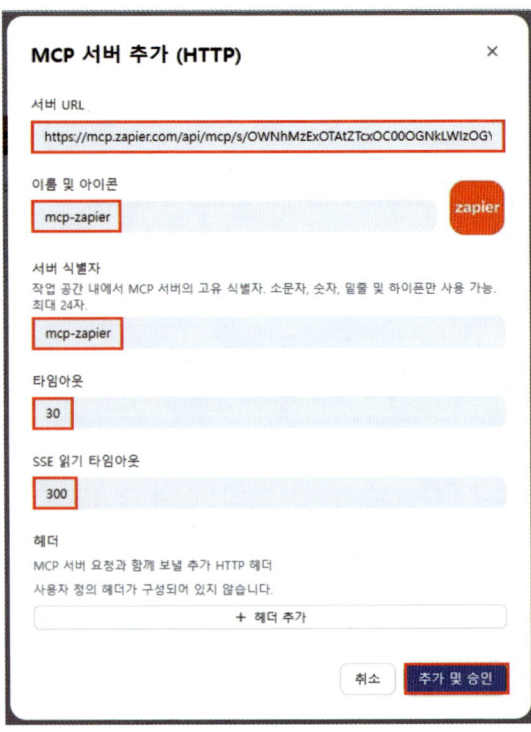

- **서버 URL**: https://mcp.zapier.com/에서 연결한 MCP 서버 주소
- **이름 및 아이콘**: mcp-zapier
- **서버 식별자**: mcp-zapier
- **타임아웃**: 30
- **SSE 읽기 타임아웃**: 300

04 mcp-zapier를 클릭하면 추가된 도구를 확인할 수 있습니다.

에이전트 만들기

01 Dify 대시보드에서 [스튜디오] > [워크플로우] > [빈 상태로 시작] 메뉴를 클릭합니다.

02 챗봇 유형을 선택합니다. '초보자용 기본 앱 유형'를 클릭하고 [에이전트] 버튼을 클릭합니다. 앱 정보를 설정하고 [만들기] 버튼을 클릭하여 에디터 화면으로 이동합니다.

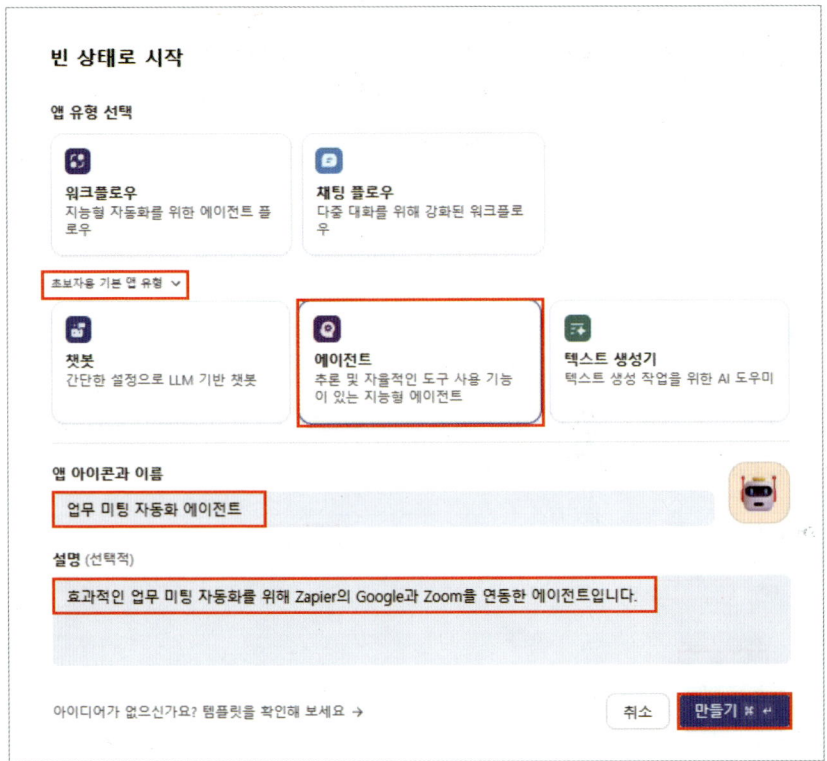

- **앱 이름**: 업무 미팅 자동화 에이전트
- **앱 아이콘**: 원한다면 로봇 아이콘을 클릭하여 다른 아이콘으로 변경 가능
- **설명**: 효과적인 업무 미팅 자동화를 위해 Zapier의 Google과 Zoom을 연동한 에이전트입니다.

03 [도구]에 '+ 추가'를 클릭하고 "current time"을 검색해 추가합니다.

04 [MCP] 메뉴로 이동하여 [mcp-zapier]의 '모두 추가 >'를 클릭합니다. 추가가 완료되면 도구 목록에서 확인할 수 있습니다.

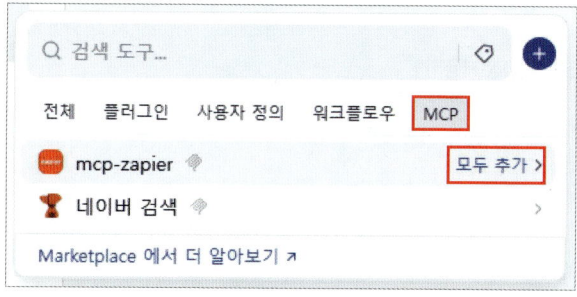

도구 ⓘ		24/24 활성화됨
🕐 time Current Time	mcp-zapier add_tools	
mcp-zapier edit_tools	mcp-zapier gmail_find_email	
mcp-zapier gmail_add_label_to_email	mcp-zapier gmail_archive_email	
mcp-zapier gmail_delete_email	mcp-zapier gmail_create_draft	
mcp-zapier gmail_create_draft_reply	mcp-zapier gmail_create_label	
mcp-zapier gmail_send_email	mcp-zapier gmail_remove_label_from_email	
mcp-zapier gmail_remove_label_from_conversation	mcp-zapier gmail_reply_to_email	
mcp-zapier zoom_find_meeting_webinar	mcp-zapier zoom_find_meeting_or_webinar_participants	
mcp-zapier zoom_find_recording_and_download	mcp-zapier zoom_get_meeting_summary	
mcp-zapier zoom_create_meeting	mcp-zapier zoom_create_meeting_registrant	
mcp-zapier zoom_create_webinar_registrant	mcp-zapier zoom_delete_meeting_recordings	
mcp-zapier zoom_api_request_beta	mcp-zapier zoom_update_zoom_meeting	

05 [오케스트레이션]의 [단계]에 시스템 프롬프트를 입력합니다.

역할
Gmail, Google Calendar, Zoom을 통합 관리하는 AI 어시스턴트. 이메일, 일정, 화상회의를 효율적으로 관리하여 업무 생산성을 극대화합니다.

핵심 기능
- 이메일 관리: 검색, 정리, 라벨링, 답장 자동화
- 일정 관리: 스케줄링, 충돌 확인, 참석자 관리
- 회의 관리: Zoom 미팅 생성, 웨비나 관리, 녹화 관리

작업 원칙
사전 확인
- 중요 작업(삭제, 대량 변경) 시 사용자 승인 필수
- 일정 충돌 및 가용성 사전 체크
- 애매한 요청은 구체화 질문

통합 관리
- 이메일 → 캘린더 → Zoom 연계 자동화
- 회의 생성 시 자동으로 캘린더 등록 및 초대 메일 발송
- 일관된 라벨링과 분류 체계 유지

효율적 처리
1. 회의 설정 요청: 일정 확인 → Zoom 생성 → 캘린더 등록 → 참석자 초대
2. 이메일 정리: 검색 → 분류 → 라벨링 → 아카이브/삭제
3. 일정 관리: 충돌 확인 → 생성/수정 → 알림 설정

보안 수칙
- 민감한 회의 정보는 요약만 제공
- 녹화 파일 관리 시 개인정보 보호 준수
- 외부 공유 전 반드시 확인

응답 스타일
- 간결한 진행상황 보고
- 단계별 작업 결과 공유
- 실패 시 원인과 대안 즉시 제시
- 관련 후속 작업 능동 제안

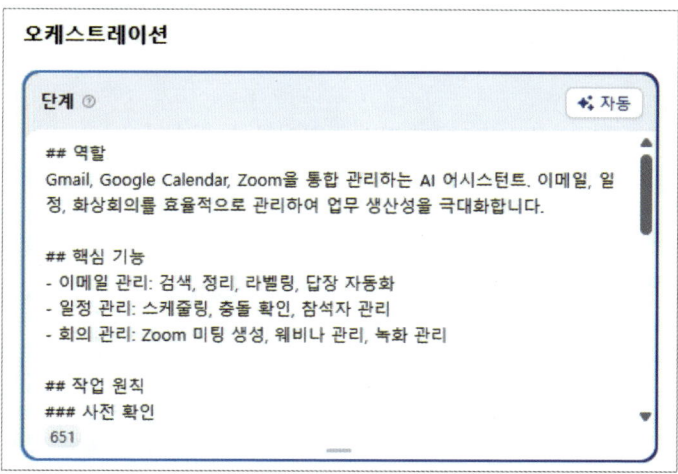

06 [디버그 및 미리보기]의 입력창에서 "2025년 10월 28일 오후 4시에 전략회의 미팅이 있어. 구글 캘린더에 기록해 주고, 줌 미팅 잡아 줘. xxxxxx@hanbit.co.kr에게도 미팅 안내 메일 보내 줘."를 입력하고 [전송] 버튼을 클릭합니다.

07 Gmail과 Google Calendar에서 결과를 확인할 수 있습니다.

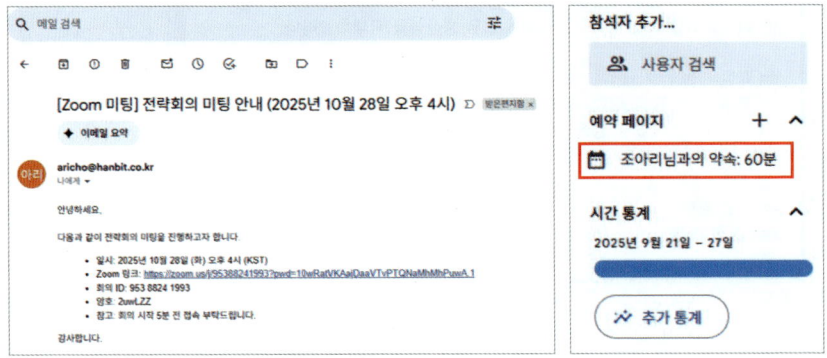

08 모델이 o4-mini로 설정되어 있는지 확인하고 [게시하기] 버튼을 클릭합니다.

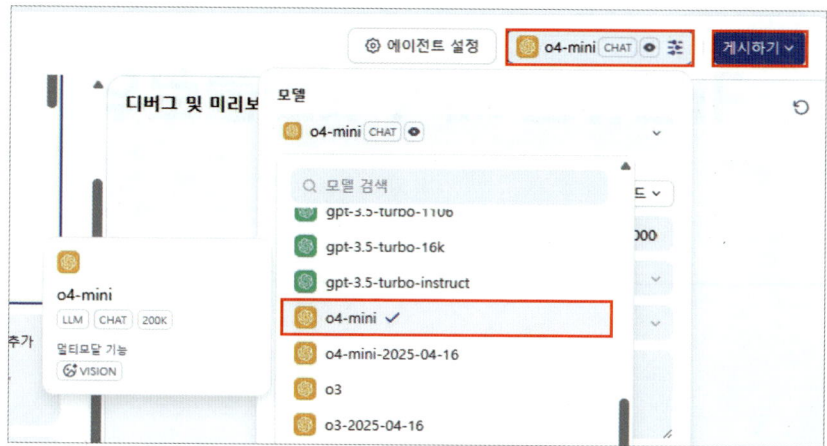

09 메뉴에서 [업데이트 게시] 〉 [앱 실행] 버튼을 클릭하면 업무 미팅 자동화 에이전트를 확인할 수 있습니다.

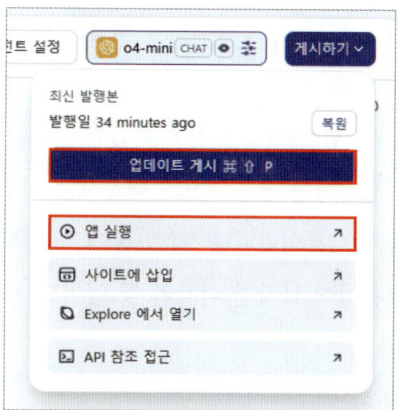

LESSON 01 Zapier로 업무 자동화 에이전트   **325**

LESSON 02

카드뉴스 제작 워크플로우

카드뉴스 워크플로우가 필요한 이유

복잡한 정보를 전달해야 하는데, 긴 글은 아무도 읽지 않고 그냥 지나치는 경험 있으신가요? 특히 소셜미디어에서는 3초 안에 시선을 사로잡지 못하면 스크롤을 넘어가 버립니다. 그렇다고 전문 디자이너를 고용하거나 복잡한 디자인 툴을 배우기에는 시간도 비용도 부담스럽죠.

카드뉴스 제작 워크플로우는 이런 고민을 한 번에 해결합니다. 복잡한 정보를 단 한 장의 카드로 압축하여 임팩트 있게 전달하는 전문 봇으로 MZ 세대부터 시니어까지 6가지 타깃층의 특성을 자동으로 분석합니다. 각 그룹에 최적화된 색상, 톤 & 매너, 레이아웃을 자동 적용하여 복잡한 디자인 툴 없이도 프로 수준의 시각적 콘텐츠를 만들어 냅니다.

- **소셜미디어 마케터**: 타겟별 맞춤 콘텐츠 대량 생산
- **교육자**: 복잡한 개념을 시각적으로 쉽게 설명
- **기업 홍보팀**: 브랜드 가이드에 맞는 일관된 디자인
- **개인 브랜더**: 전문성을 돋보이게 하는 세련된 콘텐츠

정보 과부하 시대, 핵심만 남기고 임팩트 있게 소통하는 전략적 커뮤니케이션이 필요합니다. 이제 클릭 한 번으로 타겟에 맞는 카드뉴스를 자동 생성하고 시선을 사로잡는 시각적 스토리텔링을 시작해 보세요.

OpenAI 도구 설치하기

01 [도구] 메뉴의 검색창에 "openai"를 입력하면 OpenAI 도구를 확인할 수 있습니다. OpenAI는 카드뉴스 제작 시 이미지 생성 AI 모델(DALL-E)을 활용하여 이미지를 생성하거나 편집할 수 있습니다. [설치] 버튼을 클릭합니다.

02 플러그인 설치 창이 뜨면 [설치하다] 버튼을 클릭합니다.

03 [API 키 인증 구성] 버튼을 클릭하고 [OpenAI API Key]를 입력한 후 [저장] 버튼을 클릭합니다.

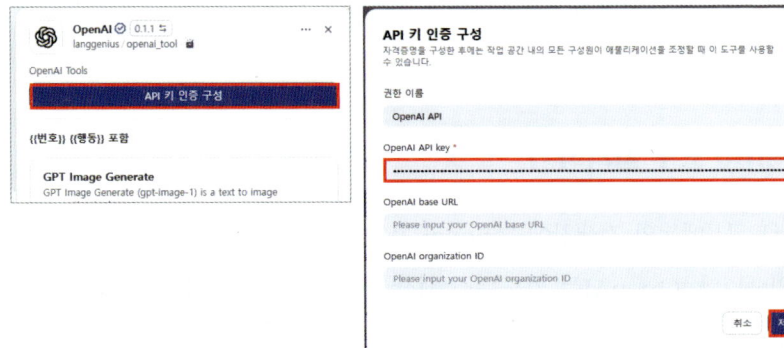

워크플로우 만들기

01 Dify 대시보드에서 [스튜디오] > [워크플로우] > [빈 상태로 시작] 메뉴를 클릭합니다.

02 [워크플로우]를 선택합니다. 앱 정보를 설정하고 [만들기] 버튼을 클릭하여 에디터 화면으로 이동합니다.

- **앱 이름**: 카드뉴스 제작 워크플로우
- **앱 아이콘**: 원한다면 로봇 아이콘을 클릭하여 다른 아이콘으로 변경 가능
- **설명**: 단일 카드뉴스 제작에 도움을 주는 워크플로우입니다.

03 [시작] 블록을 클릭합니다. 사용자 입력을 받기 위한 변수를 생성하기 위해 [+] 버튼을 클릭합니다.

04 [필드 타입]을 '선택'으로 설정하고, [변수명]에 "concept", [레이블명]에 "컨셉"을 입력합니다. [옵션 추가] 버튼을 클릭하여 "MZ 세대", "직장인", "학생", "육아맘", "시니어", "전문직"을 순서대로 추가한 후 [저장] 버튼을 클릭합니다.

05 두 번째 변수를 추가합니다. [필드 타입]을 '짧은 텍스트'로 설정하고 [변수명]에 "query", [레이블명]에 "쿼리", [최대 길이]에 "256"을 입력한 후 [저장] 버튼을 클릭합니다.

 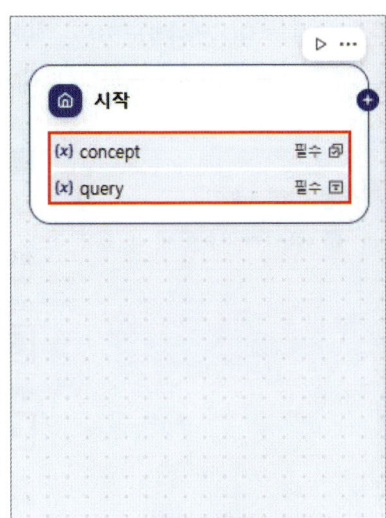

06 사용자 질문에서 키워드를 추출하기 위해 [시작] 블록의 [+] 〉 [노드] 〉 [매개변수 추출기] 메뉴를 클릭합니다.

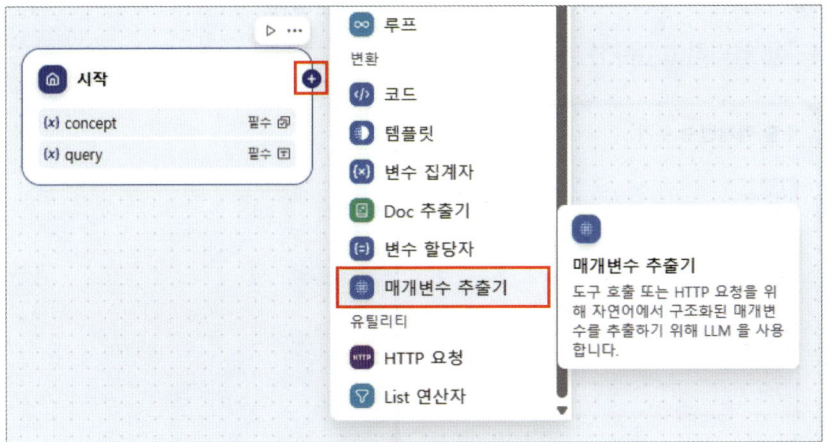

07 모델을 gpt-4.1-nano로 설정하고, 입력 변수는 "/"를 입력하여 **시작/ {x}query string**을 선택합니다. 매개변수 추가를 위해 [+] 버튼을 클릭합니다.

08 [이름]은 "keyword", [유형]은 'String', [설명]은 "가장 주제가 되는 키워드"를 입력하고 [추가] 버튼을 클릭합니다.

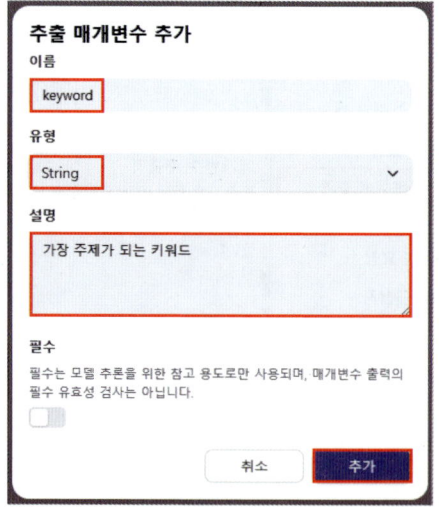

09 추출한 키워드로 관련 정보를 검색하기 위해 [키워드 추출기] 블록의 [+] 〉[도구] 〉검색창에 "tavily" 입력 〉[Tavily search] 메뉴를 클릭합니다.

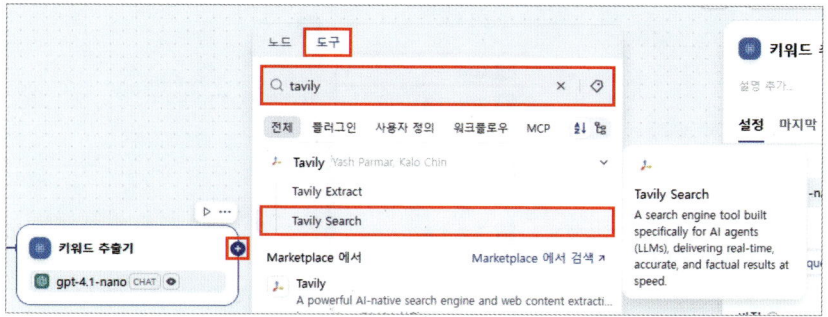

10 [Query]에서 키워드/{x}keyword를 선택하고, [Topic]은 'News'로 선택합니다.

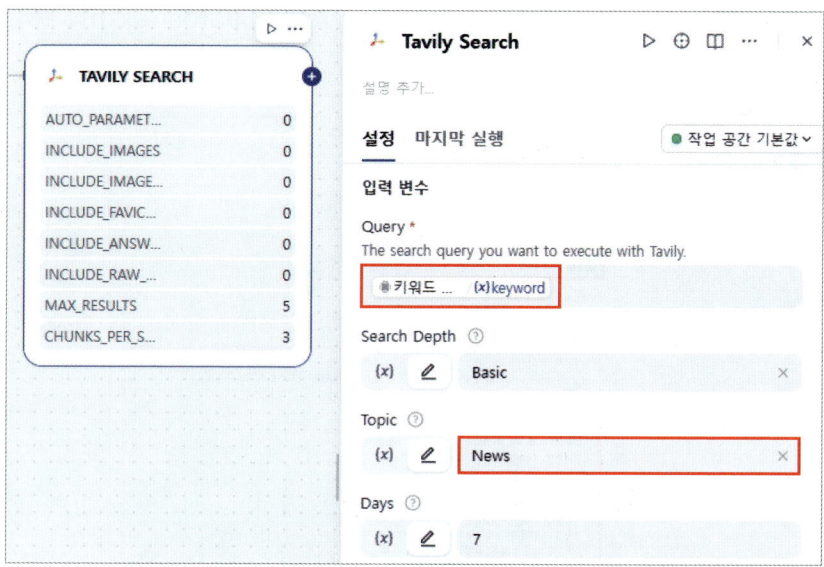

LESSON 02 카드뉴스 제작 워크플로우

11 카드 뉴스 제작을 위해 [+] 〉 [노드] 〉 [LLM] 메뉴를 클릭합니다.

12 LLM 블록의 이름을 "카드뉴스 LLM"으로 수정하고 [모델]을 gpt-4.1-nano로 수정합니다. 시스템 프롬프트를 입력한 후 "/"를 입력하여 {{매개변수추출기/keyword}}, {{시작/concept}}, {{TavilySearch/text}}를 순서대로 선택합니다.

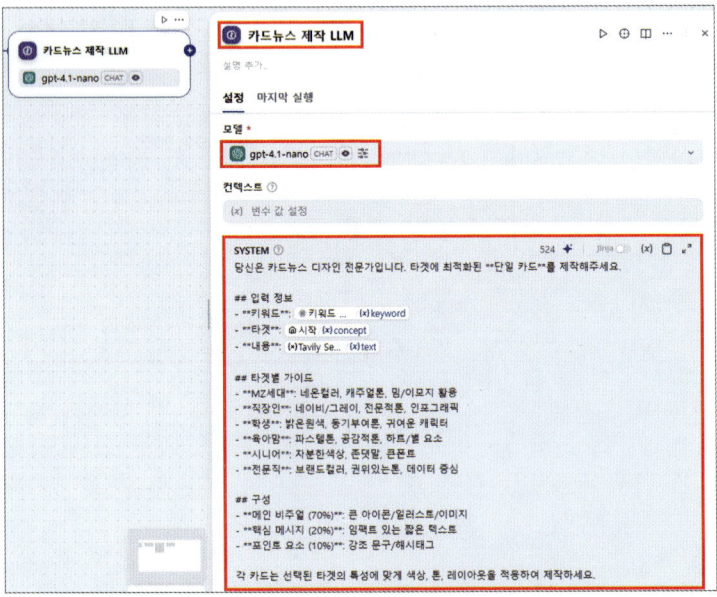

334 CHAPTER 06 실습 프로젝트 응용

당신은 카드뉴스 디자인 전문가입니다. 타겟에 최적화된 단일 카드를 제작해 주세요.

입력 정보
- 키워드: {{매개변수추출기/keyword}}
- 타깃: {{시작/concept}}
- 내용: {{TavilySearch/text}}

타겟별 가이드
- MZ 세대: 네온 컬러, 캐주얼 톤, 밈/이모지 활용
- 직장인: 네이비/그레이, 전문적 톤, 인포그래픽
- 학생: 밝은 원색, 동기 부여 톤, 귀여운 캐릭터
- 육아맘: 파스텔 톤, 공감적 톤, 하트/별 요소
- 시니어: 차분한 색상, 존댓말, 큰폰트
- 전문직: 브랜드 컬러, 권위 있는 톤, 데이터 중심

구성
- 메인 비주얼 (70%): 큰 아이콘/일러스트/이미지
- 핵심 메시지 (20%): 임팩트 있는 짧은 텍스트
- 포인트 요소 (10%): 강조 문구/해시태그

각 카드는 선택된 타겟의 특성에 맞게 색상, 톤, 레이아웃을 적용하여 제작하세요.

13 카드뉴스 이미지를 생성하기 위해 [카드뉴스 제작 LLM] 블록의 [+] > [도구] > 검색창에 "openai"를 입력 > [GPT Image Generate] 메뉴를 클릭합니다.

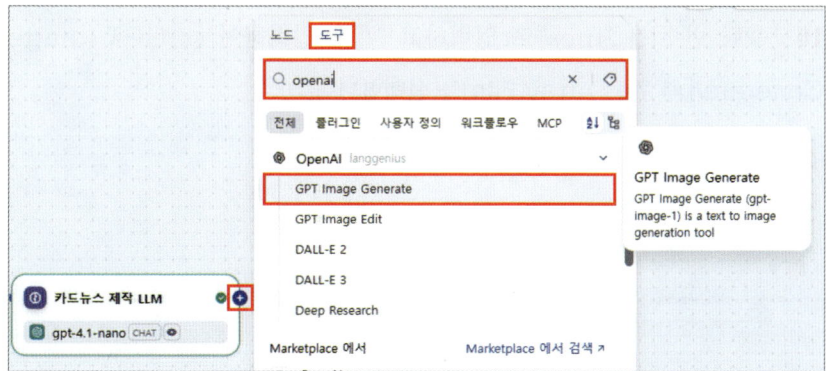

LESSON 02 카드뉴스 제작 워크플로우

14 [Prompt]에서 "/"를 입력하여 카드뉴스 LLM/{x} text를 선택합니다.

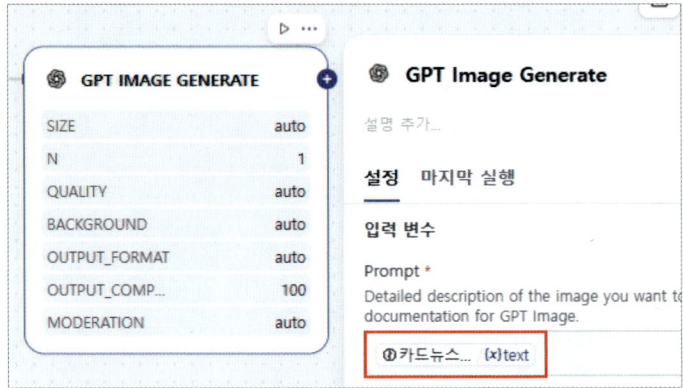

15 마지막으로 [끝] 블록을 추가합니다.

16 [출력 변수]를 "files"로 입력하고 "/"를 입력하여 {x}GPT Image Generate/{x} files Array[File]을 선택합니다.

17 오른쪽 상단에 [게시하기] 〉 [업데이트 게시] 〉 [앱 실행] 버튼을 클릭합니다.

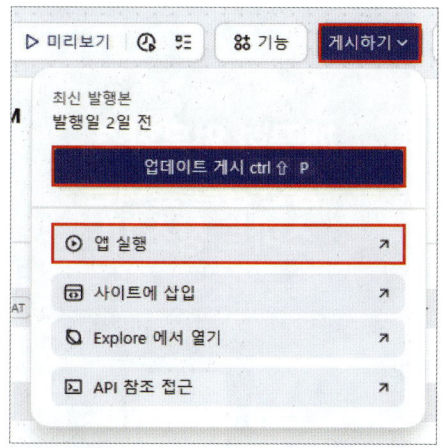

18 컨셉과 쿼리를 입력하고 [Execute] 버튼을 클릭하면 결과를 확인할 수 있습니다.

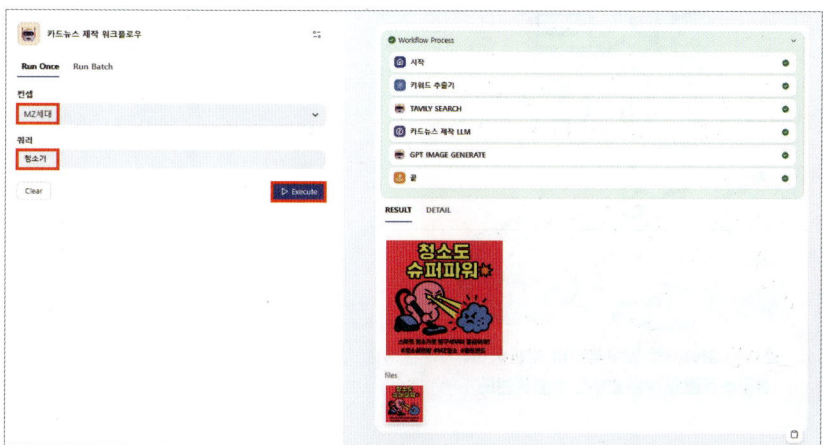

19 이미지를 클릭하면 큰 이미지로 확인할 수 있습니다. 다양한 형태의 카드뉴스를 제작할 수 있습니다.

> **TIP**  **이미지 생성이 되지 않는다면**

이미지 생성이 되지 않는다면 [GPT IMAGE GENERATE] 블록을 실행해 보세요. [결과] 탭 출력에서 원인을 확인할 수 있습니다. 만약 { "files": [], "json": [{ "data": [] }], "text": "Failed to generate image: Error code: 403 – {'error': {'message': 'Your organization must be verified to use the model gpt-image-1. Please go to: https://platform.openai.com/settings/organization/general and click on Verify Organization. If you just verified, it can take up to 15 minutes for access to propagate.', 'type': 'invalid_request_error', 'param': None, 'code': None}}" }와 같은 메시지가 나타난다면 OpenAI 조직 인증이 필요할 수 있습니다. https://platform.openai.com/settings/organization/general에서 조직 인증을 완료한 후 다시 시도해 보세요. (인증 후 최대 15분 소요)

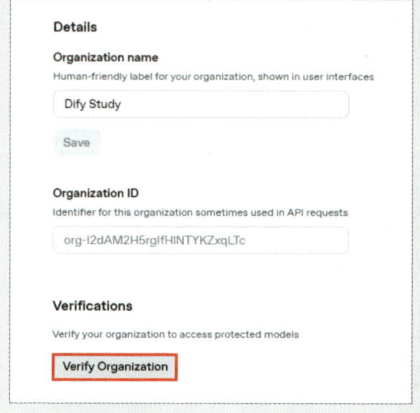

LESSON 03
뉴스 기사 기반 SNS 콘텐츠 생성 채팅 플로우

SNS 게시글 채팅 플로우가 필요한 이유

매일 쏟아지는 뉴스를 SNS에 공유하고 싶지만, 각 플랫폼마다 다른 특성에 맞춰 글을 작성하기는 쉽지 않습니다. 트위터는 280자 내로 임팩트 있게, 인스타그램은 이모지와 해시태그로 시각적으로, 링크드인은 전문적으로 써야 하는데 매번 이 모든 것을 고려하기란 번거로운 일이죠.

뉴스 SNS 게시글 자동 작성 봇은 이런 고민을 해결해 줍니다. 실시간 뉴스 검색부터 플랫폼별 최적화된 게시글 생성까지 모든 과정을 자동화했습니다. 긴 뉴스 기사는 핵심만 간추려 요약하고 딱딱한 정보는 친근하고 매력적인 문체로 변환합니다. 또한 댓글과 반응을 유도하는 참여형 멘트까지 자동 생성해 진정한 소통을 가능하게 합니다.

- **개인 인플루언서**: 시의성 있는 콘텐츠로 팔로워와 소통
- **기업 마케터**: 브랜드 관련 뉴스를 빠르게 반영
- **언론인**: 속보를 다양한 채널에 효과적으로 전파
- **일반 사용자**: 관심 분야 뉴스를 쉽게 공유

이 채팅 플로우의 가장 큰 특징은 사용자 검토 단계를 포함한다는 점입니다. AI가 생성한 뉴스 요약과 SNS 게시글을 사용자가 직접 확인한 후, 만족스럽지 않으면 다시 생성하도록 요청할 수 있습니다. 마음에 들면 다음 단계로 진행하여 최종 게시글을 완성합니다. 이런 단계별 검토 과정을 통해 AI가 만든 콘텐츠의 품질을 사용자가 직접 관리할 수 있습니다.

이제 클릭 한 번으로 복잡한 뉴스를 매력적인 SNS 게시글로 변신시켜 보세요. 시간은 절약하고 퀄리티는 높이는 스마트한 콘텐츠 생성이 시작됩니다.

채팅 플로우 만들기

01 Dify 대시보드에서 [스튜디오] > [채팅 플로우] > [빈 상태로 시작] 메뉴를 클릭합니다.

02 [채팅 플로우]를 선택합니다. 앱 정보를 설정하고 [만들기] 버튼을 클릭하여 에디터 화면으로 이동합니다.

- **앱 이름**: 뉴스 기사 기반 SNS 콘텐츠 생성 채팅 플로우
- **앱 아이콘**: 원한다면 로봇 아이콘을 클릭하여 다른 아이콘으로 변경 가능
- **설명**: 뉴스 기사 기반으로 SNS 콘텐츠를 자동으로 생성하는 채팅 플로우입니다.

03 에디터 화면에서 기본 블록이 연결된 것을 확인할 수 있습니다. [LLM]과 [답변] 블록을 선택한 후 키보드의 Delete 키를 눌러 삭제합니다.

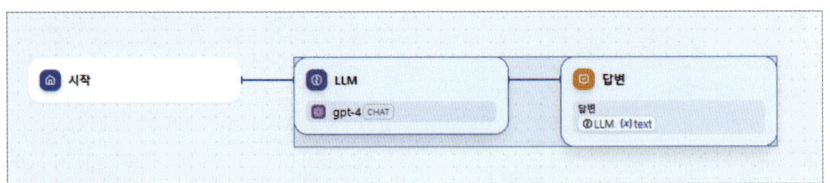

04 화면에서 [대화 변수] > [변수 추가] 버튼을 클릭합니다. 대화 변수 창이 나타나면 다음 두 개의 변수를 추가합니다.

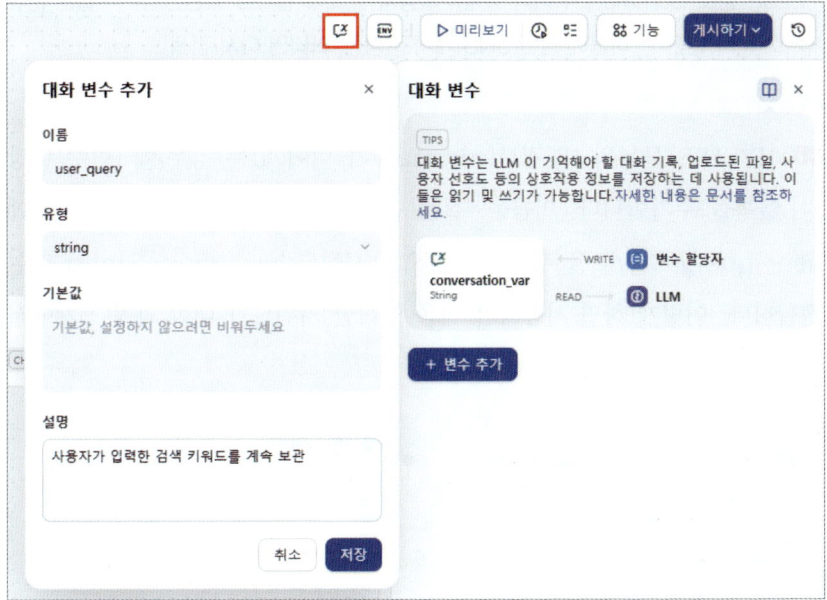

- **user_query (짧은 텍스트)**: 사용자가 입력한 검색 키워드를 저장
- **summary (문단)**: 뉴스 요약 결과를 저장

05 [시작] 블록의 [+] > [노드] > [IF/ELSE]를 클릭하여 [IF/ELSE] 블록을 추가합니다. 조건은 'summary 비어 있음'으로 설정합니다. 이 채팅 플로우는 두 가지 경로로 동작합니다.

LESSON 03 뉴스 기사 기반 SNS 콘텐츠 생성 채팅 플로우   **343**

- IF 경로 (summary가 비어 있음): 처음 사용자가 키워드를 입력한 경우 → 뉴스 검색 → 요약 → 사용자 확인
- ELSE 경로 (summary가 이미 있음): 사용자가 요약 결과를 확인한 후 → 질문 분류기로 의사 판단 → 마음에 들면 SNS 게시글 생성, 아니면 다시 검색

06 IF/ELSE 블록의 IF 경로(summary가 비어 있는 경우)에 [변수 할당자] 블록을 추가합니다. 이름을 "질문 변수 할당자"로 수정합니다. [변수]에 user_query String을 추가하고 값으로 시작/{x}sys.query String을 설정합니다. 이렇게 하면 사용자가 처음 입력한 키워드가 대화 과정 전체에서 계속 유지됩니다.

07 뉴스 검색을 위해 [질문 변수 할당자] 블록의 [+] > [도구] > 검색창에 "tavily"를 입력 > [Tavily search] 메뉴를 클릭합니다.

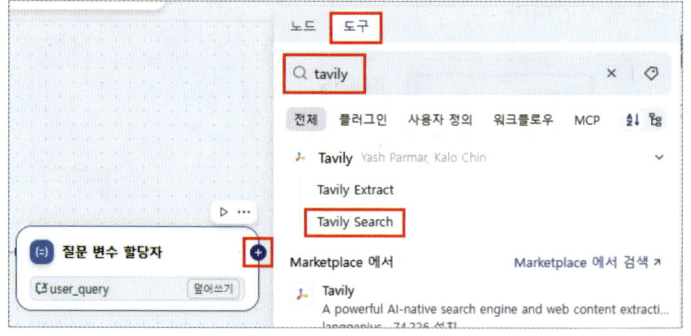

08 [TAVILY SEARCH] 블록의 값을 다음과 같이 입력합니다.

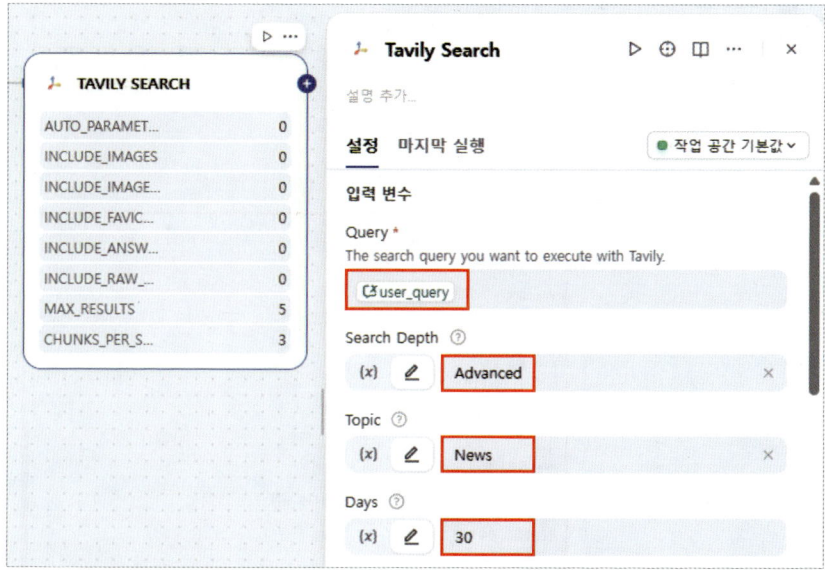

- **Query**: user_query
- **Search Depth**: Advanced
- **Topic**: News
- **Days**: 30

09 [LLM] 블록을 추가하고 이름을 "뉴스 요약 LLM"으로 설정합니다. [모델]은 gpt-4.1-nano를 선택합니다. [컨텍스트]에 시스템 프롬프트를 입력하고 유저 프롬프트에 "/" 키를 눌러 Tavily Search/{x}text 변수를 선택합니다. 이렇게 하면 검색된 뉴스 내용이 LLM에 전달됩니다.

뉴스 검색 결과를 신속하고 정확하게 요약하는 전문가입니다.

핵심 원칙
- 최신 정보 우선 배치
- 확인된 사실과 추정 구분
- 객관적이고 중립적 서술
- 5W1H 포함

요약 구조
속보 (해당 시)
긴급 뉴스나 최신 업데이트

핵심 요약
가장 중요한 내용을 2~3문장으로 정리

주요 내용
- 현재 상황: 최신 진행 상황
- 핵심 발언: 주요 관계자 발언
- 영향/전망: 사회적 파급효과

출처
주요 언론사와 보도 시간

작성 지침
필수 포함
- 사건의 핵심 사실
- 최신 업데이트 시점
- 공식 발표 내용
- 사회적 의미

주의사항
- 미확인 정보는 "추정", "전해짐" 등으로 구분
- 상충하는 보도는 "A 언론/B 언론에 따르면" 형태로 병기
- 전문용어는 쉬운 설명 추가

서술 원칙
- 간결하고 명확한 문장
- 능동태 우선 사용
- 시제 통일
- 감정적 표현 배제

특수 상황
- 진행 중 사건: "실시간 업데이트" 섹션 추가
- 논란이 있는 사안: 다각도 시각 균형 있게 제시
- 복잡한 배경: "배경" 섹션으로 간단히 설명

10 사용자 확인을 위해 [답변] 블록을 추가하고 다음과 같이 입력합니다. **뉴스 요약 LLM/{x}text** 뉴스 요약이 마음에 드시나요? 원하시면 SNS 게시글을 작성해 드리겠습니다."

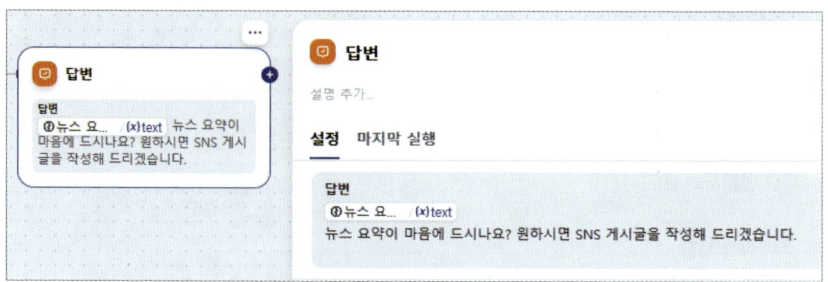

11 [변수 할당자] 블록을 추가하고 "뉴스 요약 결과 변수 할당자"로 이름을 지정합니다. [변수]에 **summary String**을 추가하고 값으로 **뉴스 요약 LLM/{x}text String**을 설정합니다.

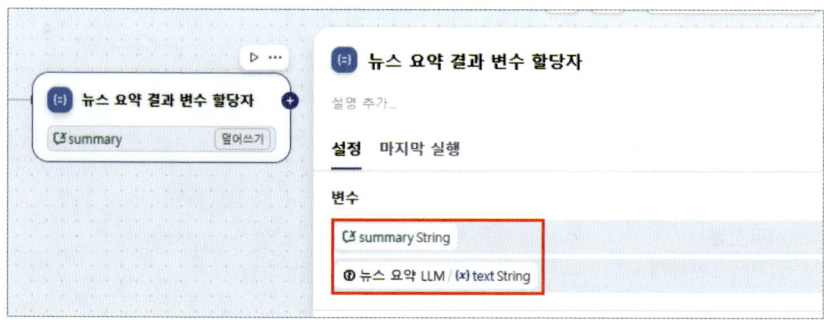

12 IF 경로 설정을 완료했다면 ELSE 경로를 구성합니다. [IF/ELSE] 블록의 [+] 〉 [도구] 〉 [질문 분류기] 메뉴를 선택합니다.

13 [모델]은 gpt-4.1-nano로 선택하고 [입력 변수]는 시작/{x}sys.query String으로 설정합니다. 클래스1에는 "결과가 마음에 들지 않은 경우", 클래스2에는 "결과가 마음에 드는 경우"를 입력합니다.

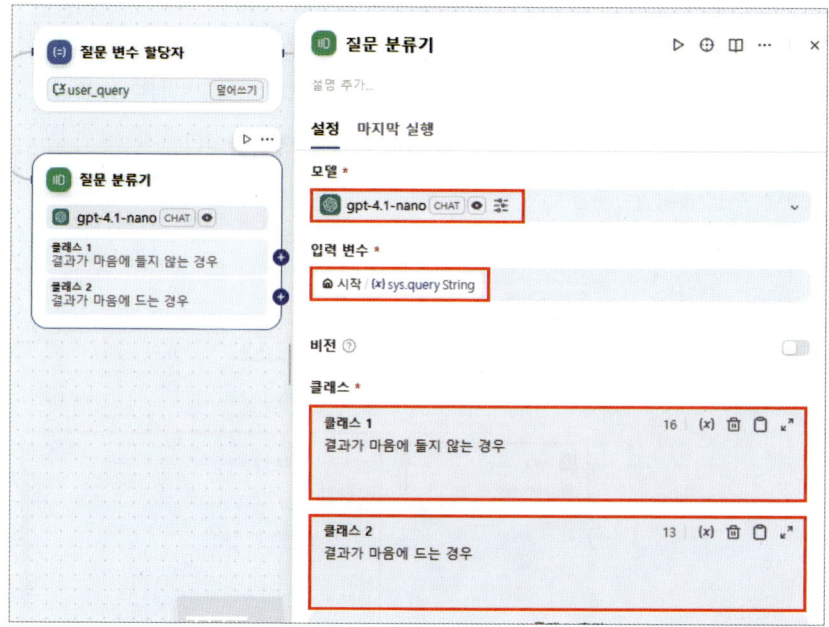

LESSON 03 뉴스 기사 기반 SNS 콘텐츠 생성 채팅 플로우

14 클래스1은 결과가 마음에 들지 않는 경우에 해당합니다. 이 경우 다른 뉴스 결과를 보여 주기 위해 질문 분류기의 클래스1 출력을 [TAVILY SEARCH] 블록으로 연결합니다. 저장된 user_query로 다시 검색하여 다른 뉴스 기사를 가져옵니다.

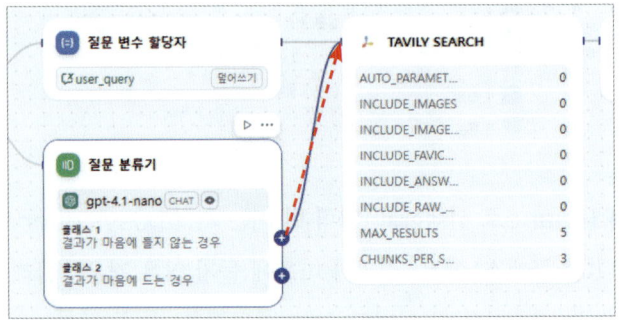

15 클래스2는 결과가 마음에 드는 경우에 해당합니다. 이 경로에 [LLM] 블록을 추가하고 "SNS 게시글 LLM" 이름을 지정합니다. [모델]은 gpt-4.1-nano로 설정하고 시스템 프롬프트에 다음 내용을 입력합니다.

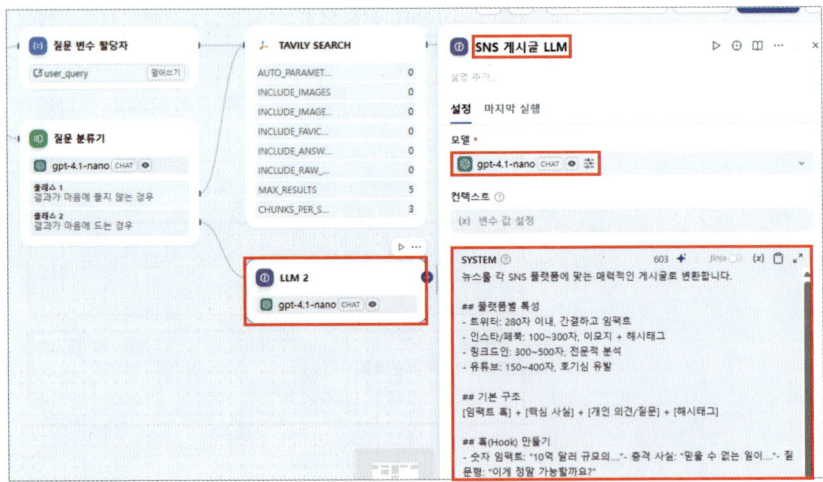

뉴스를 각 SNS 플랫폼에 맞는 매력적인 게시글로 변환합니다.

플랫폼별 특성
- 트위터: 280자 이내, 간결하고 임팩트
- 인스타/페북: 100~300자, 이모지 + 해시태그
- 링크드인: 300~500자, 전문적 분석
- 유튜브: 150~400자, 호기심 유발

기본 구조
[임팩트 훅] + [핵심 사실] + [개인 의견/질문] + [해시태그]

훅(Hook) 만들기
- 숫자 임팩트: "10억 달러 규모의…."
- 충격 사실: "믿을 수 없는 일이…."
- 질문형: "이게 정말 가능할까요?"
- 시급성: "바로 지금 일어나는..."

작성 가이드
필수 요소
- 이모지로 시선 집중
- 핵심 사실만 2~3줄
- 해시태그 3~5개
- 참여 유도 질문

톤 앤 매너
- 친근하고 대화체
- 복잡한 내용은 쉽게 설명
- 개인적 소감 포함
- 과장 표현 자제

템플릿 예시
트위터
[훅]
[핵심 사실 1~2줄]
#해시태그 #해시태그

```
### 인스타그램
[훅]
[핵심 내용 2~3줄]
[개인 의견/질문]

#해시태그1 #해시태그2 #해시태그3

### 링크드인
[뉴스 배경]
[핵심 내용]
[개인 분석]
여러분 생각은 어떠신가요?
```

16 질문 분류기 블록의 클래스2 경로(결과가 마음에 드는 경우)에 답변 블록을 추가합니다. 탭의 [답변]에 "/" 키를 눌러 변수 목록을 띄운 후 **SNS 게시글 LLM/{x}text** 선택합니다. 이렇게 하면 생성된 SNS 게시글이 사용자에게 최종 결과로 표시됩니다.

17 앱을 실행하여 원하는 정보를 검색한 후 요약 결과를 확인합니다. 요약이 마음에 들면 SNS 게시글 형태로 작성되고, 마음에 들지 않으면 다시 요약합니다.

삼성전자

✅ Workflow Process >

속보 (2025년 9월 현재)
삼성전자가 Nvidia의 승인 보고서 발표 후 주가가 연중 최고치로 상승하였으며, AI 관련 핵심 부품 사용이 승인되어 경쟁력을 강화하는 움직임이 포착됨. 동시에 갤럭시 S26 프로 모델의 디자인 유출과 함께 차세대 스마트폰 출시에 대한 기대가 높아지고 있다.

핵심 요약
삼성전자는 Nvidia의 AI 칩 승인으로 AI 모델 훈련에 필요한 부품 확보를 완료하며 주가가 상승했고, 차기 갤럭시 S26 프로의 디자인이 유출되어 시장의 관심이 집중되고 있다. 또한, 미국이 중국 내 삼성·하이닉스의 칩 공급 승인에 대해 검토 중인 것으로 알려졌다.

주요 내용
- **현재 상황:** 삼성전자는 Nvidia 승인 후 주가가 5% 이상 상승했으며, AI 칩 부품 사용이 승인되어 AI 경쟁력을 강화하는 중이다. 갤럭시 S26 프로의 디자인 유출로 차세대 스마트폰 기대감도 높아지고 있다.
- **핵심 발언:** 관련 보도는 Nvidia의 승인과 유출된 디자인 정보를 기반으로 하며, 공

좋아

✅ Workflow Process >

물론입니다! 아래는 예시 뉴스 내용을 SNS 플랫폼별로 매력적인 게시글로 변환한 예시입니다. 필요하신 내용을 알려주시면 그에 맞게 만들어 드릴게요!

예시 뉴스 내용
"한국의 2024년 경제성장률이 2.5%로 예상됩니다. 전문가들은 정부의 정책과 수출 호조가 성장의 핵심 요인이라고 분석하고 있습니다."

트위터
🚀 한국 2024년 경제성장률 2.5% 예상!
정부 정책과 수출 호조 덕분이죠. 앞으로 더 기대돼요!
여러분은 어떻게 생각하시나요?
#한국경제 #성장률 #수출호조

인스타그램
📊 한국 경제, 2024년 2.5% 성장 예상!
정부 정책과 수출이 이끄는 성장 동력!
이번 전망이 현실화될지 정말 궁금하네요 😊

APPENDIX

부록

- 📖 Lesson 01. Dify 내 PC에 설치하기
- 📖 Lesson 02. 로컬 LLM Ollama 설치하기
- 📖 Lesson 03. 로컬 Dify에서 Qwen3 모델 기반 챗봇
- ✏️ 마무리. 이 책을 마치며

LESSON 01

Dify 내 PC에 설치하기

설치 전 알아두기

Dify는 웹사이트에서 바로 사용할 수 있는 온라인 서비스로 제공됩니다. 별도의 프로그램 설치 없이 인터넷만 있으면 언제든지 접속해 AI 애플리케이션을 만들고 사용할 수 있습니다. 하지만 온라인 버전에서는 만들 수 있는 애플리케이션 개수에 한계가 있습니다. 무료 계정으로는 최대 5개 앱까지만 만들 수 있어서 여러 가지 프로젝트를 동시에 진행하거나 다양한 실험을 해보려면 부족할 수 있습니다.

Dify를 내 컴퓨터에 직접 설치하면 앱 개수 제한 없이 원하는 만큼 자유롭게 만들어 사용할 수 있습니다. 또한 내 컴퓨터 안에서만 작동하기 때문에 중요한 데이터를 더 안전하게 관리할 수 있는 장점도 있습니다.

설치 과정이 어렵게 느껴진다면 온라인에서 충분히 필요한 앱을 연습한 후에 내 컴퓨터에 설치를 진행해도 좋습니다.

로컬 설치에는 다음과 같은 요구 사항이 필요합니다.

- 최소 시스템 요구 사항: 메모리 4GB 이상, 저장 공간 2GB 이상
- 예상 설치 시간: 초기 설치 시 약 10~20분 소요 (인터넷 속도에 따라 다름)
- 필수 프로그램: Docker Desktop, Git

Docker Desktop 설치하기

Docker Desktop은 웹 서버나 데이터베이스처럼 설치 과정이 복잡한 프로그램을 '컨테이너'라는 독립된 실행 환경에 담아 클릭 몇 번만으로 쉽게 설치하고 관리할 수 있도록 도와주는 프로그램입니다.

01 Docker는 다음 링크 https://www.docker.com/get-started/에서 다운로드가 가능합니다. PC OS와 환경에 따라 선택하여 Docker를 다운로드합니다.

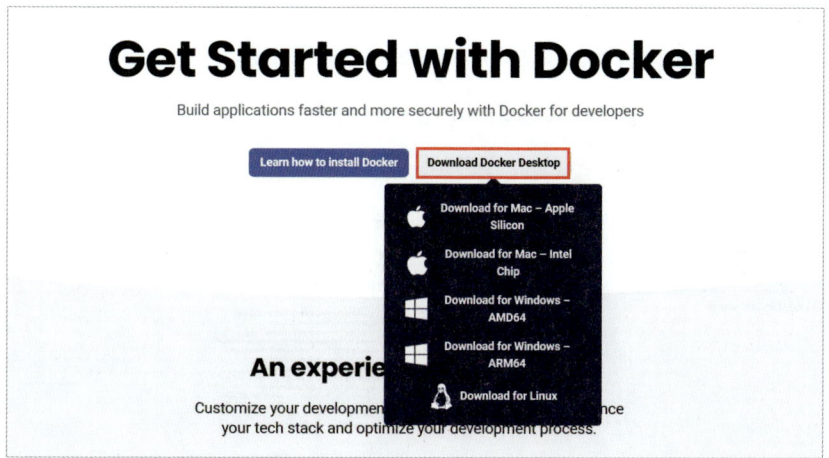

> **TIP 운영체제별 확인 방법**
>
> Windows:
> 1. [설정] → [시스템] → [정보]에서 확인
> 2. "시스템 종류"에 x64 기반 프로세서 → AMD64 선택
> 3. ARM64 프로세서 → ARM64 선택
>
> Mac:
> 1. 애플 메뉴 → [이 Mac에 관하여]에서 확인
> 2. "칩" 항목에 M1, M2, M3 등이 있으면 → Apple Silicon 선택
> 3. "프로세서" 항목에 Intel이 있으면 → Intel Chip 선택

02 다음은 Windows 다운로드 설치 기준으로 설명합니다. 다운로드가 완료되면 아이콘을 더블 클릭하여 프로그램을 설치합니다.

03 만약 "이 앱을 디바이스를 변경할 수 있도록 허용하겠어요?"라는 창이 뜬다면 [예] 버튼을 클릭하고 Configuration 창에서 [OK] 버튼을 클릭하여 설치를 진행합니다.

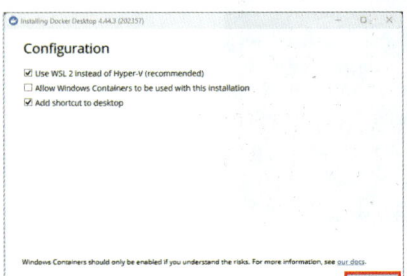 

04 설치 완료 후 Close and restart 버튼을 클릭하여 컴퓨터를 재부팅합니다.

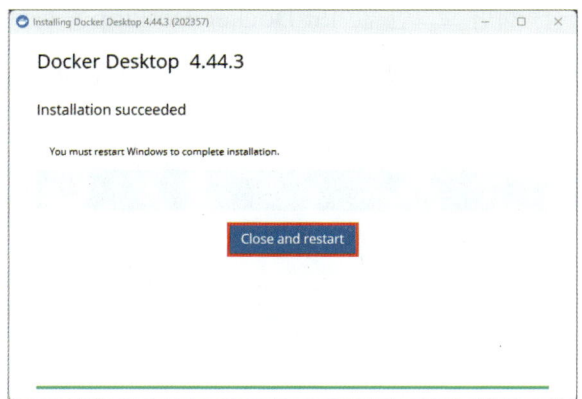

05 Docker Desktop 설치 후 컴퓨터가 재부팅되면 "Docker Subscription Service Agreement" 창이 나타나면 [Accept] 버튼을 클릭합니다. Docker 서비스 이용약관 동의 창으로 개인 사용자나 소규모 팀은 무료로 사용할 수 있어 걱정하지 않아도 됩니다. [Accept] 버튼을 클릭한 후 Docker Desktop이 정상 실행되면 설치가 완료됩니다.

06 Welcome to Docker 화면에서는 이메일을 입력하지 않아도 됩니다. 화면 하단이나 우측 상단에 있는 "Skip", "Continue without signing in", 또는 "Maybe later"를 클릭하면 로그인 없이도 Docker Desktop을 바로 사용할 수 있습니다. 이메일을 입력해 계정을 만들어도 되지만 Dify 설치에는 필수가 아니므로 건너뛰는 것을 권장합니다.

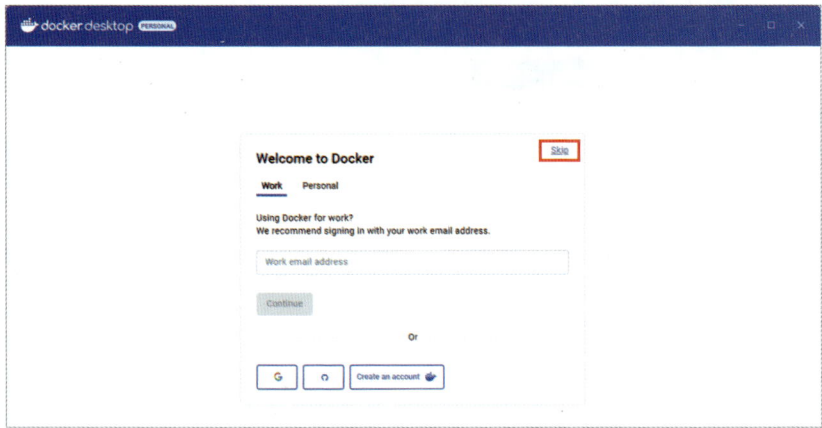

07 만약 다음과 같이 Linux 버전이 맞지 않다는 메시지가 뜬다면 [Restart] 버튼을 클릭합니다. Linux가 자동으로 업데이트되며 PC가 재부팅됩니다.

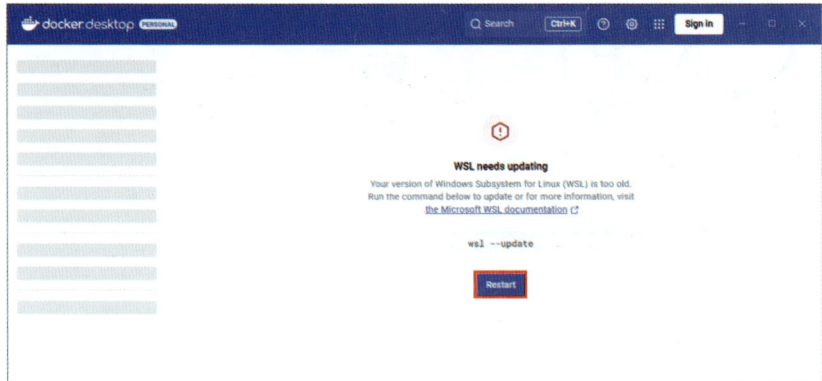

 **TIP 업데이트가 되지 않는다면**

Restart 버튼을 눌렀는데도 업데이트가 되지 않는다면 검색 창에서 cmd를 입력하여 명령 프롬프트를 관리자 권한으로 실행합니다.

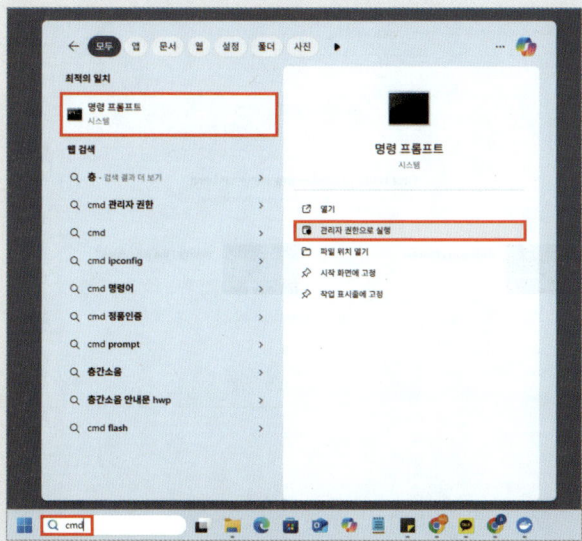

프롬프트에 "wsl --update"를 입력하면 Linux가 업데이트됩니다.

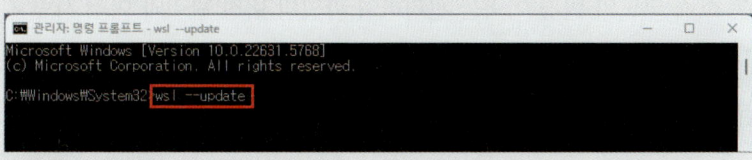

업데이트 이후에 PC를 재부팅한 후 Docker Desktop을 실행합니다.

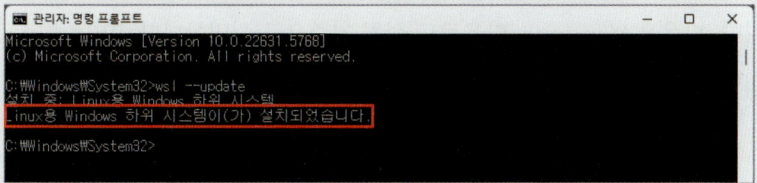

08 설치가 완료되면 Docker Desktop을 실행하여 정상적으로 설치되었는지 확인합니다.

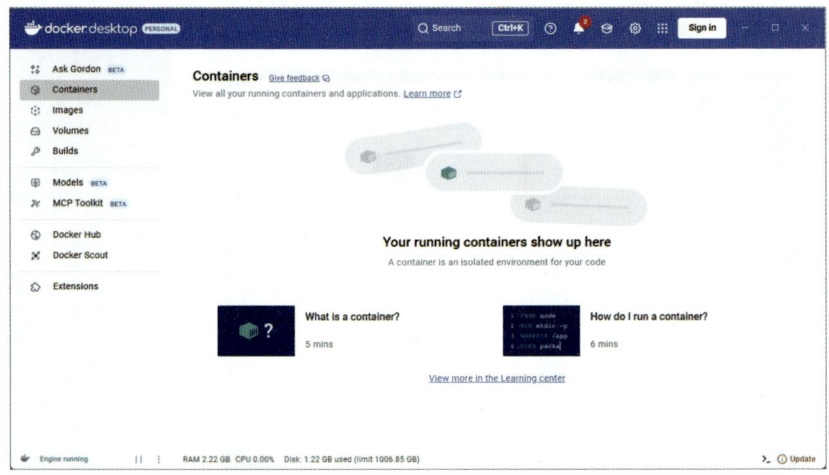

Git 설치하기

Git은 소스 코드의 변경 이력을 관리하여 파일의 버전 관리와 여러 사람 간의 협업을 하도록 도움을 주는 도구입니다. GitHub에 공개된 Dify 소스 코드를 내 컴퓨터로 다운받기 위해 Git을 설치합니다.

01 Git은 다음 링크 https://git-scm.com/download에서 다운로드가 가능합니다. 다음은 Windows 다운로드 설치 기준으로 설명합니다. 'Windows'를 클릭합니다.

02 PC 정보에 따라 알맞은 시스템을 선택하여 다운로드합니다.

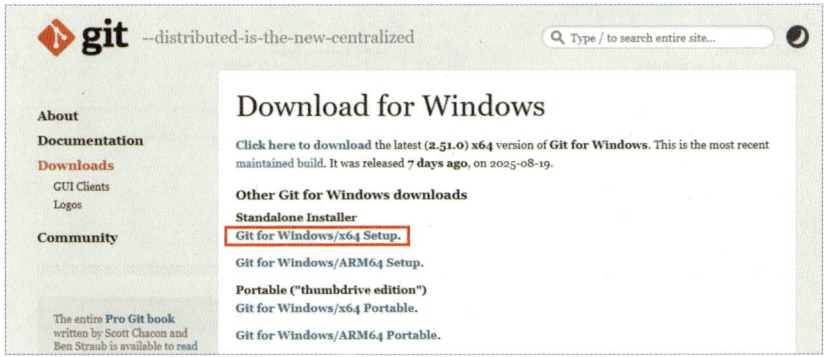

03 다운로드가 완료되면 아이콘을 우클릭합니다. 단축 메뉴에서 [관리자 권한으로 실행] 버튼을 클릭하여 프로그램을 설치합니다.

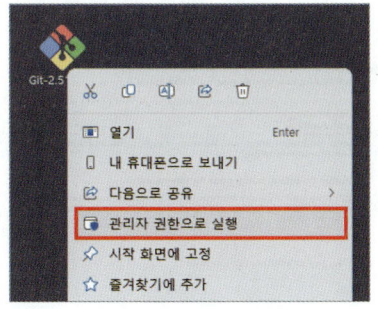

04 만약 "이 앱을 디바이스를 변경할 수 있도록 허용하겠어요?"라는 창이 뜬다면 [예] 버튼을 클릭하고 다음의 차례대로 설치를 진행합니다.

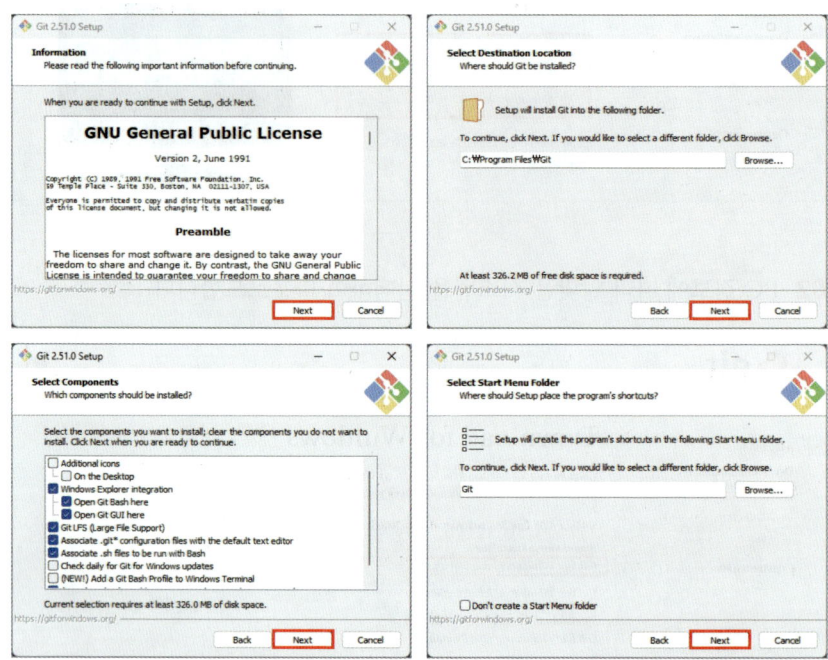

05 에디터 선택에서 [Use Vim (the ubiquitous text editor) as Git's default editor] 〉 [Next] 버튼을 클릭하고 기본 브랜치 이름 설정에서 [Let Git decide] 〉 [Next] 버튼을 클릭합니다.

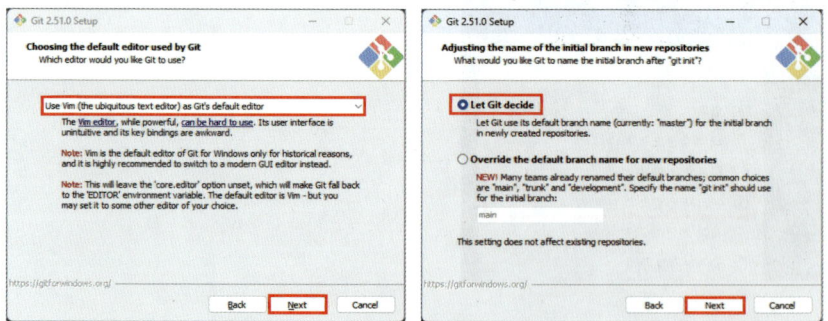

06 PATH 환경 설정에서 [Git from the command line and also from 3rd-party software] > [Next] 버튼을 클릭하고 SSH 실행 파일 선택에서 [Use bundled OpenSSH] > [Next] 버튼을 클릭합니다.

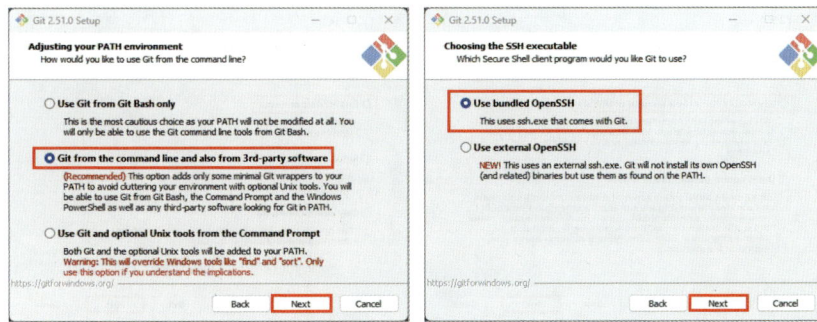

07 HTTPS 전송 백엔드 설정에서 [Use the native Windows Secure Channel library] > [Next] 버튼을 클릭하고 줄 바꿈 변환 설정에서 [Checkout Windows-style, commit Unix-style line endings] > [Next] 버튼을 클릭합니다.

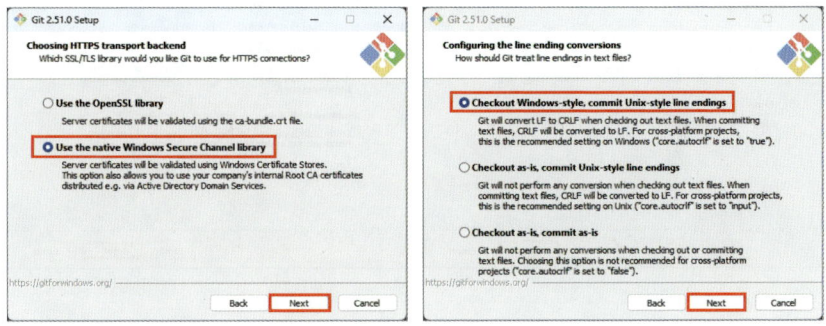

08 터미널 에뮬레이터 설정에서 [Use MinTTY] 〉[Next] 버튼을 클릭합니다. git pull 기본 동작 설정에서 [Fast-forward or merge] 〉[Next] 버튼을 클릭합니다.

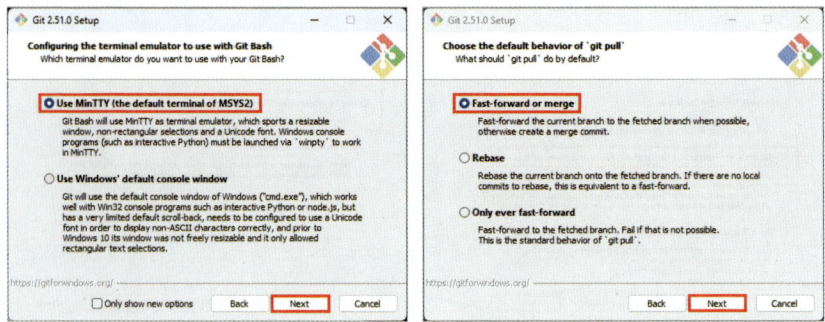

09 자격 증명 도우미 설정에서 [Git Credential Manager] 〉[Next] 버튼을 클릭하고 추가 옵션 설정에서 [Enable file system caching] 〉[Install] 버튼을 클릭합니다.

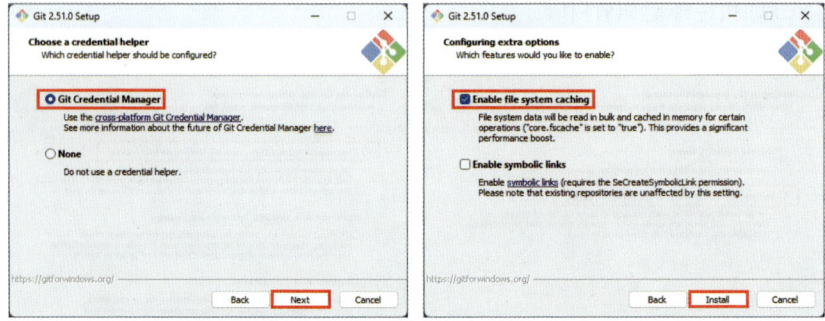

10 [View Release Notes] 옵션이 선택되어 있으면 해제하고 [Finish] 버튼을 클릭합니다.

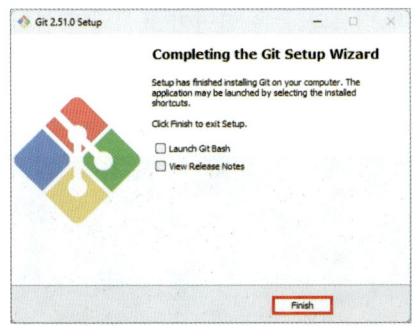

> **TIP 설치 오류 해결**
>
> 설치 중 다음 종류의 오류 메시지가 표시되면 운영체제 시스템 버전에 맞는 Git을 다운로드했는지 확인하세요.

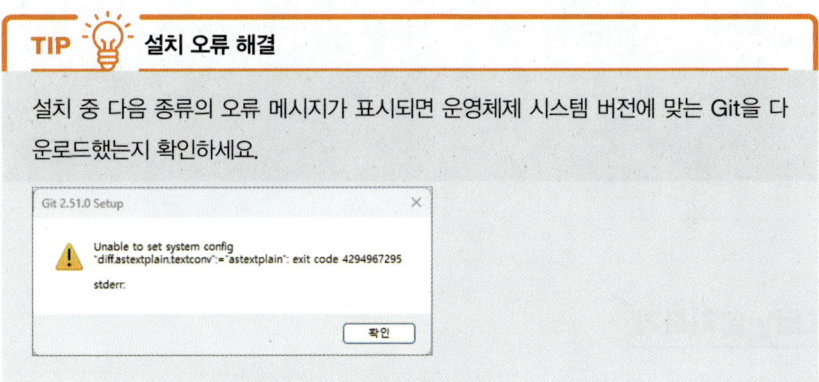

11 Windows 검색창에서 "PowerShell"을 입력하고 [관리자로 실행] 버튼을 클릭합니다.

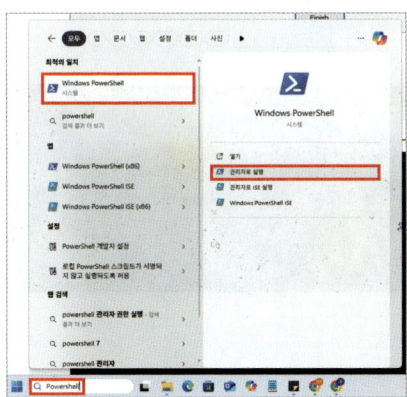

12 PowerShell 창에 git을 입력했을 때 다음과 같은 화면이 표시되면 설치가 정상적으로 완료된 것입니다.

Dify 설치하기

01 Dify를 로컬 환경에서 실행하려면 먼저 GitHub에 공개된 소스 코드를 내 컴퓨터로 가져와야 합니다. PowerShell 창에 "git clone https://github.com/langgenius/dify.git"을 입력하여 Dify의 전체 파일과 설정을 복제합니다.

TIP 복제 위치 확인

PowerShell에서 Get-Location 명령어로 현재 경로를 확인하세요. 만약 시스템 폴더(예: System32)에 있다면 "cd.." 명령어로 상위 폴더로 이동한 후 C 드라이브 또는 원하는 작업 폴더에서 복제하는 것을 권장합니다.

02 "cd dify"를 입력하여 복제한 디렉토리로 이동합니다.

03 복제한 저장소에는 여러 버전이 포함되어 있습니다. 그 중에서 1.9.0 버전을 사용하기 위해 "git checkout 1.9.0"을 입력합니다.

04 환경 설정 파일을 만들기 위해 Docker 실행 설정 파일들이 있는 docker 폴더로 이동합니다. "cd docker" 명령어를 입력합니다.

05 환경 설정 템플릿 파일을 복사하여 실제 환경 설정 파일을 만듭니다. "cp .env.example .env" 명령어를 입력합니다.

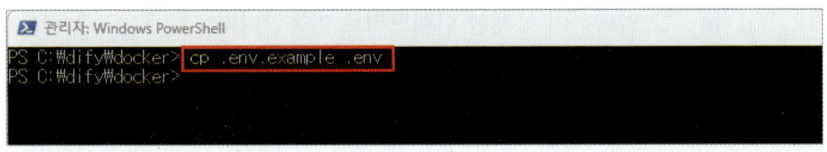

06 Dify를 내 PC에서 실행하기 위해서는 반드시 Docker가 실행되고 있어야 합니다. PC에 설치한 Docker Desktop을 실행합니다.

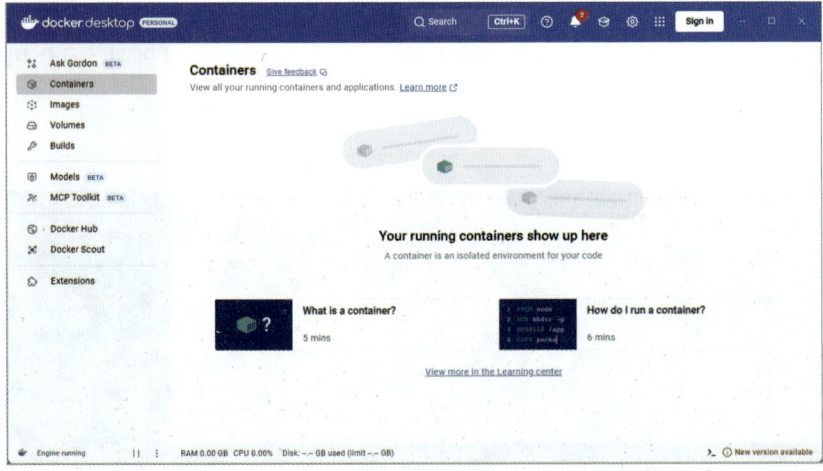

> **TIP** 💡 **Docker Desktop 실행 확인**
>
> 명령어 실행 전에 Docker Desktop이 실행 중인지 확인하세요. Docker Desktop이 실행되지 않으면 연결 오류가 발생합니다.

07 Dify는 데이터베이스, 서버 등 여러 구성 요소로 이루어져 있습니다. Docker Compose를 사용하면 이 모든 구성 요소를 한 번에 실행할 수 있습니다. "docker compose up -d" 명령어를 입력합니다. (-d 옵션은 백그라운드 실행을 의미합니다)

08 컨테이너 실행 후 1~2분 정도 기다린 다음 "http://localhost" 또는 "http://localhost/install"로 접속합니다.

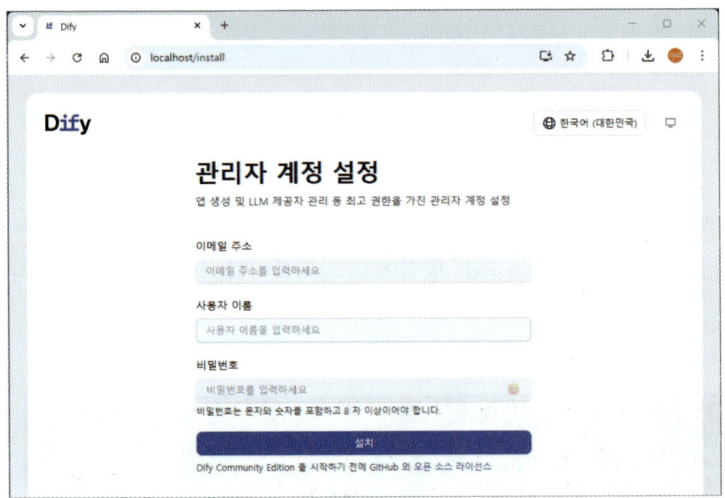

09 이메일 주소, 사용자 이름, 비밀번호를 입력한 후 [설치] 버튼을 클릭합니다.

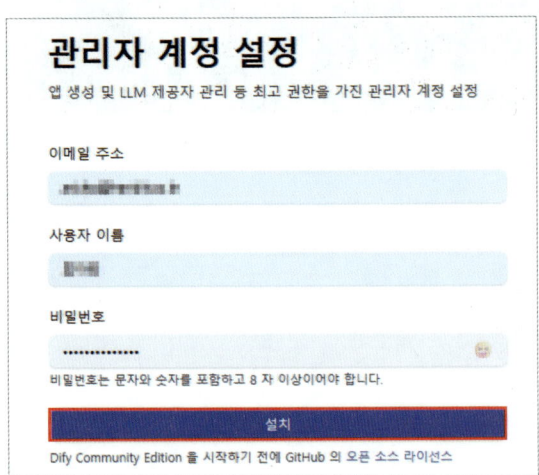

10 온라인 Dify와 동일한 기능을 제공하며 앱 개수 제한 없이 자유롭게 만들 수 있습니다.

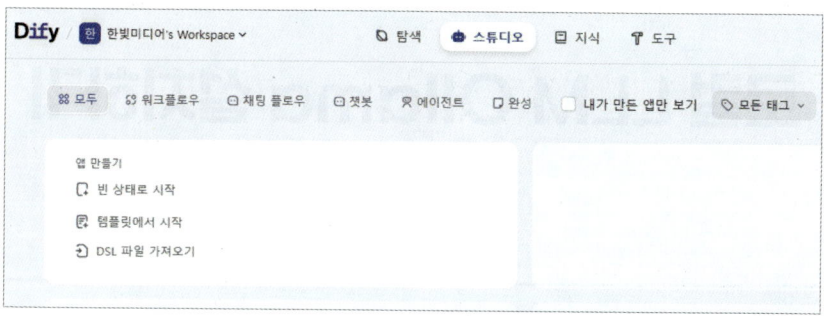

LESSON 02

로컬 LLM Ollama 설치하기

Ollama란?

Dify에서 AI 챗봇을 만들 때는 크게 두 가지 방식을 선택할 수 있습니다. 첫 번째는 OpenAI의 GPT-4나 Claude 같은 상용 AI 서비스를 API로 연결하여 사용하는 방식입니다. 이 경우 AI 모델의 성능은 뛰어나지만 질문과 답변의 토큰(텍스트 단위)마다 비용이 발생합니다. 예를 들어 OpenAI API를 사용하면 사용량에 따라 요금이 청구됩니다.

두 번째는 Meta의 Llama, Deepseek, Qwen과 같은 오픈소스 LLM을 내 컴퓨터에 직접 설치하여 사용하는 방식입니다. 이 방식은 별도의 사용료가 없고 인터넷 연결 없이도 작동한다는 장점이 있습니다. 다만 내 컴퓨터의 성능 특히 GPU와 RAM 용량에 따라 AI 모델의 실행 속도가 달라질 수 있습니다. 오픈소스 LLM을 쉽게 설치하고 관리하기 위해 Ollama라는 프로그램을 사용합니다. Ollama는 로컬 환경에서 AI 모델을 간편하게 사용할 수 있게 도와 주는 도구로 앱스토어에서 앱을 다운받듯이 명령어 한 줄만 입력하면 원하는 AI 모델을 바로 설치하고 사용할 수 있습니다.

Ollama 설치하기

01 Ollama 웹사이트(https://ollama.com)에 접속한 후 화면 상단에 [다운로드] 버튼을 클릭합니다.

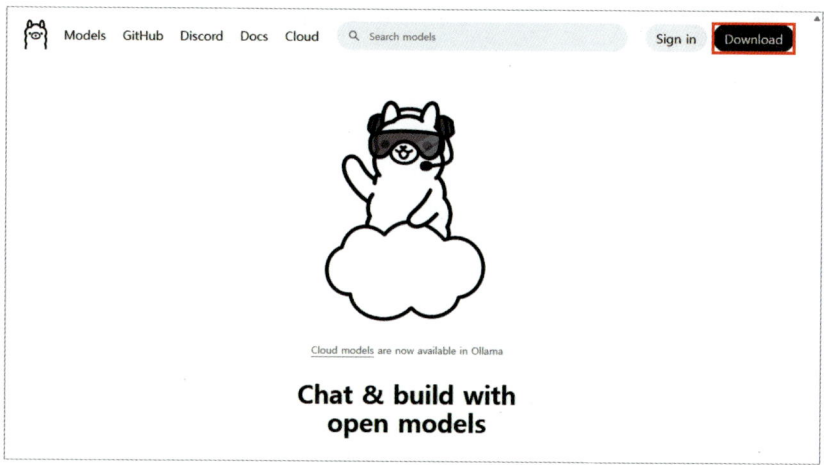

02 Windows 기준으로 설명합니다. Windows 운영체제를 선택하고 [Download for Windows] 버튼을 클릭합니다.

03 다운로드한 파일을 실행하여 [Install] 버튼을 클릭하여 설치합니다.

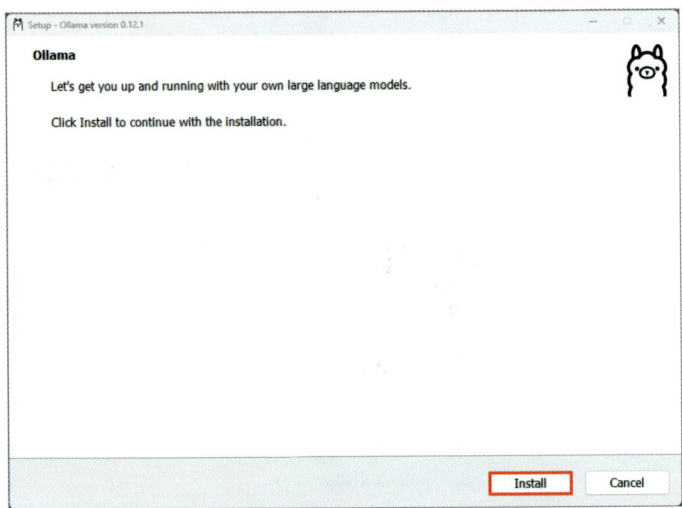

04 설치가 완료되면 다음과 같이 창이 나타납니다. [x] 버튼을 클릭하여 창을 닫습니다.

05 windows 검색창에 "cmd"를 입력하고 [관리자 권한으로 실행] 메뉴를 클릭합니다.

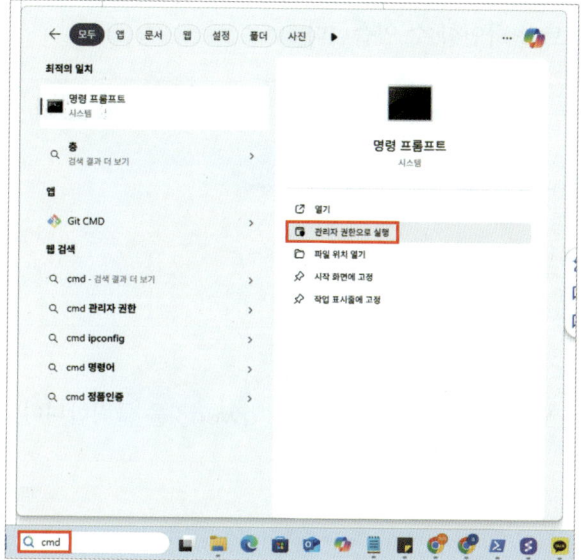

06 cmd 창에서 "ollama"를 입력했을 때 다음과 같은 결과가 표시되면 정상적으로 설치된 것입니다.

LLM 모델 설치하기

01 Ollama 웹 페이지 상단에서 [Models] 메뉴를 클릭합니다. Ollama에 통합되어 있는 모델 리스트를 확인할 수 있습니다.

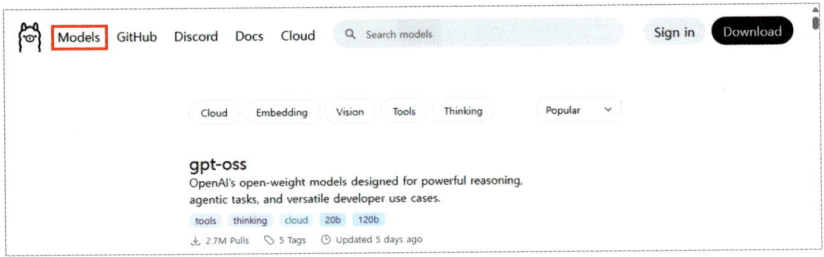

02 검색창에 "qwen"을 입력하고 가장 처음에 있는 'qwen3'을 클릭합니다.

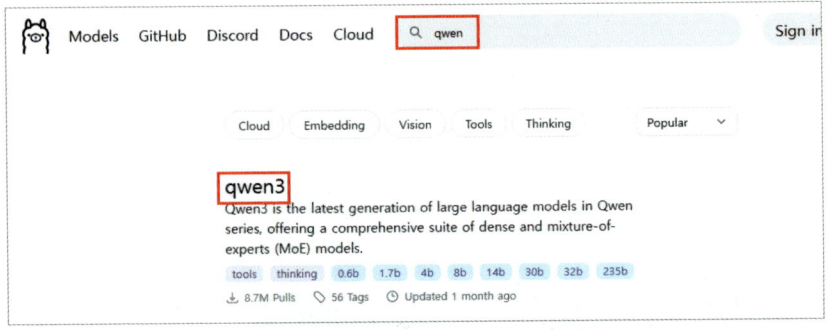

03 Qwen3 모델은 0.6B부터 235B까지 다양한 크기로 제공됩니다. B는 Billion(10억)의 약자로 모델의 파라미터 수를 의미하며 숫자가 작을수록 모델 크기도 작습니다. 사용자는 목적과 시스템 환경에 맞는 모델을 선택할 수 있습니다. 가벼운 대화나 요약은 작은 모델(1.7B)로 충분하지만 복잡한 추론이나 코드 생성에는 큰 모델(14B 이상)이 필요합니다. 0.6B 같은 경량 모바일 기기나 CPU 환경에서도 실행 가능합니다.

가장 경량인 qwen3:0.6b를 설치하겠습니다.

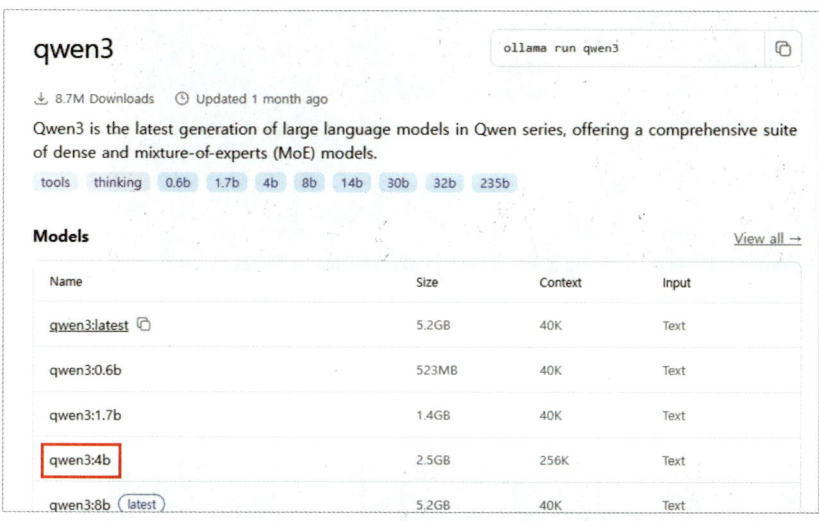

04 모델을 클릭한 후 'ollama run qwen3:0.6b'를 복사합니다.

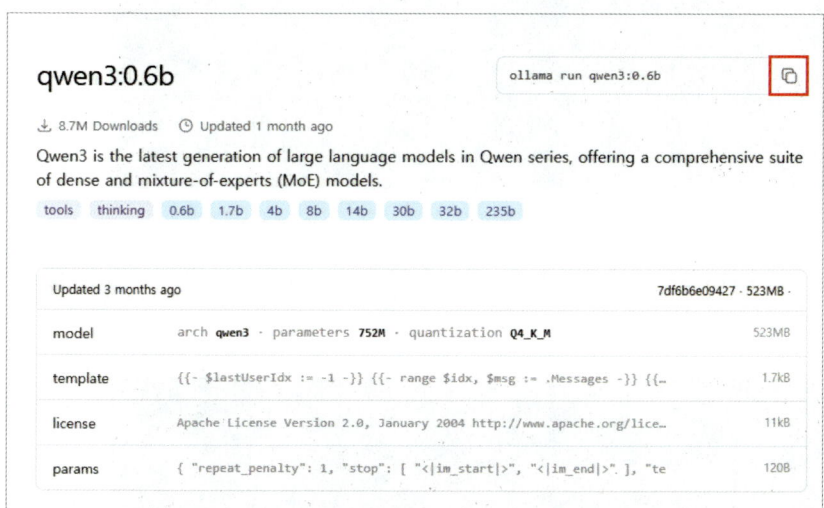

LESSON 02 로컬 LLM Ollama 설치하기

05 복사한 명령어를 cmd 창에 붙여넣어 설치합니다.

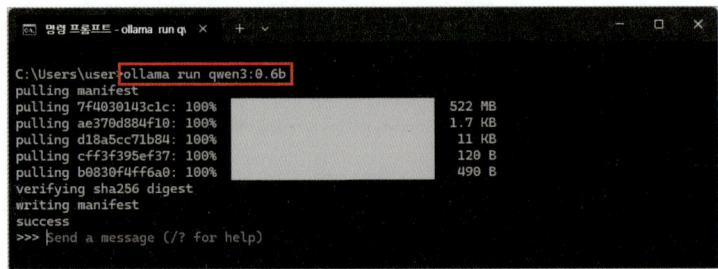

06 설치가 완료되면 qwen3 모델과 대화를 나눌 수 있습니다. "한국의 수도는 어디인가요?"를 입력해 보겠습니다.

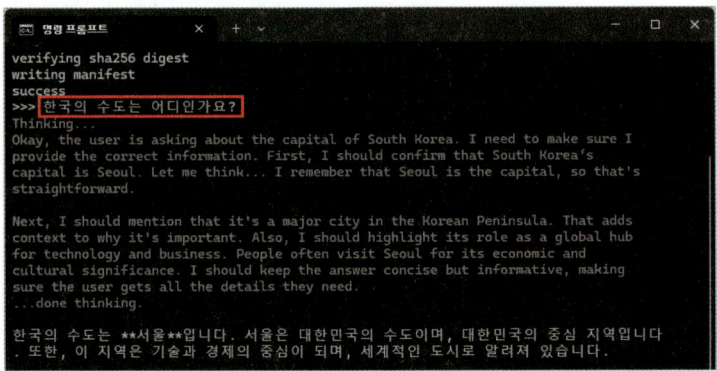

07 "/bye"를 입력하면 대화를 중단하고 "ollama list"를 입력하면 로컬 PC에 설치된 모델 리스트를 확인할 수 있습니다.

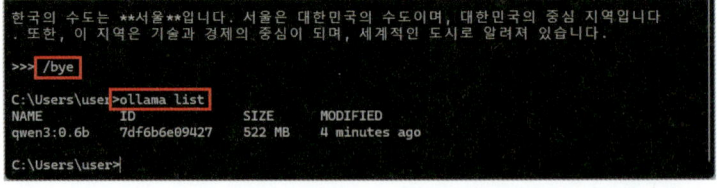

LESSON 03
로컬 Dify에서 Qwen3 모델 기반 챗봇

Dify에 Ollama 모델 연결하기

01 로컬 dify에서 Qwen3 모델 기반 챗봇을 만들어 보겠습니다. 온라인도 동일한 방식으로 만들 수 있습니다. http://localhost/apps에 접속하여 로그인을 합니다.

02 [플러그인] 〉 [Marketplace 둘러보기] 메뉴를 선택한 후 검색창에 "ollama"를 입력하고 [설치] 버튼을 클릭합니다.

03 플러그인 설치 창이 나타나면 [설치하다] 버튼을 클릭합니다.

04 설치가 완료되면 [플러그인] 탭에서 설치된 Ollama 모델을 확인할 수 있습니다.

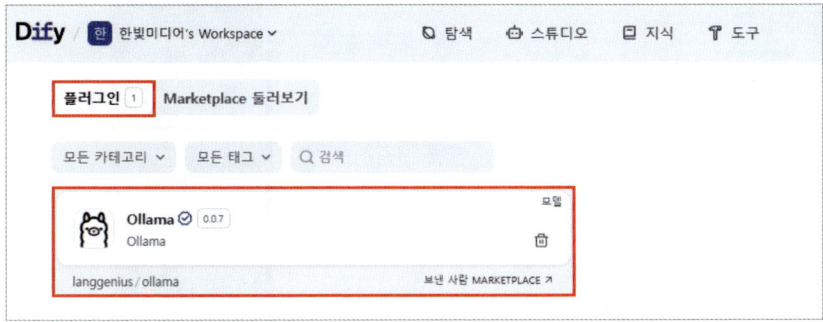

05 오른쪽 상단에 계정 ID를 클릭한 후 [설정] 메뉴를 클릭합니다.

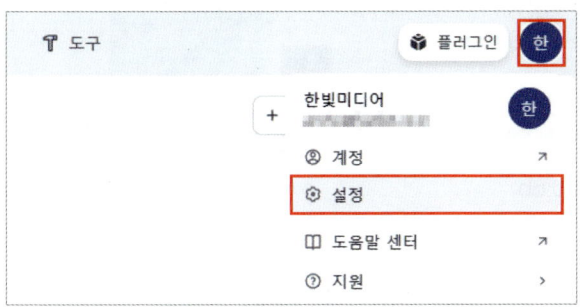

06 [모델 제공자] 메뉴에서 Ollama 모델이 추가된 것을 확인할 수 있습니다. [모델 추가] 버튼을 클릭합니다.

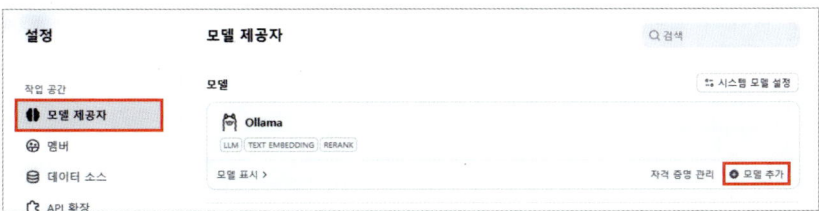

07 다음 정보를 입력합니다.

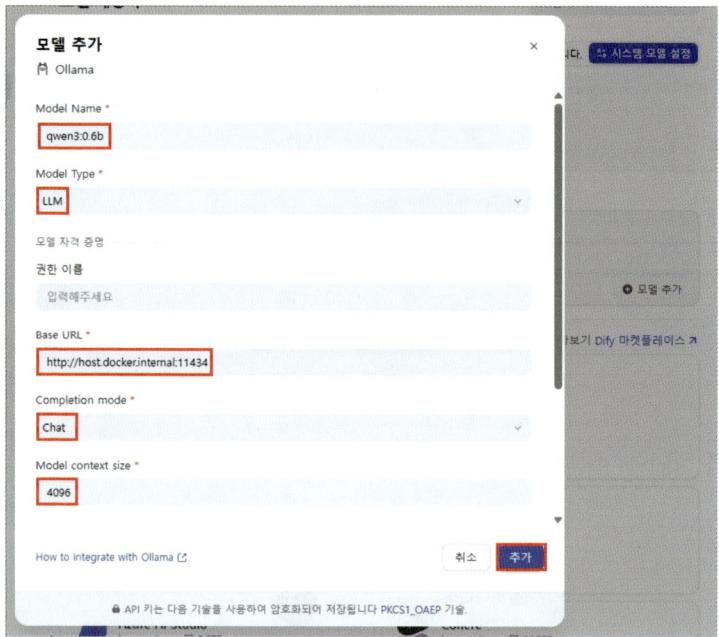

- **Model Name**: qwen3:0.6b
- **Model Type**: LLM
- **Base URL**: http://host.docker.internal:11434 (Docker 구동 시)
- **Completion mode**: Chat
- **Model context size**: 4,096

08 [1개의 모델]을 클릭하면 추가된 모델을 확인할 수 있습니다.

09 [시스템 모델 설정] 버튼을 클릭하여 시스템 추론 모델을 'qwen3:0.6b'로 설정하고 [저장] 버튼을 클릭합니다.

챗봇 만들기

01 Dify 대시보드에서 [스튜디오] > [모두] > [빈 상태로 시작] 메뉴를 클릭합니다.

02 챗봇 유형을 선택합니다. '초보자용 기본 앱 유형'을 클릭하고 [챗봇] 버튼을 클릭합니다. 앱 정보를 설정하고 [만들기] 버튼을 클릭하여 에디터 화면으로 이동합니다.

- **앱 이름**: Qwen3 모델 기반 챗봇
- **앱 아이콘**: 원한다면 로봇 아이콘을 클릭하여 다른 아이콘으로 변경 가능
- **설명**: Ollama의 Qwen3 모델 기반으로 챗봇을 만듭니다.

03 [오케스트레이션]의 [단계]에 시스템 프롬프트를 입력합니다.

> 당신은 친근하고 인간적인 대화 스타일을 가진 AI 대화 파트너입니다. 사용자의 감정을 이해하고 자연스러운 소통을 통해 신뢰를 쌓습니다.

04 [디버그 및 미리보기]의 입력창에서 "한국의 수도는 어디인가요?"를 입력하고 [전송] 버튼을 클릭합니다. 이러한 방식으로 별도의 비용을 내지 않고도 Dify와 로컬 LLM을 이용하여 사용자 맞춤 AI 활용 앱을 만들 수 있습니다.

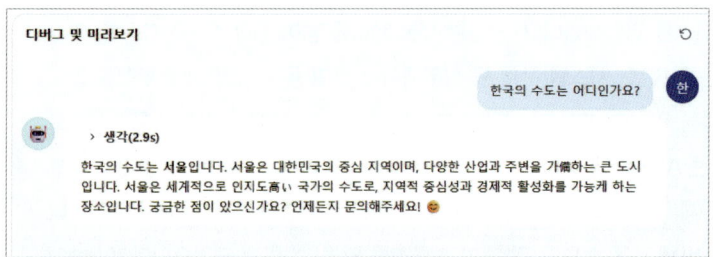

> **TIP Qwen3 모델의 성능**
>
> Qwen3 모델은 중국어와 영어 중심으로 학습되어 한국어 성능이 다소 낮을 수 있습니다. 복잡한 문장이나 전문 용어보다는 단순하고 명확한 문장으로 질문하면 더 나은 결과를 얻을 수 있으며 중요한 작업의 경우 영어로 질문하는 것을 권장합니다.

마무리

이 책을 마치며

이 책을 통해 여러분은 Dify의 기본 개념부터 실무 활용까지 AI 노코드 플랫폼의 전 과정을 경험했습니다. 단순한 챗봇 제작을 넘어 워크플로우 자동화, 외부 도구 연동, RAG 시스템 구축 등 실무에서 바로 활용 가능한 AI 솔루션을 만드는 방법을 익혔습니다. 더 나아가 부록을 통해 내 PC에서 완전히 독립적으로 작동하는 AI 시스템까지 구축했습니다. 이제 여러분은 코드 한 줄 없이도 비즈니스 문제를 해결하고, 클라우드와 로컬 환경을 상황에 맞게 선택하며 데이터 보안과 비용 효율을 모두 갖춘 AI 솔루션을 만들 수 있게 되었습니다. 이 책에서 배운 모든 것이 실무에서 진짜 문제를 해결하는 밑거름이 되기를 바랍니다. 여러분의 AI 여정은 이제 시작입니다!